Texte détérioré — reliure défectueuse

NF Z 43-120-11

Documents manquants (pages, cahiers...)
NF Z 43-120-13

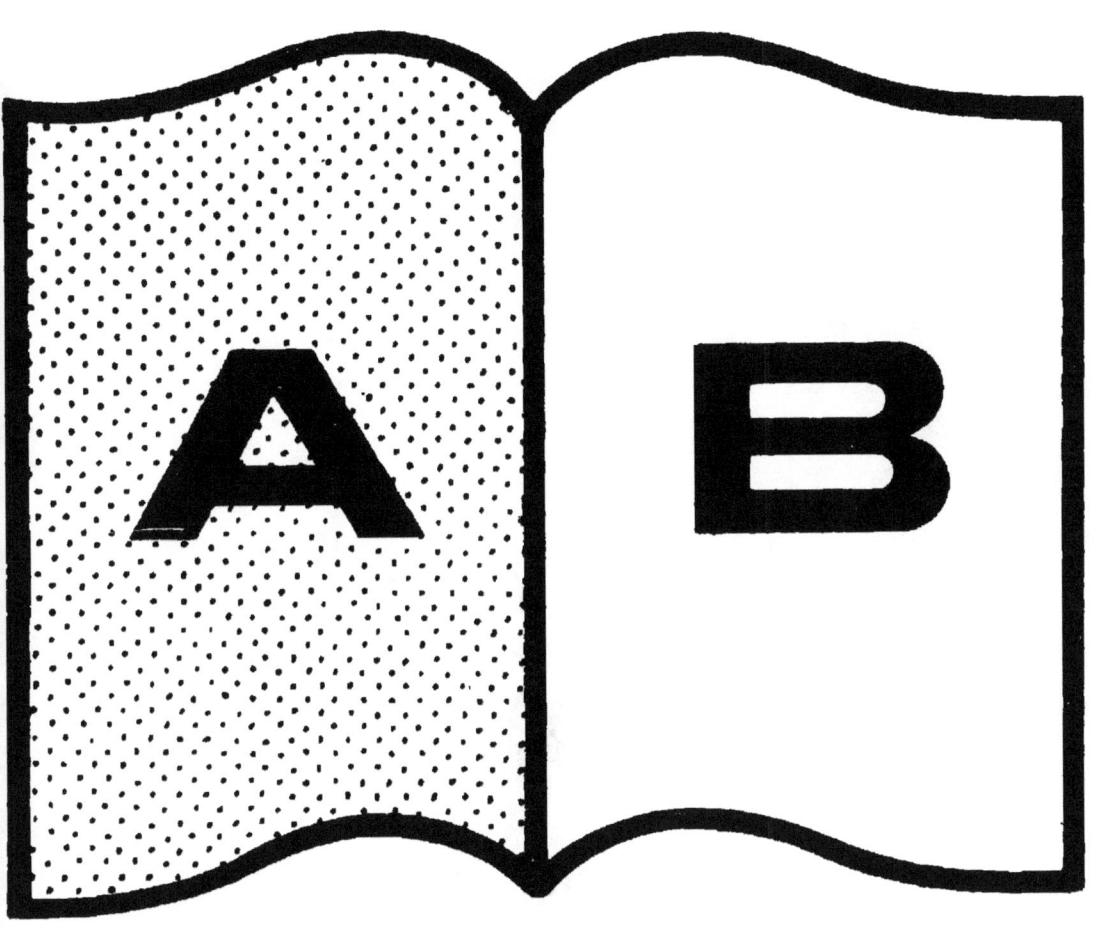

Contraste insuffisant

NF Z 43-120-14

Cloppenburch.

M. 1975.
~~Double~~ré
(le titre manque)

8082
8083

le sorte ilz ont maniez avec les gents innocents, & benins, sans aulcune rancune, ou mesfaict, presentants l'hõneur & service à eux comme à leur Roys & Peres. Il fault aussi noter que c'estoyt mon but à vous faire cognoistre la permission merveilleuse de Dieu, ayant permiz qu'un peuple cruel & tyrannicq a dissipé tant de Royaumes & dignitez, tant de Roys & Princes, subjects à personne, à fin qu'on aye petie avec nous prochains & luy prier que ne luy plaise de nous donner en ces mains sanguinaires, & sanglantes, & avertir le malheur lequel il voudroit envoier sur nous, mais plus tost donner la grace de delivrer ces gens de leur oppressions, par les Roys ennemiz de toute la Tyrannie, ou un peuple pas subjects aux Espagnols.

l'Originel est imprimé à Sivile, l'imprimeur s'appelle Sebastian Trugillo, à la Rue de nostre Dame de grace, l'an. 1552. l'Autheur de cest livre semble estre un hõme sainct & Catholicq, l'Evesque de Chiapa, en neuve Espaigne, de l'ordre des Freres Mineurs, natif d'Espaigne, appellé Don Fray Bartholome de las Casas : il a escrit cest livre d'un grande Zele, comme un Chrestien, pour empescher la cruaute, & tyrannie, commise par les Espagnols aux Indes Occidentales, & s'a addressé (venant à ceste fin hors les Indes expressement en Espaigne au court) pres l'Empereur Charles cincquiesme, ou son fils Philippe, a fin que sa Majesté puisse corriger toutes ces fautes commises jusques à cest temps, & donner un autre ordre, s'il estoit possible : mais il n'a rien profité, car on mocqua de luy : Estant la, le Roy envoia quelques ordõnances pour hanter le peuple plus doucement, mais les Tyrans estants la, ont pas prins garde du mandement du Roy, jusques à ce, qu'ilz ont ruiné & massacré tout le peuple, & gaigné le pays, d'ou ilz apportent journellement l'or & l'argent pour donner vexations,

(:)

ations à tout le monde.

Ie te prie Lecteur de 'e lire, & relire, à fin que tu puisſez fuir la Tyrānie & prendre les armes contre tels Tyrans, voulants tyrannifer par tout : Faifant fin je te commande a la grace de Dieu, priant luy de te donner ſalut & bonheur :

Le Voſtre

IEAN EVERHARDTS CLOPPENBURCH.

SONNET
A Messieurs les
ESTATS GENERAVLX
Bataillants pour sa liberté.

SI les siecles premiers, ont celebré la gloire
De celuy qui conquit la Colchide toison :
Si maintenant encor du brave fils d'Æson
Pour peu de chose vit en honneur la memoire :
  Nous devons beaucoup mieux celebrer en l'histoire
La generosité non du fils de Jason,
Mais de vous les Estats, qui en cette saison
D'un plus digne sujet recherchez la victoire.
  Le Grec acquit ça bas un terrestre thresor,
Il avoit des moyens, & des hommes encor,
Tels que les peut avoir entre nous un grand Prince.
  Mais vous à voz depens, par le cruel support,
Du Tyrannie helas ! par un nouvel effort
Gaignez la liberté en chascune Province.

                             Par del Rio.

SONNET
AUX
INDES, OCCIDENTALES
Estants soubs Tyrannie Espagnole.

Vous gens fort enserrez, en prisons obscures,
Pour liberté, portez peines tant dures,
Et qui souffrez pour tant juste querelle,
La mort, helas! extremement cruelle:
Taisez vous, taisez vous en afflictions,
Endurez un petit ces grands passions.
Sus donc gens tourmentez, grand' d'Esperance
Prennez aujourdhuy de delivrance,
Asseurement le Dieu, tel allegement
Vous promet, & donna bon contentement
Quand l'Espagnol sera bravement batu,
Vous sera delivré, a ton Roy rendu.

Plustost mourir, que servir.

LE MIROIR DE LA Tyrannie Espaignole

Perpetrée au Païs-bas, foubs

PHILIPPE II. ROY d'ESPAIGNE.

Plufieurs Efcrivains, & Autheurs, nous font fçavoir, par leur memoires, de la infatiable convoitife d'honneur, en infupportable arrogance, & ineffable cruauté de la Nation Efpaignole, commife par tout le Monde depuis cent & cinquant ans, ou elle a eu le principal gouvernement, par ces effects elle a reçeu fi belle renommee, qu'elle a efté toufiours eftimee la plus cruelle du monde.

Premierement les Efpaignols ont monftré leur infatiable cruauté envers les innocens Indiens, eftants encore Payens, quand ilz font arrivez en leur pays, pour les inftruir en la vraye

Les Efpagnols ont tyrannifé les Indiens.

A

Le Miroir de la Tyrannie Espaignolle

vraye doctrine Chrestienne, mais ilz ont si cruellement traicté les povres gens per torments, & tueries continuelles, qu'on ne trouve pas aujourd'huy un pas de ces gens predecesseurs de la race suivante.

En ceste maniere ont ilz gouverné le Pays bas, depuis que les Comptes d'Hollande se sont mariez avec les familes d'Espaigné, car ilz n'ont soigné aultre chose qui priver le pays de ses droits, Privileges & libertez, a fin qu'ilz puissent jouir, une parfaicte Monarchie, sur eux qui estoyent point subjects aux loix, qu'au les propres, a fin qu'ilz puissent establir la cincquiesme Monarchie, par tout l'univers, & tyranniser sur aultres Roys & Princes.

Le Roy Philippe veut establir une Monarchie.

Plusieurs gens d'entendement, & scavants estants hors ces pays ont faict le mesme compte, disants maintefois, que les Pays bas se plaindrojent quelque jour, d'estre conjoincts avec le Royaume d'Espaigne. Et vrayement il est avenu ainsi, soubs le gouvernement du Roy Philippe le deuxiesme, quand il avoit fait la pays avec le Roy de France, il delibera de laisser ces Provinces & s'en aller en Espaigne, pourtant il fit assembler tous les Membres du pays, quand il avoit appellé auparavant la Dame Margarite d'Austriche, & mandoit qu'elle gouvernast les dixsept Provinces unies.

Et constitue la Margarite Regente.

Que le Roy constitua pour Gouvernante de ces belles Provinces une femme, pas experimentee en affaires d'estat, le Cardinal Granvelle fust la cause, estant un grand practisien aux affaires publiques, & gouvernement, sachant qu'on trouve fort guere des femmes capables aux Regiments de Republiques, & principalemēt que les dixsept Provinces n'estoyent pas une petite charge de gouverner, quand on n'a pas cognoissance n'y de l'Estat du pays, n'y de les inhabitants, par ce moyen il pouvoit a son appetit franchement dominer parmy les deux Estats du pays.

Il constitua aussi les Gouverneurs, en chascune Province,

les

Perpetrée en le Pays-Bas.

Figure. Nombre 1.

Nous presentons icy le ROY PHILIP, GRANVELLE
Le Cardinal meschant, avec MARGRIETE belle.
Tenants a trois icy le plein gouvernement
Au Païs bas, avec grand mescontentement
Du peuple fort loyal son PRINCE desbonnaire,
Mais luy par mal conseil commence donc à faire
Tout contre le bon droict, tuant le peuple bon
Pour la Foy, & leur droict, faisant tout sans raison.

A 2

Le Miroir de la Tyrannie Espaignolle

Il constitua les Chevaliers de Toison d'or, ayants commendements sur la justice, & guerre.

Il constitua les Gouverneurs.

Les Gouverneurs avoyent aussi le commendement sur les troupes d'Ordonnances, estants tousiours en gage, gens bien preparez aux guerres, & fort armez.

Il constitua aussi trois Conseils grands : comme le Conseil des Estats, le Conseil secret, & le Conseil des Finances : une Ordre ou maniere a faire repugnante totalement contre les Privileges du pays. A son departement il commenda fort à eux la protection de la Religion Catholique, & l'exstirpement de les heretiques jusques à la mort.

Le Roy se depart.

Le Roy departit de Vlissinges le 25. d'Aoust, l'An 1559. & il arriva a Laredo en Biscaye le 8. de Septembre.

l'Introduction des Evesques nouveaux.

Mais devant le departement du Roy, il y avoit un grand desgoustement, & soupson entre le peuple commun, qu'on avoit desia faict ordonnances cruelles contre ceux qu'il n'estoyent pas totalement adonnez à la religion Catholique, & que les Espaignols estoient fort insolents, & que le pays estoit fort chargé avec la taxe : les Religieux ne scavoient pas entendre, & approuver l'introduction de nouveaux Evesques, en les principales Villes de les Provinces. Ceux de Brabant & Flandres, & aultres, ont maintefois presenté Requestes humbles au Roy, aussi au l'Empereur, mais tout en vain, ilz ne scavoient pas recevoir quelque deschargement de leur charges.

Le Roy, & l'Empereur estoient d'une mesme intention, vuider les dix sept Provinces de tout leur biens, a fin que ne puissent resister leur forces, estants assiduelement affligez de continuelles afflictions.

Incontinent apres le departement du Roy de ces Provinces, on a apperceu qu'il vouloit qu'on meneroit en train la Saincte Inquisition, mais le populaire, & beaucoup des Religieux estoyent contraires, estant une chose totalement contraire

traire à ceux de Pays bas. Pource le Cardinal Granvelle, le fin Renard à practiqué aulcunes articles finement composez, lesquels le Roy advisa dignes d'estre introduiz, mais le gens de petite & grande condition n'approuverent point, car l'Inquisition estoit cachee sous telle pretexte, mais ilz profiterent tant, que donnerent la cause de son departement, car il ne faisoit qu'inciter la Regente, au mauvaises entreprinses, totalement adonnee a son conseil, comme elle a revelé apres son departement, qu'elle ne sçavoit du rien touchãt les choses d'Estat, devant que le Cardinal estoit appellé pour Vice-Roy de Naple. *Et de l'Inquisition.*

La Regente totalement ignorante du concept Royal, envoje le Compte d'Egmont vers le Roy, a fin qu'il parlasse de bouche a bouche avec luy, touchant les affaires du Pays bas, mais il profita rien, & retourna sans effect de ses affaires. *La Regente envoye le Compte d'Egmont, au Roy.*

On donna aucunesfois un mot confortable aux sollicitants, a fin que se soulagerent un peu de temps, mais la parole estoit totalement contraire à les promesses.

Les Maistres d'Inquisition, & les cruels Serviteurs du Roy estojent muniz avec les lettres du Roy, envojez aux Magistrats de Villes, d'estre assistez par eux en l'execution des Ordonnances.

Adonc on commença mettre en prisons, les fidels subjects, & gens de bien, pour la confession de la Religion: estants la, où les laissa Mourir de faim & soif, & se gasterent par le puanteur, & l'ordure continuelle: En fin, on a devenu au telle affreuseté, qu'on les a mis en grand nombre au feu, & bruslé, on ne sçait le nombre de ceux qui sont par eux tormentez jusques au mort, tant les hommes, que femmes, par les mains des borreaux, car ilz ne pouvojent pas endurer telle cruauté continuelle, & apres leur deces les ont ilz enseveli aux places inhonestes. *On met en prison les subjects.* *Et on les tue, sans pitie.*

On ne sçait pas combien de mille secretement sont noiez en les

Le Miroir de la Tyrannie Espaignole.

en les vaisseaux remplis de l'eau, dedans les prisons, a fin que le monde ne sçaurroit pas leur tyrannie: si les rivieres parlassent, & les puys d'eaux pourroient faire leur complaintes on entenderoit facilement le nombre d'eux qui sont envoiez à eux par la tyrannie Espaignole, & cruaute d'executeurs de l'Inquisitiõ, car estants courroucé sur eux, ont ilz rejettez les corps tuez, a fin que tout le monde sçaurroit leur rigeur, envers hommes de bien, à cause de la Religion.

On chasse la reste hors du païs. Chascune Ville facilement racontera, comment elle a veu le rigeur, combien sont massacrez par la glaive, combien penduz devant leur portes, en forme de justice, par injustice.

La reste est chassé hors les limites du pays, & leur biens sont publiquement confisquez, que les enfans ont esté contraints demander les ausmones hors la patrie: les filles & vefves ont esté gardees aux luxures de les Espaignols.

Quand les affaires des Espaignols sont devenu à l'extremite que tout le populaire se plaindroit d'eux, & tout les subjects estoient mal contents, sur ces inhumains, & cruels actions, & procedures, les Gentils hommes, estants les principaux du pays prênent la peine d'empescher la tempeste, & la ruine extreme des Republiques: a ceste fin s'en vont ensemble l'an 1566. le primier, deusiesme, troisiesme, quatriesme

Les Nobles s'en vont à Bruxelles. d'Avril, à Bruxelles, au logis du Compte de Kulenborch: à ceste affaire se meslerent beaucoup de Princes, Comptes, Barons, & Nobles, & la quatriesme du mois ont il demãdè l'audience devant la Regente, & elle a donne: la cincquiesme s'en vont a la Court, quasi quater cent. Le Seigneur Henry de Brederode, & le Compte Louys de Nassou, estoient les derniers en la suite. Ils comparoient tretous devant la Regente, & le conseil des Estats, & Chevaliers de l'ordre, & avec ceux estoient les Gouverneurs des Provinces, & Villes.

La Regente estoit fort troublee, quand le grand nombre de ces nobles Gentils-hommes vindrent chez elle, mais Barlaymont

Perpetree en le Pays-Bas. 4

Figure. Nombre 2.

Qvand au Pays-bas voyoit tout la NOBLESSE
Le mal gouvernement, allant tout en detresse,
De les loyaux subjects, & qu'on mettoit a mort
Par feu & par gibet, & glaive & par le tort
Les Enfans de Dieu, vont vers la DAMOYSELLE
Et font sçavoir les traiz de Cardinal GRANVELLE,
Le Seigneur BREDERO offrit la Requeste,
Mais le CARDINAL la lisant tout rejette.

Le Miroir de la Tyrannie Espaignole

D'ou le nom de Geux.

laymont le appercevant, dict: Madame ce ne sont que de Geux:

Quand les Nobles Seigneurs entendirent le vilain mot, ont il declaré au despit de ces calumniateurs, qu'ilz estoient les plus fidels subjects du Roy, & qu'ilz estoient d'advis aux affaires du Roy hazarder la vie & biens, aussi jusques a la Besace, & pour le faire sçavoir, ont ilz faict pieces d'or, avec ceste inscription: Fideles au Dieu & le Roy jusques au Besace. Ilz faisoient a ses serviteurs, & soy mesme les habillements gris, & sur les chappeaux ilz porterent couppes à mendier.

Le Seigneur de Brederode presente la Requeste.

Pour presenter ceste Requeste, estoit ordonné le Seigneur de Brederode, un homme fort eloquent, humil d'Esprit, & courtois, & il la presenta es mains de la Regente. Le subject estoit tel. Que tous les Nobles, & les inhabitants de Pays bas, demandoient allegement de les cruelles Ordonnances, a fin que puissent estre deschargez de l'Inquisition, laquelle on pensoit mettre en train en ces Pays: & si à l'avanture la Regente estoit de telle intention, que seroit à grand interest de tout le pays, principalement l'introduction de les Evesques nouveaux, & qu'on assembleroit les Estats Generaulx, comme le Souverain du pays, apres le Roy. Ilz alleguojent les offices, & services faictes au Roy, & estoient encore prests faire le mesme, avec la reserve de leur Privileges, lesquels la Regente debvoit maintenir, si non, qu'elle seroit la cause principale de troubles, guerres, & espandement du sang. Ilz conseillerent aussi la Regente de le prendre en bon gre la presentation, & l'assemblee, faicte par les plus fideles Vassals du Roy.

La Dame Margueriete respondit.

Quand la Regente ayoit resoulde sur la Requeste, le lendemain elle manda aux Nobles le retour a la Court, & respondit: Qu'elle avoit leu la requeste, & d'estre d'intention de l'envoyer par devers le Roy, & que sans faulte on attendera bonne responce: Et qu'elle estoit desia occupee en la

mode-

moderation de cruelles ordonnances, avec permission des Eſtats, avec une ordre convenable, laquelle ſera priſee d'eux meſmes: mais qu'elle ne pouvoit pas faire ceſſer l'Inquiſitiõ, & les Ordondances, pourtant elle pria les Remonſtrants, d'attendre la reſponce du Roy. Cependant on manderoit aux Inquiſiteurs de faire leur Office avec diſcretion, & que perſonne ſe plaindroit d'eux.

Sur ceſte reſponce ont ilz repliqué, qu'ilz ſouhaitaſſent que la Regente plus amplement aurroit reſpondu à leur contentement, & promettoyent que ne feroyent aulcune choſe repugnante aux Ordonnances, & Eſtats, & la Religion Catholique, & ſi quelques un perpetroit aulcune choſe contre icelles qu'il ſeroit puni comme il appartient, & ſi par avonture cependant ſurvenoit quelque trouble, qu'ilz eſtoient preſts de ſervir le Roy, comme au-paravant. Et pource qu'avoient entendu qu'on vouloit faire imprimer la Requeſte, ilz prierent la Regente de le mander au l'Imprimeur du Roy, a fin que ne fuſt changee par aultres avec faulſeté Elle reſpondit que prendroit garde a ces affaires, & auſſi à celles de Nobles, qu'ilz ſe gardaſſant bien de ne attirer a eux le populaire, contre les mandements du Roy, par fineſſe.

Sur ces parolles ilz reſpondirent, que la Reſponce de la Regẽte eſtoit agreable à eux, mais que fuſſet plus agreable que la Regente reſpondiſet, que l'aſſemblee de Nobles eſtoit profitable a la ſervice du Roy: Elle reſpondit, que le croyoit, mais penſoit quelque autre choſe.

Incontinent on la pria de donner declaration de ſa penſee: mais elle reſpondit, que pour à ceſte heure elle ne feroit pas.

Quand on a entendu que les Nobles n'eſtoient pas contents de ceſte reſponce arrogante, on la pria de reſpondre un peu plus doucement, pour eviter un grand malheur. *On pria la Regente de parler bellement.*

On envoye les Seigneurs du Conſeil au Nobles, pour les aſſeu-

asseurer, qu'on ne feroit point aulcun changement en la religion, devant la responce du Roy. On a aussi monstré les lettres au Magistrats, & Inquisiteurs, que ne metterojent en apres ceux de la religion en la prison, ou confisqueroient leur biens ou banniroient, si non que pour mutinerie.

Les Nobles se departent. Les Nobles voyants promesses si grandes, se departent, mais devant le departement, ilz firent un serment à les quatre Chefs d'eux de ne commencer aulcun changement touchant la religion, ou aultres choses, devant la responce du Roy, & que pour faire signe de leur alliance, ilz portiroient publiquement au col un Medaille d'or, portant d'un costé l'effige ou le pourtraict du Roy, & à l'aultre costé deux mains conjoinctes, tenantes la Besace: avec ceste Epigraphe.

Fidels au Roy jusques a la Besace.

Les Seigneurs de l'Inquisition, & instruments de les ordonnances tyranniques estoient en peine durant ceste assemblee, car ilz ne sortirent pas de ses maisons: mais sachants que les Nobles ne donnojent aulcun outrage à ses ennemis, ilz retournerent au leur conseil criminel.

La sedition cessa un peu de temps. On faisoit courrir le bruit, d'avoir bonne esperance, & par ce moyen cessa tout le mescontentement, & murmuration: mais ceux de la religion supsonnerent, que ceste liberté durerojet peu du temps, en qu'on commencerojent bien tost les affaires rigoureuses.

Quand les nobles estojent departi, en conseilla avec la Regente comment on pourroit addoucir le Roy, au moderement des ordonnances, mais ilz craignojent fort, que le Roy se courroucerent fort pour l'assemblee de Nobles faicte à Bruxelles. On a conseillé d'envoyer par devers le Roy deux Chevaliers du l'ordre de Toison d'or, à sçavoir: le Seigneur le Marquiz de Berghen, & le Seigneur de Montignij, & on a

besoi-

besoigné avec grande diligence au Court pour les despecher sur la moderation, ou le nouveau concept touchant l'ordonnance de la Religion, a l'advis de sa Majesté, & les Estats, & sur la particuliere iustruction pour les allants par devers le Roy.

Les deux porterent les lettres d'*Vrie*, ne pensant pas que ceste Ambassaderie seroit a leur grand interest de la vie.

Ilz monstrerent leur commission, & declarerent maintefois que la constitution de nouveaux Evesques, & l'avancement du l'Inquisition estoient la cause de troubles au pays bas, & qu'il n'y avoit aultre remede de les faire cesser, que permettre qu'ostasse les Ordonnances, & l'Inquisition, & tout avec le consent des Estats Generaulx. Et si le Roy permettoit cela, qu'on metteroit bien tost tout en repos. *Deux Chevaliers s'en vont au Roy.*

Ilz se plaindrirent fort, d'estre en petite reputation entre les Espaignols, pensants d'avoir un absolut gouvernement au pays bas, & sous les Nobles, comme ilz font à Naple, Milan, & Sicile, mais ilz n'endurerojent jamais.

Estant toutes les choses en troubles, on a entendu diverses nouvelles touchaut les assemblees de ceux de la religion, & publiques presches en Artoys & Haynau, & Flandres, apres en Anvers.

Le Roy avoit ces advertissements par les lettres du Regente, laquelle vouloit qu'on permetasse en haste trois Articles, & qu'on ne pouvoit aultrement cesser les troubles.

On donna point responce asseuree sur ces choses: mais le Roy manda, que l'Inquisition demeureroit sur les Evesques: qu'on aviseroit moderement des Ordonnances, mais que l'authorité Royale, & la Foy Catholique demeuroient en bonne reputation, mais il donna pas la charge au Regente de pardonner les Nobles le faict de l'assemblee à Bruxelles, mais seulement qu'ilz se gouvernassent de ne traicter aulcune chose contre le Roy: & si par avonture les Rebelles vouldrojent

B 2

Le Miroir de la Tyrannie Espaignole

droient prendre les armes, qu'elle se fourneroiet de Capitains & Officiers à son appetit.

C'estoit tout ce que le Roy respondit au Requeste de ces deux Chevaliers: mais comment le Roy s'a monstré un vray ennemy de ces gens de bien, & de ces Provinces, je raconteray tout en bref.

Quand il avoient esté quasi un an en Espaigne, ilz ne pouvoient impetrer congé de se retirer vers son pays.

On detient les deux chevaliers en Espaigne.

Le Marquiz devint malade, pourtant il demande son departement & le Roy refusa, si long temps jusques a ce qu'il estoit fort malade: Voicy le fin Roy, donnant licence de departir de la, quand il n'y avoit moyen de s'en aller: & a l'instant disoit le Marquiz, O la tarde grace du Roy, j'espere que je bien tost me trouveray en la place, en laquelle le Roy ne commande pas, & tout incontinent il morut, avec grand soupson d'estre empoisonné, le 21. de May, l'an 1567.

Vrajement c'estoit une brave acte du Roy, detinir les Ambassadeurs, lesquels estoient libres par les loix de Pajens, & il n'estoit permis de les violer aulcunement. Le Roy ne regarda pas qu'il estoit envojé de Madame Marguerite, en choses d'Estat, ny aux bonnes services faictes auparavant par luy: C'estoit assez a luy, trouver la commodité de faire mourir, les Chevaliers du Toison d'or, & apres confisquer leur biens, comme on a veu faire Duc d'Albe, & le conseil criminel envers les biens du Marquiz.

Quand Florens de Montmonencj, Baron avoit perdu son compagnon, a il voulu s'en aller par force, mais le Roy disoit, qu'il voulut departir avec luy, cherchant excuses pour tromper le bon Seigneur.

Cependant il entendit que le le Compte d'Egmont, & Horne son frere à Bruxelles estoient miz en prison, pource il n'a pas voulu secretement s'enfuir, mais attendre le fin avec bonne courage, & conscience. On environne sa maison

avec

Perpetrée en le Pays bas. 7

Figure Nombre 3.

LE Roy Philip pensant tourmenter la Belgique,
Et l'Inquisition y mettre Tyrannique,
Fit un meschant Conseil, & Granvel presida,
Et l'on y conseilloit ce que le Roy manda,
De chasser & bannir hors pays la Noblesse,
Et gens bien reformez, & s'en vont en destresse,
Apres on confisqua les biens, au bon du Roy,
Lesquels il n'a receu, & seurement je croy.

B 3

Le Miroir de la Tyrannie Espaignolle

avec de Soldatts, on oste ses armes, on l'amene en prison à Segovie, ou les Soldatts Barbares le garderent, qu'il n'y avoit personne qui osoit parler à luy. Il faisoit son protest qu'il estoit en prison contre le droit de ceux qui estoient au Collegc du Toison d'or, contre les Privileges confirmez par le jurament du Roy mesme, & qu'il voulut qu'on jugea sa cause devant Iuges impartiales: en fin on luy permetta qu'escrivoit au Roy, pource il cherça contrainct par necessité se delivrer hors le prison par finesse: mais tous ces affaires sont revelez par la negligence de son serviteur, qui perdit aussi par tel faict sa vie.

Il survint en mesmetemps que *Anne* d'Austriche s'en alloit par les pays bas, pour aller vers Espagne, & se marier avec le Roy d'Espaigne *Philippe*: la veille Comptesse de Horn, la Mere du Compte prisonnier, avec la femme du Compte, s'en vont pres la Dame Anne, priants favoriser sa cause, & que le proces de Montignij seroit achevé, la Dame le promet de fai- ost qu'elle arriveroit en Espagne.

e sanguinaire Duc d'Albe, estant la en Espaigne, entenu lettres tous ces affaires, & le fist scavoir au Roy vistement, qui le manda d'amener incontinent à Sumacas, &

Extreme cruaute de Duc d'Albe,
qu'on donnast le poison en sa potagie, par un lacquay, comme il faisoit, & c'est garson arrivant en pays bas a raconté, cela aux amis de ceste Compte, car si tost qu'il avoit prins le poison, une fievre ardente le print, & il mourut, au commencement d'Octobre, l'an 1570. & 1571. on acheva son proces par le Duc d'Albe en pays bas en mois de Mars, & on a confisqué tout son bien. C'estoit le salaire de ces Seigneurs, en-

Et de le Roy Philippe, envers les deux chevaliers.
vojez par la charge du Regente par devers le Roy, aux affaires d'Estat, & ilz sont tuez la tout deux, loing de la consolation de leur amis, par le commandement du Roy.

Cependant toutes les choses allojent au pays bas, tout en pire, on scavoir qu'on avoit practique une novelle moderation,

tion, & qu'on commença perfuader aux Eſtats particuliers, & point generaulx leur intention, eſtant le meſme que l'Inquiſition, le Cardinal Granvelle avoit practiqué c'eſte ordre, avec le Preſident Vigle, & les autres: en ceſte ſorte on recommença de faire toutes les choſes tout au deſpit du pays bas, & les inhabitans fidels à leur Roy.

En le mois du Mars on a publié un mandament, que tous les Banniz ſe departerojent incontinent ſur punition du corps. *Nouvelle perſecutió.*

Envers ceſt temps les Nobles & populaire aperçevojent que la Dame Marguerite ne tiendroit point ſa promeſſe, quand à Oudenaerde on mettoit à mort *Hans Tiſkaen* tapiſſeur pour la religion, combien elle avoit promiſe de ne faire aulcune outrage à ceux de la religion, devant la reſponce du Roy. *Pour la religion on mette a mort les gens.*

On parla auſſi que la Requeſte preſentee par les Nobles n'eſtoit pas agreable au Dame Regente, on jugea auſſi que ceux de Artoys, Hainau, Tournay, & Flandres, & apres les Eſtats de Brabant avojent accordez avec elle en la moderation, comprinſe en 53. Articles, mais ilz receurent jamais la copie.

Toutefois une choſe terrible donna grand ſoupſon, que les Eſpaignols, tant à Anvers, qu'en Zelande achetojent des harquebuſes longes, en nombre de quater ou cinq cent, auſſi qu'il y avoient beaucoup de navires de guerre preſtes au ſervice du Roy, aux havres du pays bas.

Auſſi raconterent les Eveſques Religieux fort inconſiderement, que le Roy ne faiſoit grande careſſe à les Seigneurs chevaliers, envoiez chez luy à les affaires du pays, & qu'il eſtoit d'advis de ſe mettre en chemin vers le Pays bas, en ceſte forme il n'y avoit aucune eſperance d'attendre bonnes nouvelles hors l'Eſpaigne: pource ceux de la Religion reſouldent faire publiquement la preſche, afin que puiſ-
ſent

sent donner quelque discourage à ses ennemis:& on le commença en West-Flandres, mais ceux du Conseil criminel mettoient beaucoup des hommes à mort, à cause de la religion. Il n'y avoit pas quasi une petite bourgade, qu'on ne brusloit cincq ou six personnes en une sepmaine: En les villes grandes on brusla vingt ou trente, & sans discretion tant les hommes que les femmes, jeunes hommes & filles, on condamna pesle mesle ou au gibet ou au feu, ceux qu'n'estoient pas de la religion Catholique.

Par Flandres persecution vehemente.

Apres on commença en Brabant, pays de Walons, Geldre, Frise, Hollande, Zelande, Utrecht, & autrepart aller au presche publiquemènt, aussi avec les armes: & combien les assemblees furent maintefois disgregees, toutesfois il ne laissoient pas les convents, car le nombre estoit trop grand, & le populaire ne craignoit pas le dangier, & menaces des Inquisiteurs.

La presche publique par tout.

A Anvers on commença aussi faire la presche publique, les Lutheriens avec ceux, de la religion: Ceux d'Anvers ne sçavoient pas empescher, pourtant ilz ont demandé que la Regente mesme viendroit la tenir sa Court, ou l'envoieroit le Prince d'Orange, estant Viconte du Ville.

La Regente faisoit une nouvelle Ordonnance, plus griefve qu'auparavant, contre les Ministres, Docteurs, Anciens, Diacres, & tous allants au presche : & vrajement elle donna grand peur à tous ceux de la Religion.

La regente fait une autre Ordonnance.

Cependant le Prince d'Orange vient à Anvers, accompagné avec plusieurs de la Noblesse: en son entree le peuple cria à haute voix. *Vive le Geux*: mais le Prince n'estoit pas contant, menaçant à les crieurs tant avec la main, que la bouche: car il ne vouloit pas qu'on crioit publiquement qu'il estoit un protecteur de la Religion, & de les Lutheriens: Mais pource que le mot estoit vulgair en la bouche des hommes, le peuple ne se pouvoit taire: toutefois quand il

Son Excell. vient en Anvers.

entra

entra en la Ville, & voyant que son Excellence ne prennoit pas en bon gre, se teust incontinent, a fin que les Inquesiteurs, ne sceussent pas qu'il estoit un protecteur de Christiens.

Tout à l'heure il parla avec ceux de la Ville, de l'Estat present, & trouva grande desfiance à tous les costez: & il travailla tant qu'on les deposerent armes incontinent, & qu'on leveroit des Souldars, a fin que les Marchants & Borgeois fussent asseurez de leur vie. Touchant les assemblees on feroit une Remonstrance au court, & l'on se gouverneroit selon le commandement de la Regente, & ceux du Conseil.

Cependant a on entendu en Brabant, qu'on avoit presché à Amsterdam en Holllande hors la porte, & non seulement la, mais aussi en autres places, & que ceux de la religion avoyent concluz par une seure voye augmenter l'avancement de la religion.

Mais ceux d'Amsterdam avojent publié certaine ordonnance, par laquelle ilz defendirent qu'un Borgeois soit qui soit alloit au presche, ou logeroit un Ministre, sur la punition de corps au gibet, ou confisquation de biens : & s'il y avoit quelques un, qui livreroit un Ministre, ou vif ou mort, auroit pour recompense six cent Florins: par ce moyen cessa la predication en ces quartiers : mais les citoyens d'Alcmaer, & Haerlem faisojent leur affaires fort librement, & principalement ceux de Horne, ou on Ministre Hollandois *Iean Aertz* à publiquement presché, & le nombre des auditeurs estoit fort grand, sans empeschement. *On commença à prescher par tout.*

Apres en le mois d'Aoust, on recommença à Amsterdam hors la porte d'Haerlem, mais le Prevost n'osoit empescher ceste assemblee, car ilz estoient toutalement armez à sa defension, & on eusset espandu le sang : aussi à Kulenborch, Schoonhove, Viane, Iselsteyn on alloit au presche avec les armes, & ceux d'Utrecht estojent fort en peine, car il n'y avoit

Le Miroir de la Tyrannie Espaignole
avoit moyen de l'empescher.

Les Nobles s'assemblent.
La Noblesse voyant que ceste affaire donneroit un mauvais fin, fist un assemblee en Brabant, à S. Truyen.

Quand la Regente l'apperceut, elle envoya à Aerschot, le Prince d'Orange, avec le Compte d'Egmont, pour empescher qu'ilz n'entreprendroient quelque nouvelle entreprinse.

Les Deputez declarojent d'estre envojez de la Regente, pour faire scavoir qu'elle n'avoit rien changee, au respect de l'Inquisition, & les Ordonnances, qu'il est besoing confier au Roy, & qu'elle attendoit la responce par les deux Chevaliers de l'Ordre.

Les Nobles disoient, qu'il y avoit de soupson pres d'eux, estants contraints de penser à leur salut, ilz monstrerent aussi la Requeste presentee à eux, par ceux de la Religion, pour avoir la libre exercice du religion par tout. En fin, on ordonna de Deputez pour demeurer continuellement au Court, pour recevoir la responce sur les Requestes, & on constitua aulcunes Nobles pour prendre regard aux troubles, si long temps que les Estats Generaulx changerojent ceste bonne ordre.

La Regente envoje les lettres aux Gouverneurs.
La Regente aperçevoit que les affaires allerent journellement en pire, & craigna grand dangier, envoja ses lettres aux Villes & Provinces, qui seroient à leur garde, empescheroient les Ministres, & promettant aux Gouverneurs entiere assistance, pour la conservation du Pays.

On commanda au Iusticier d'Anvers, mettre en prison les Ministres preschants hors la porte, injurier les auditeurs, & les batre avec l'ayde des Soldarts, mais il fut empesché par le Magistrat, & le Prince d'Orange, qu'on alloit avec de mosquets, & pistoles, mais pour la presche on n'en diroit rien.

Le Compte d'Egmont se tenoit envers ce temps en Flandres, cherchant tout le moyen pour apaiser le populaire :

Perpetrée en le Pays-Bas.

Il mettoit à mort aulcunes Ministres, il chassa hors le pays, d'aulcunes de la religion, les autres il chercha l'adoucir par parolles, mais tout en vain. L'avancement de la Religion estoit trop grand. On commença faire la presche à tous les endroicts, & principalement à YPRE : où ceux de la Religion sont devenu si hardy que par le chemins ont ilz abbatu les Idoles, & apres les Chapelles, Eglises, & Cloistres.

En fin quand ilz avoient usé telle hardiesse aux bourgades, ont ilz commencé le mesme parmy les Villes, & ilz ont abbatu les croix, Idoiles, maisons du Sacrament, Autels, Tableaux, & tous les ornements des Eglises, avec une vitesse incroyable, & il ne passa pas sans l'ayde de Geux, putaines, paisans, ny sans ravissement.

Le populaire oste les Idoles en Flandres, & Brabant, & plusieurs autres places.

Cela est avenu envers cest temps, que le Compte d'Egmont estoit appellé au Court. Ce feu est allumé par tout le pays bas, que personne le pouvoit empescher. Fort guere de Villes ont esté libres de ceste horrible furie.

Au vingtiesme d'Aoust, se sont assemblez aulcunes Geux en l'Eglise, avec grande insolence exercants sa meschanceté, & le Marquiz de la Ville venant dedans l'Eglise ne le pouvoit empescher. Envers le soir, ont ilz dejecté, l'Image de nostre Dame, & & l'ont ouvert le cœur du Temple, criant à haulte voix. VIVE LES GEUX. Ilz estoient en ceste besoigne jusques au my nuict, cependant tous les cœurs estoyent ouvertes, tous les Autels rejettez, tous les Idoles en pieces, & tous les peinctures, & Tableaux abbatuz. Ajants achevé cela, s'en vont par les aultres cloistres, & destruirent tout ce qui trouverent.

L'endemain à porte ouverte s'en vont en grand nombre, au S. Bernaert, & aultres villages la à lentour.

L'Image de nostre Seigneur IESU CHRIST est abbatu sur les armoiries de Chevaliers de l'ordre du Toison d'or, avec grand dommage du l'ornement, mais ces malfacteurs estants à trois ont esté pendu au Marché publiquement.

Un peu apres ont il commence les mesmes Tragedies à Malines.

A *Lier* le Magistrat à osté par bonne ordre, toutes les Idoles estants en l'Eglise: mais à Breda, & Bolducq, & Mons en Hainaut, a Gant, Ypre, Dermonde, Aelst, Aldenarde, Valenchiennes, Haerlem, Leyde, Delft, & Briele, à Midelborch, Vlissinges, Groeninghe, Leeuward, Kampen, Deventer, Zwoll, Arnhem, Remnnd, Neomage, Hardervijck & Venlo & la Haye, tout est faict par disordre.

A Tournay l'insolence estoit si grande que le Seigneur de Molenbays, ne sçavoit empescher la disordre.

A Arnemuyde, & Middelborch quand les Idoles estoient totalement ostez, ilz demanderent qu'on delivra vingt & un prisonniers pour la religion : & incontinent on les permetta s'en aller librement.

Quand le bruit arriva à Utrecht qu'on avoit par tout abbatu les Images, & qu'il y avoit huict mille hommes allants parmy le pays, pour perpetrer ceste disordre d'abbatre les Idoles, pourtant toute la Ville estoit en peine : en fin on pilla le 26 d'Aoust, les Eglises, on abbatoit les images, & les tableaux.

Tout le mesme on faisoit à Leuwaerden, en pays de Frise ou le 6. Septembre, on à abbatu avec la permission du Magistrat, toutes les Idoles, autels, & l'ornaments, car ilz avoyent grand desgoustement de la Papauté, & incontinent apres ont ilz faire prescher la publiquement en l'Eglise grande le Ministre reformé. Anton Nicolas Wassenaer, avec grand contentement du peuple.

La premiere presche à Amsterdam. A Amsterdam sont venu les nouvelles qu'on abbatoit par tout les Idoles: & le 23. d'Aoust, s'assemblerent aulcunes en la vielle Eglise, apres les Vespres, & commencerent avec une furie

Perpétrée en le Pays-Bas.

furie d'abbatre les Images, mais le Schoutet apercevant telles affaires, alloit vers la, & l'on chassa hors de l'Eglise : & les Bourgeois empescherent l'abbatement, & un peu apres on a faict par ordre : mais en l'Eglise nouvelle on avoit tout abbatu.

Ceux de Groninghe estoient les derniers, mais ilz ont vuidé leur Temples d'Idolatrie par ordre, mandants le faict aux charpentiers, & maffonners de la Ville, mais au l'an 1568. ilz ont esté puni, pour c'est faict, & condamné en forme de justice.

En telle maniere on menoit ces affaires à la Haye, & à Delft, & es autres places du pays Bas.

Quand toutes les affaires allojent peu à peu en pire, les Nobles ont soigneusement besoigné, à leur affaires, & font entendre qu'ilz attendojent la responce, de les Seigneurs, envojez vers le Roy, & qu'on l'apporta pas : que cependant le departement de les Seigneurs, on avoit mis au mort beaucoup de gens, pour la Religion, en qu'on mettoit en train par tout, l'Inquisition, & les rigoureuses, sanglantes Ordonnances, que par ce moyen le populaire estoit esmeu aux seditions, & promettent si il plaisoit à la Regente, qu'ilz empescheroient les troubles, mais si elle ne prestoit pas la main, à si grande besoigne, qu'il est besoing à eux de prendre le secours d'eux, qu'ilz avojent le pouvoir de les defendre. Sur cest la Regente permetta la libre exercice du Religion, ou on avoit presché, principalement es villes esmues. *La requeste de les Deputez, demeurants au Court.* *La Regente permit la presche.*

La Noblesse s'en va. Le Compte d'Egmont vers Flandres & Artois, ou il pour son pouvoir appaisoit le populaire.

Mesmement le fidel Prince d'Orange s'en alloit vers Hollande, ou il trouva quasi par tout les gens allants aux presches, d'un zele grande.

Cependant il y avoit aulcunes à Anvers si hardi, qu'ilz

Le Miroir de la Tyrannie Espaignole

recommencerent abbatre les Idoles, dedans les Eglises, & principalement à celle de nostre Dame : mais le soigneux Compte d'Hoochstrate l'empescha cest ouvrage, & mettoit aulcunes en prison, principalement le primier Autheur dict Barghemont lequel apres avec les autres cincq, fust publiquement pendu par forme de justice, accusez du sacrilege.

Ceux de la Religion entendirent que le Roy prennoit en mal part ces affaires du Regente, & du populaire, à ceste cause font ilz une Requeste, & l'envoyent au Roy, s'excusants devant luy, qu'ilz n'estoyent pas la cause de ces troubles, que ne desiroient que la libre profession de sa religion, que la Foy ne veult pas estre contrainête, estant un don de Dieu, qu'ilz estoient totalement addonè à l'Escriture saincte, comprinse dedans la Bible, aux douze Articles de la Foy Chrestienne, aux plus anciens, Conciles, & demanderent un Concile General : cependant il demanderent la li-liberté en le faict de la religion promettants l'obeissance fidelle, & encore trois millions Florins, ou trente tonneaux d'Or.

Ilz escriverent mesmement aux Princes d'Allemaigne, pour l'intercession, mais on mocqua d'eux: car ilz jugeoyent qu'un Roy pouvoit gouverner son pays a son appetit, sans regard du previleges, & ordonner au faict de la religion.

Le Roy est mal contét qu'on preschoit au païsbas. Cependant on escrivoit au Roy toutes les affaires du pays, qu'on prescha publiquement quasi en toutes les villes, & il estoit fort mal content qu'on avoit donnè la permission aux presches publiques : Ceux du grand conseil en Espaigne donnerent le bon conseil au Roy, qu'il alloit mesme au pays bas, estant son heritage, qu'on n'en parleroit rien de les affaires de la Noblesse confederee, comme une chose de petite importance, mais qu'on ne permetteroit pas les assemblees

blees des Eſtats Generaulx, eſtants le Souverain apres le Roy au pays bas.

En fait auſſi une inſtruction ſecrete à la Regente, de tirer à ſoy par argent les Princes d'Allemagne, & entretinir par les dons continuellement favoriſants à ſa cauſe, combien mauvaiſe.

Le Roy meſme donna ſes letrres à l'Empereur, au ceſt faict: mais il reſpondit ſagement, comme un Prince ſage, qu'il eſtoit en grand peine, & doubte touchant les affaires du pays Bas: que la Religion pretendue Catholique eſtoit fort haineux pres les Princes d'Allemagne, & qu'ilz facilement ſe metterojent au cheval, pour ſervir à ceux du pays bas, approvants leur cauſe, & ſi cela ſur venoit qu'il eſtoit dangier de perdre les dix ſept Provinces.

Auſſi eſcriva le Roy à la Regente, aux Egmont, & le Prince d'Orange, & beſoigna tant que la troiſieſme partie de la Nobleſſe ſe ſegrega l'un de l'autre, changeant la bonne intention de reſiſter les Ordonnances ſanglantes du Roy, & a l'Inquiſition: mais la Regente eſtoit fort contente en ceſte diſgregation, car elle avoit moyen & commodité de punir à ceſte heure ceux qui avojent abbatuz les Idoles en les Egliſes parmy le pays.

Elle donna charge de troubler, & diſſiper ceux qui alloient aux preſches, dedans les villes, & parmy les villages, aulcunefois on les mettoit au priſon: un peu apres on a pendu un Miniſtre à Aelſt par le commendement du Regente: & combien on diſoit qu'elle avoit permi auparavant, elle s'excuſoit, par fineſſe: qu'elle avoit permiſe les preſches, mais pas qu'on baptiſeroit, ou celebreroit les actes des mariages, ou qu'on tiendroit Conſiſtoire.

Elle leva gens d'armes, pour envojer à Valenchiennes en Hainaut, car la ville eſtoit declaree rebelle, car les

La Regente fiſt pendre au Miniſtre.

Borgeois avoyent à demi bruslez delivré hors les flammes, & les citoyens ne vouloient pas reçevoir ces gens de guerre, car ceste maniere de faire estoit tout contraire à leur previleges: mais le Regente ne regarda pas si pres, quand elle pouvoit faire quelque profit en ses affaires, agreables au Roy, & la saincte Inquisition.

Les Presches cessent. Ceux de la Religion bien avisez qu'on commença de les profuivre, cesserent aller aux presches, & demanderent feulement par leur Requestes une assemblee des Estats Generaulx, estants le Souverain en ces pays, apres le Roy mesme, à fin que les troubles cessasent, mais ilz travaillerent tout en vain: car on faisoit courrir le bruit, que le Roy entendoit de ces affaires, & troubles qu'ilz estoient avenuz & augmentez par le Prince d'Orange, le Compte de Egmont, & le Compte de Horne, & qu'on monstreroit à eux un peu de temps un bon samblant, & quand la commodité s'offriroit de les prendre tretous ensemble, & mettre en prison, apres punir comme il apertient. Mais le Prince d'Orange Guillam, Compte de Nassau: homme prudent & sage, ajant cognoissance de la finesse du Court d'Espaigne, & scachant que le Roy Philippe avoit dit à Madril, qu'il puneroit & chastieroit les Rebelles au pays bas, (car ainsi il appelloit ceux de la Religion & la Noblesse) pour estre exemple à toute la Chrestiennete, d'avoir rebellé à l'encontre leur Roy, mais il ne pensoit pas que luy mesme estoit la cause des troubles avenues icy, avec ses Inquisiteurs, & Ordonnances sanguinaires: Aussi, que le Roy avoit escrit au Madame Regente, que ces troubles avoyent donné bonne occasion, pour reduir ces pays soubs une entiere obeïssance: c'est à dire, priver de toutes les Privileges, & droicts, mais il n'a pas achevé tout à son appetit, il reste encore à luy de l'ouvrage, & nous sommes encores prests pour defendre nostre droict jusques à la mort, comme noz predecesseurs ont faict, au commencement de troubles.

Les

Perpetrée en le Pays-Bas.

Les lettres du Roy ont besoigné tant, que la Noblesse se segregoit l'un de l'autre. Le Prince d'Orange fort scavant aux choses d'Estat, donnoit grande couragie au Compte d'Egmont pour resister aux ennemis, ou de departir hors le pays, pour un peu de Temps, si long temps que le fureur fusset passé: mais le Compte respondit, qu'il ne venoit à point de se retirer, avec sa femme & enfans, hors sa patrie, mais que le Roy estoit benin & clement, & qu'il pardonneroit tout. Sur cela le Prince d'Orange repliqua (car il vojoit que le Compte feroit un pont pour l'entree du l'ennemy au pays:) Adieu Egmont sans teste: & Egmont respondit: Adieu Prince sans biens. Mais le temps & l'experience nous ont enseigné la Prophetie veritable, prophetisee entre eux deux. *La Noblesse se sepa-re.*

Cependant les Princes confederez encore, travaillerent fort pour defendre la liberte du pays, & l'envojerent le Seigneur de Brederode vers la Dame Marguerite, demandant s'il estoit permis à luy de venir à Bruxelles, mais elle ne permetta pas, disant, que la derniere assemblee de la Noblesse estoit la primiere cause de troubles: Le Seigneur de Brederode respondit, que pas la Noblesse, mais l'Inquisition & les Ordonnances sanglantes estoient la race de tous les maux: aussi l'arrest du responce sur la Requeste donnee & envojee vers elle, & le Roy.

La Dame Marguerite escrivoit aussi, que le Seigneur de Brederode se contenteroit comme les aultres Seigneurs, car elle ne vouloit que les Ministres d'Eglise feroyent quelquepresche ny aux villes, ou villages: pource elle monstra sa force, & va assieger la ville Valenchiennes, ou les plusieurs rebelles se tenoient, à fin qu'elle scauroit ceux qui estoient de sa part, ou non. *La Regente parle rondement.*

Ceux de West-Flandres assemblerent aulcunes gens de guerre, mais sans fruict, car ilz sont tretous tuez de sa partie,

D &on

On traicte rigoureusement ceux de Valenchiennes.

& on à tiré la ville, avec vingt & deux pieces de canons, & ilz estoient contraincts de rendre la ville, avec conditions donnees seulement de bouche, mais apres totalement aneantises, comme la coustume à ceux d'Espaigne: car si tost que Noircanne avoit occupé la ville, fist il prendre, le principaulx de la Ville, & le Gouverneur, Michel Herlijn, avec son fils, & les fit decoller apres: & incontinent il fit pendre au gibet les deux Ministres, Guido de Bres, & Peregrin de la Grange, mais il cessa pas encore, car il fit mourir apres deux cent Borgeois.

Ceux de la Religion estants en Cambresis, s'enfuirent incontinent, mais le Ministre Philippe, devint en leur mains, & on coupa sa main droicte.

Par ce moyen la Regente domina par tout, car chascune ville craigna sa force, & cruauté: Aussi ceux d'Anvers sont devenuz au telle discouragié, qu'ilz permetterent qu'elle viendroit à eux avec la gendarmerie si grande, qu'elle voudroit. Ainsi toutes les Eglises sont restitues en le premier Estat, & avec les ornaments de coustume: & les presches ordinaires se cesserent totalement pour un peu de temps.

Le Prince se retire en Breda.

l'Estat du pays estant en mauvaise condition, le Prince d'Orange Guillaum, se tenoit a Breda, & il trouvoit bon de se retirer pour un peu de temps, afin que puissent attendre quelque meilleur estat, pour secourir les affligez, ne voulant donner foy à ceux qui le flattoient, ny aux lettres du Roy d'Espaigne, cognoissant estre pleins de faulseté & tromperies, comme ilz sont encores, & ne laisseront jamais estre telles.

La Regente Madame Marguerite fist assembler les Seigneurs de l'ordre, & les Gouverneurs de Provinces, & jurer un nouveau serment, de conserver la Religion Catholique, pensant que le Roy seroit côtent en ceste acte, & n'ameneroit pas gens d'armes en le pays bas, combien qu'ilz fussent arri-

vez

vez jusques aux frontieres: par ce moyen se cesserent toutes les presches, & chascun se tenoit cry.

Le Prince d'Orange se retira vers Breda, laissant son fils aisné, Philippe Compte de Bueren, à Louvain, en l'Academie, jugeant estre livre la, par les previleges de Brabant, & l'université, lesquelles le Pape de Rome mesmement avoit confirmé. Mais quand Duc d'Albe arriva, il ne pensa pas de ces francises, & viola tous les droicts du pays, l'envojant le fils du Prince vers Espaigne, estant en age de quinze ans, & il à esté la en prison trente huict ans, & apres la mort de son Pere l'An 1595. est il delivré de sa captivité. *La cruauté envers Philippe, filz du Prince d'Orange.*

A on jamais ouy de telle cruauté, que par force on amene les Enfans, nullement coulpables au peschè de leur Peres, si non au jugement de Tyrans?

Au moins d'Avril on envoja Charle de Mansveldt à Anvers, accompagné de seize compagnies de Walons, faisants leur entree quasi en hostilité, car toutes les harquebuses estoyent chargees, & les boulles au bouche, comme s'ilz entretent par force, ou quelque entreprinse. *Entree cruelle à Anvers.*

Passez deux jours la Regente mesme arriva à Anvers, & renovella la Religion Catholique, & retracta les Ordonnances vieux, fit demolir les Eglises reformees, & on compta les armes de Bourgeois.

Cependant le Seigneur de Brederode, & les Nobles confederez estoient encore fourniz de gens d'armes, qui l'empescherent le Compte de Meghen fort: par ce moyen ceux qui estoient banniz eschapperent bellement.

Le Duc d'Arenberch fist toute diligence à poursuivre le Seigneur de Brederode, qui passa par Amsterdam vers Embden, tout droict en Allemagne. *Les Gentils-hommes fuyants, sont prinses.*

Mais aucunes chefs & Gentil-hommes quand ilz estoyent separez de leur compaignies, pensant s'enfuir par le Zuyderzee, sont trahiz par leur maistre de navire, car il amena son

D 2 bateau

bateau sur le sablon, & ilz sont prinses par un Capitain Mullaert, estant soubs le commandement de Duc d'Arenberch, & on les mit en prison à Harlingen le cinquiesme de May ; entre eux estoient deux freres de Batenburch, deux Seigneurs de Frise, Herman Galama, & Suffrid Beyma, avec plusieurs aultres, desquels on a amené sept à Vilvorde, les aultres sont decollez en aultres places par le commendement du Regente.

Le Seigneur de Renesse se retira aussi hors de Viane avec sa compagnie, mais il est pris en battaillant avec ses ennemiz, & apres est il decolle à Utrecht en Vredenborch.

Par ce moyen establit la Regente son commendement, & les Nobles Gentil-hommes delaisserent tous leur biens, & plusieurs inhabitants leur doulce patrie : ainsi ilz sont devenuz pour l'amour de sa liberte vrays Geux, aux pays estranges.

Mais il estoit une chose digne d'admirer, que les banniz, par tout ou ilz arriverent, guardoyent leur fatson des habitz, & langage, ajants tousjours espoir de retourner, quelque jour au son pays.

Ceux qui demeurererent au pays, ont esté mis en prison, penduz, & tuez : les aultres vivojent en perpetuelle peine, plusieurs devenojent povres.

Cependant besoigna fort le Roy d'Espaigne à ses affaires à l'Introduction de nouveaux Evesques, mais il engendroit grandes questions parmy le peuple ; & mesmement entre les Religieux, pource qu'ilz entendojent que celle introduction des Evesques nouveaux, estoit totalement contraire, pourtant ilz s'opposerent fort, & estoient principalement la cause, de guerres civiles.

Le Roy pensa aussi qu'une femme ne seroit suffisante, pour faire cesser les troubles, pourtant il delibera envojer un camp vers pays bas, a fin que puisse punir les rebelles par force, à

Perpetree en le Pays Bas.

Figure. Nombre 4.

EN le plus païs bas, on ne voyoit journee
(Helas) pour les bourgeois fidels plus desolee
Que quand le Duc d'Albe, cruel & inhumain,
Arriva la menant un armee vilain,
Enserrant en prison les Seigneurs debonnaires,
Comptes d'Hoorn, & d'Egmont, & d'aultres point vulgaires,
En fin les decolla, comme un Tyran faisant,
Mais Dieu vangea le faict, & chassa le meschant.

D 3

ce, à son appetit, & s'assurer totalement de les dix-sept Provinces.

Le Prince Charles, fils du Roy d'Espaigne desidera fort d'estre le Chef d'armee, pource que les inhabitants estojent fort contents de luy, mais le Duc d'Albe est ordonné, & le Prince Charles n'estoit pas bien content de le mauvais succes en sa cause, sachant depuis long temps qu'il estoit un grand Tyran, & que les inhabitans seroient fort mal tractez de luy, comme il est avenu auparavant : On en parle que ces choses ont esté le cause, qu'il fut emprisonné, & apres mis à mort.

Le camp pour refraindre le pays bas, & tyranniser à son appetit, compta 8678. hommes, & 1200 chevaulx, & il trouvoit en Borgonde 400. chevaulx.

Adonc la Regente estoit en peine, quand elle entendit que le plus cruel Tyran en Espagne surviendroit pour punir la Noblesse fidele, & les bons inhabitans, lesquels elle avoit trop accusé pres le Roy, toutefois elle prennoit encore la peine, que ceste armee n'arriveroit pas au pays, mais estant conclu par le Roy, & les grands d'Espagne, il estoit besoing : & il fit l'entree à Bruxelles, l'an 1567. le 28. d'Ioust.

Vrajement les Borgeois ne pensoient pas qu'ilz amenoyent le cheval de Troje, estant enceinct avec la ruine de pays bas.

Ce Gouverneur General avoit la licence absolute, a disposer tout à son appetit : Il estoit constitué Maistre de toutes les fortifications, Forteresses, Chasteaux, & de gens de guerre, aussi sur les Conseillers des Estats, & de Finances : Il avoit aussi charge secrete de juger sur les crimes & rebellions de les punir a son appetit.

Duc d'Alba vient à Bruxelles.

Incontinent il logea ses gens d'armes à Bruxelles, Gand, Anvers, & aultres places : il osta aux Magistrats les clefs de villes : & quand le Compte d'Egmont parla en faveur du ville,
il pren-

Perpetree en le Pays bas.

Figure. Nombre 5.

Quand on prescha par tout de bon Dieu la parole
En Flandres & Brabant, quand Papaute s'envole,
Ont fort persecuta ceux de Religion,
Par ordre de Duc d'Alb, les tuants en prison,
Aussi publiquement, par feu & par l'espee,
Ainsi par tous endroits la terre fut troublee,
Mettant a mort cruel les fidels citoyens,
Par forme de bon droict, aussi les paysans.

il prennoit en mauvaise part:disant:qu'il vouloit faire tout à sa volonté au profit du Roy, & ne vouloit recevoir de quelques un aucune instruction.

Il estoit d'admirer que le Compte d'Egmont ne pensa de ce mot de Duc d'Albe, quand il venoit en pays de Lutzenborch:disant. Voyla le grand Hereticq. Adonc il estoit temps d'y penser, & ne fier aux telles bourdes d'un tel personnage.

Les Comptes Egmót & Horn fit Ducd'Albe amener au prison.

Quand le Tyran pensa d'estre le temps pour tromper les Seigneurs du pays, fit il appeller les Princepaux de pays bas, & entre eux le Compte d'Egmont & Horne, & les fit amener au prison, ostant les armes, disant d'estre la volonté du Roy: Un peu apres on les amena à Gand au chasteau. Les aultres Seigneurs, avec les serviteurs du Compte sont gardez aux portes de Bruxelles.

Le Cardinal Granvelle, homme sanguinaire, entendant que les Seigneurs estoient prisonniers, demanda, si le Prince Guillam le taiseur estoit en prison, ilz respondirent, Nenny: il respondit: Il eut esté mieux de l'avoir le taiseur, que les aultres tretous:

On mettoit aussi en asseurance le Maistre Iean Kasenbroodt, Conseiller du Compte, aussi les Secretaires & les Serviteurs, avec leur papieres & lettres.

Le Compte Charles de Manssfeldt se departit d'Anvers, estant en grand peur.

Le Compte de Hoochstraten ne venoit jamais à Bruxelles, craignant le prison, combien qu'il jamais avoit peché contre le Roy, defendant sa patrie, & la liberté du pays.

Ladron metta en prison Anthoine de Stralen, estant Bourgemaistre d'Anvers, on l'envoya primierement à Bruxelles, apres on le renvoia a Vilvorde : En telle maniere sont traictez plusieurs gens notables, & principaulx du Pays bas.

Ces

Perpetree en le Pays-Bas. 17

Ces affaires donnerent un grand peur au vrays Zelateurs du patrie, aux Nobles & ignobles, & plusieurs s'enfuirent incontinent, craignants la cruelle main d'un tel Gouverneur, laissants leur doulce patrie, & biens, en s'en allerent au pays estranges comme Angleterre, Allemagne, France, Embden, & autrepart: ou on a receu les banniz fort amiablement, & ilz ont vescu la seurement.

Combien que plusieurs gens d'honneur, & vray Zelateurs de sa patrie se departirent, toutesfois on remplit les prisons, & tant qu'il n'y avoit quasi aulcune place pour mettre la reste. Il y avoit encore d'aulcunes ne voulants de laisser çeux de leur compaignie, ouvrirent par force les prisons, & delivrerent les prisonniers hors les mains de loups'ravissants, en despit qui desiroyent la vie d'eux, en s'en allerent. *On mette en prison toute gens Zelateurs de sa liberté.*

Duc d'Albe, avec son conseil sanglant, estant en pleine puissance, & ayant entier Gouvernement, commanda plusieurs aux executions, & faisoit tuer les prisonniers, estants prisonniez au temps de la Regente, & aussi apres son arrivement; il n'y avoit pas une place, ou on estoit accoustumé faire la justice, on mettoit gens au mort, par feu, par estranglement, par feux, par la glaive: & on donna raison qu'ilz estoyent coulpables au Requeste, ou qu'ilz avojent besoigné aux affaires d'Estat. *Duc d'Albe execute les prisonniers.*

En Flandres & Brabant on a executé plusieurs Ministres, & Anciens & Diacres des l'Eglises reformees: cela est avenu à Martyn Smeet, envojé d'Anvers vers Malines, pour prescher la secretement la parole de Dieu: En fin il tomba es mains de ces Tyrans, & combien il donna bonne raison de sa religion, & ses affaires, toutesfois on l'à mis à mort, & le grand Provost S P E L L E l'amena hors la ville, & le fit monter par un eschelle sur un arbre, & l'a pendu publiquement, comme un laron ou meschant.

Tout le mesme est avenu à le vray & fidel Serviteur de
E Dieu

Le Miroir de la Tyrannie Espaignolle

Deux Ministres executez en Flandres. Dieu Maelgaert de Honger, estant prisonnier à Ypre, & on laissa long temps au prison: mais quand les ennemis de la religion sont avancez à leur affaires, ont ilz condamné cest homme juste d'estre puni par la corde, monstrant leur tyrannie: estant au l'eschelle, a il parlé hardiment, & adhorta tous les spectateurs pour estre constants en la vraye foy, & qu'ilz demeureroient fermes en la religion proposee, jusques au mort, comme il faisoit mesme, estant un bon exemple pour eux, quand il estoit en le dernier poinct de sa vie, survint un esmotion entre les assistants, & ceux de la garde du Ville, pour assister la justice, voyants les troubles deschargerent leur harquebuses parmy le peuple, & ilz ont tué vingt & cincq Borgeois, toutesfois le borreau, achevoit son ouvrage, & l'estrangla le vray Chrestien avec la Corde, & apres est il pendu, hors la porte en un arbre, mais ceux de la Religion, hasardant leur vie, ont osté le corps de nuict, & l'ont enseveli quelque part secretement.

A Anvers en Brabant est emprisonné Iean le Brain, natif d'Arras, pour la confession de la religion reformee, & il est tourmenté cruellement par le borreaux en la presence du Compte de Ladron, pource qu'il logea ceux de la religion allants parmy le pays, & principalement les Ministres de l'Eglise, faisants secrement leur debvoir en les affaires de nostre Sauveur, & confirmer, les fideles en la vraye foy: On ad- **La tirannie osté la teste à Iean le Brain.** jousta encores un autre crime, qu'il avoit logé les gens levants de Soldarts pour le Prince d'Orange secretement, & pour sçavoir le fondement de ceste affaire, on le tormenta quasi jusques à la mort. En fin, quand il estoit long temps detenu en le prison, on l'envoja avec six aultres personnes à Bruxelles, ou le 28. Iuin l'on decolla avec le glaive, en presence de ceux du Conseil criminel, envers le soir, afin qu'il ne fusset cognu de quelques uns: le

Bor-

Borreau estant enyvré le tua avec beaucoup de coups.

En telle sorte l'hoste de gens fugitifs rendit son ame à Dieu, & entra en la gloire celeste avec joye du cœur.

Cependant la Comptesse d'Egmont travailla fort de delivrer son mary hors le prison, demandant & priant de hanter avec son mary, selon les previleges du pays, qu'il estoit un Prince de l'ordre du Toison d'or: toutes ces choses elle besoigna par le Procureur Landas: mais quand il travailla fort journellement à ces affaires, devant le Duc d'Albe, parla le Duc en mordant à luy, qu'il ne solliciteroit plus pour le Compte d'Egmont, car il plaisoit au Roy ceste affaire, ayant le pouvoir de rompre toutes les Privileges du pays bas, & faire de sa volonté les loix perpetuelles, & decerner de la vie de toutes les inhabitants.

La Comptesse de Egmont sollicita pour son mary.

La Comptesse ne voyant quelque remede à changer le cœur cruel de cest sanglant Tyran, fist une Requeste aux Estats de Brabant, les trouvants bien fondee en la petition presenterent au Duc d'Albe. Les amis, & la Mere du Compte de Horn font le mesme, & demanderent d'estre constitué devant son propre Iuge, l'Empereur, ou aultres Princes: mais ilz travaillerent en vain.

Le Duc d'Albe respondit, de faire en ces affaires tout per ordre, mais qu'il estoit besoing de confier au Roy, qu'il ne feroit rien sans raison & justice, comme appartient à ceux qui sont constituez sur les aultres à gouverner.

Cependant il ne practiqua que ces meschants procedures, & il donna quelque articles à les amis, pour respondre à elles, devant les Iuges desia transportez d'un prejudice à l'encontre les prisonniers: par c'est effect on appercevoit le meschant train de cest Tyran, & qu'on ne cherça que condamner les prisonniers comme Rebelles au Roy & la Iustice.

E 2   Le

Le Miroir de la Tyrannie Espaignole

Le Sanguinair Duc d'Albe voyant qu'il n'avoit qu'aucunes de la Noblesse en sa main, ne sçavoit pas par quel moyen il prendroit les fugitifs, mocquants de luy, estants eschappez les mains sanglants du Roy, & ses serviteurs, apres qu'il avoit escrit mainte lettre doulce, faulse, & tromperesse ; mais ilz estoient accoustumé a les Sausises du court d'Espagne, estants de bonne matiere, mais trop chargez de poivre : pource il fist confisquer leur biens, & a donné le 19. Decembre un Mandat publicq, que devant le Procureur Du Boys comparoissent en six sepmaines, le Prince d'Orange, le Compte Louys de Nassau, le Compte de Hoochstrate, le Compte de Bergh, le Compte de Kulenbotch, le Seigneur de Brederode, & plusieurs aultres absents hors du pays : car il ne disira que se faire possesseur de leur biens, estants en grand nombre ça & la.

Duc d'Albe fit appeller.

Le Prince d'Orange Guillam de Nassau, & les aultres Seigneurs de la Noblesse se defendirent par lettres, alleguants d'estre appellez iniustement, devant un Iuge preoccupé, & corrompu, ou par argent, ou crainte du Tyran, & qu'ilz estoyent Seigneurs du toison d'or, que leur Confreres seroient Iuges de leur crime, qu'on viola par ce moyen les Privileges, & le droits du pays, qu'ilz ne chercerent d'excuses, mais presenterent leur cause devant l'Empereur, ou aultres Potentats, & leur Iuge competant : comme nous vojons amplement en les defences escrites, & publiquement imprimez, en la langue commune. qui vouldra sçavoir tout, il trouvera la.

Mais quand les Nobles ne se sisteroient pas, devant cest Iuge, & Procureur Du Boys, le Duc d'Albe fit son proces, & les condemna d'avoir commises le crime, contre la Majeste Royale : & le Procureur General fit la sentençe, qu'ilz estoyent redevables aux corps & biens, & l'on executa incontinent tout, au profit du Roy, s'enrichant de biens de les fidels Serviteurs.

Le

Figure. Nombre 6.

LE fort cruel Tyran voyant belle courage,
Parmy les Nobles tous, eſtants en petit' age
De Batenburch vaillants, les metta en priſon.
Et les fit decoller, mais tambour donna ſon,
Beaucoup d'autres apres, eſtants de la Nobleſſe,
Il fit couper (helas) donnant a eux triſteſſe
Mais les Eſtats tretous le prinderent en mal part,
Ajant troublé pays, Duc d'Albe ſe depart.

Le Miroir de la Tyrannie Espaignolle

Les Nobles de Batenburch sont decollez par le Duc. Le Duc d'Albe estoit fort mal content de multitude ou foison de gens tuez, pres les Compte d'Arenberch, & les Espagnols en Frise : mais pour addoucir sa melancholie a il procedé fort rigoureusement avec les deux freres Gijsbert, & Theodore, freres de Batenburch, & encore dix-huict aultres Nobles Gentil hommes avec eux : car il les fit decoller tretous sans misericorde, a Bruxelles.

Ces procedures cruelles donnerent un mauvais contentement aux Politiques, pensants que le Duc jamais tueroit ceux de l'Estat, ou la Noblesse, mais qu'il attenderoit la venue du Roy: Nenny: ceux estoient condamnez, & dignes de mourir, combien l'Empereur, & les Princes d'Allemagne intercederent pour eux.

Aussi condemna au mort ces gens. Mons de Villers en d'Huy: un Ministre Corneille de Mchen, & un Bailliu, Quintin Betoth : On garda l'acte du Iustice, avec neuf Compagnies de Soldats, & on sonna continuellement le tambour, a fin que le populaire n'ojast point les paroles de ceux qui alloient vers la Iustice.

Albe met la main au populaire. Ces procedures deplaisoient fort à gens d'Estat, pareillement le commun peuple estant coulpable aux seditions esmues au paravant : & ceux qui avoient esté aux presches ou logé ceux de la Religion, ou les Ministres ayants parmy le pays pour prescher l'Evangile : ou aulcunes de la Noblesse fuyants hors le pays, craignants la tyrannie: mais principalement prennoit il regard aux gens riches & puissants, & les grava de quelque crime, par ce moyē il mettoit en prison chasque jour cinquante, quarante, vingt. Tous les citez estoyent contraincts d'y demourer, les defaillants sur la citation on condemna en confisquation de biens: les povres on condemna incontinent à mort, par estranglements, ou le glaive. Il sembloit qu'il prennoit son plaisir d'executer le monde, & ruiner tous les inhabitans du pays.

Il est

Il est impossible de citer le nombre de ceux qui sont (sans dire les raisons) liez aux queves de Chevals, ou penduz aux Arbres sans forme de IUSTICE, mais à la volee.

Ceste Tyrannie estoit si grande, qu'elle donna tristesse aux Catholiques mesmes, & les Principaux Seigneurs du Conseil, & parlerent mesmement à Duc d'Albe faisants cognoistre à luy, que ceste maniere de faire n'estoit pas le droict chemin pour attirer les gens à soy, mais plustost totalement abaliener le populaire, & toutes les principaulx du pays: car on sçavoit desia qu'on ne desiroit autre chose, qu'enrichir le Roy, avec les biens par confisquation du peuple, & que cependant tant les Religieux que les Politiques, les maisons de Sainct Esprit, dediees à l'honneur de Dieu, les Vefves, & les Orphelins seroyent pillez de leur biens, & possessions, depuis le Conseil Criminel attira tout a soy, ce qu'estoit delaissé de gens banniz, & tuez pour le faict de la Religion: & que ceste maniere de faire, en fin serviroit à la ruyne du pays: mais les Autheurs de ceste exstirpation, avoyent persuadé au Roy, que par ceste Tyrannie il assembleroit une grande somme d'Argent, & quand il avoit attire tout à soy, qu'il pourroit hanter avec la reste à son appetit: mais il fust trompé en sa compte, car les gents appovriz ayment plustost faire la guerre pour un œuf vuide, que pour les choses d'importance.

Les Catholiques admonestent le Duc de sa cruauté.

Les Conseillers sages declarerent devant Duc d'Albe, que par ceste cruaute s'enfuyeroyent beaucoup des gents, & laisseroyent le pays, & apres ilz penseroyent de quiter totalement le gouvernement de les Espaignols, pource il seroit mieux de bannir le populaire, & les Nobles dedans le pays, & en ceste sorte le Roy tireroyt grand profit hors les amendes & peines, maintefois, qu'en les confisquations d'un coup.

Le

Le Miroir de la Tyrannie Espaignole

Le fort sage & prudent Conseiller Vigle Suicheme vivoit envers cest temps, portant grand faveur au Roy, voyant le mauvais gouvernement estoit en grand peine, que le Roy tireroit guere de profit par ces affaires, & que le Conseil criminel avoit pris un mauvais conseil, fort nuisant à ceux de la religion Catholique, car par ceste extreme cruaute, sont aulcunes devenuz en telle desperation, qu'il ont tuez les Religieux, & payez l'un pour l'autre.

Le Roy envoje le Pardon trop tard.

Ces difficultez sont disseminez si loing, qu'ilz sont de venuz jusques aux oreilles du l'Empereur & du Roy, & du Pape de Rome, & par ce moyen on à trouvé quelque grace, pour hanter bellement avec les inhabitants, mais Pardon tarda si long temps que par la cruaute, & l'avarice de VERGAS plusieurs estoient retirez hors du Pays, & les restants estoient obdurciz en les torments : Et quand on publia le Pardon, l'estoit avec tant de restrictions, & clausules que c'estoit le mesme qu'auparavant, & personne s'osoit confier au Pardon, ny ceux de Magistrat.

Tyrannie extreme jamais ouije, en le monde.

Apres surviennent les Ordonnances contre ceux qui s'enfuirent, qu'on ne pouvoit transporter les biens des inhabitants, qu'on ne debvoit envoyer de l'argent aux fugitifs, ny assister en sorte que ce soit : on a veu que plusieurs sont amenez au gibet qu'ilz ont assistez leur amis estants hors du pays: aussi les Peres sont decollez ajants assistez leur enfans: les femmes ajants envojé de l'argent a ses maris hors le pays ont esté justifiez, publiquement noiez aux vaisseaux couverts : On a jamais ouy ny leu telle tyrannie perpetree oncques en ceste monde, ny ame vivante à veu : jamais une nation à hauté en telle sorte à l'encontre un autre, comme ceste: je confesse qu'il y a plus grandes cruautez commises en Amerique, mais ilz sont perpetrees par leur peres, & predecesseurs, & ce gens sont leur posterite, ayants le mesme intention de priver le pays bas de ses inhabitateurs, & se faire

maistre

maistre par tout, comme Seigneurs du monde.

On apporta envers cest temps les nouvelles d'Espaigne, que le Fils du Roy d'Espaigne Charles, estoit en prison, par la charge de son Pere, & qu'apres il est mort. Ce ieune homme, & Prince estoit fort bien aymé de ceux de nostre Patrie, & desirojent fort de l'avoir pour son Prince, mais les ennemiz de le pais, l'empescherent, qu'un tel Soleil ne donna ses rayons sur un tel florissant pays, en noblesse & richesse. Quand on le depescha, il estoit en aage de vingt & deux ans, fort genereux d'entendement, liberal, diligent aux estudes, il dormoit raremeut, surpassant cest en alegresse à ceste heure regnant. *Loüange de Prince Charles, fils du Roy.*

Il estoit fort adonné au gouvernement, & principalement desiroit il d'aller avec son Pere vers le pays bas, mais il trouva des haineux empeschants la bonne volonté, car ilz disoient, que le seroit la source de beaucoup de maulx, & qu'il estoit besoing de prendre garde à luy, qu'il pensoit quelque jour aller vers Italie, & apres vers le pays bas: qu'il communicoit tousiours avec les Seigneurs de pays bas, comme le Marquiz de Bergh en Montigny, & qu'il pourtant n'estoit totalement adonné à la religion Catholique.

On jugea aussi qu'il avoit correspondence avec aulcunes au pays bas, & pour le sçavoir certainement, l'on envojeroit Ruygomes pour cherçer dedans ses lettres s'il n'y avoit d'aucunes d'importance, & quand le Prince ne vouloit pas permettre, le Roy mesme entra en la chambre par force, & fort rudement: & le Pere se courrouça fort, le mit en prison six mois, & apres il est mort, tousiours estant en estroicte garde, car ilz craignerent quelque mal de luy. *Charles fils du Roy en prison, & muert.*

On jugea de sa mort qu'il estoit emprisonné, aulcunes racontent qu'il est estrangle d'une serviette, la cause de sa mort est cachee encores : mais on sçait les affaires des

Le Miroir de la Tyrannie Espaignole

des Tyrans, comment ilz ne tient respect au propre sang, quand ilz ont quelque soupson du dommage en leur Gouvernement ou Royaumes: cela est appris de les Turcqs estants la race d'eux, tuants leur freres quand ilz prennent la corone avec une triumphe solemnele: & apres sert ceste maniere de faire comme une coustume, qu'on n'attend pas autre chose, que telle cruauté, envers son propre sang: car ilz le font quand un nouveau Seigneur prend l'Empire.

La Royne d'Espaigne est tuee pour l'amour de son fils.

On sçait que le Roy ne voulut endurer quelque contradiction, quand il tua son fils au profit du Royaume, car quand Isabelle la fille & sœur du Roy de France, prennoit en mal part, & parla un peu par compassion pour l'amour de Charles, incontinent elle estoit condamnée au mort: car elle morut apres trois mois: on parla merveilleusement de telle expedition: les François venants d'Espagne disoient hardiment & clairement qu'elle estoit tuee par le commendement du Roy: & le Roy Charles, faisoit le semblant de vouloir faire la guerre contre le Roy d'Espaigne, pour ce faict, donnant aide à ceux de la religion: & presenta de l'argent au Compte Louys de Nassau, contre les Espagnols, au pays bas: Vrayement je m'admire maintefois que les Royaumes commaculez avec tant de sang: & principalement avec le sang Royal, de ses propres amis, & enfans, si long temps demeurent en un bon estat: mais je croy qu'en fin Dieu punira telles meurtreries, & rejettera tels Royaumes, comme il appert à ceste heure, qu'il commēce menacer à luy, & apres il brisera l'empire: on void comme les affaires de luy, s'en vont arriere, principalement aux Indes, ou le Roy d'Angleterre, & les inhabitants du pays bas, chassent sa tyrannie, & donnent aux Indes sa liberte.

Le Roy de France, veult vanger la mort de sa seur.

DES-

DESCRIPTION

De la decollation de deux Comptes, à sçavoir le Compte de HORN, & le Compte d'EGMONT:

Comme on void en la Figure Num. 4. ou ilz sont miz en prison, avec les autres de la Noblesse.

REtournons au matiere, & parlons un peu amplement comment le Duc d'Albe mandoit les deux Comptes de venir à Bruxelles de Gent, à sçavoir le Compte d'*Egmont* & *Horn*: ilz estoient accompagnez avec les Soldats bien armez, & gens à cheval, & ilz sont logez à une place, dite *het Broothuys*, & incontinent il fit leur Proces, disant, qu'ilz avoient commiz le crime d'avoir blessez la Majesté Royale, pource il commanda de les executer par le glaive, & qu'on metteroit les testes aux places publiques, en tesmoignage de leur mesfaict, & s'il y avoit quelques un qui les desroberoit, perderoit la vie & son bien.

Duc d'Albe fir decoller les deux Comptes.

Apres il commanda qu'on confisqueroit toutes leur possessions & biens, au profit du Roy : C'estoit le secret de la Messe, car on faisoit tout pour le bien d'autruy, & qu'on pourroit faire grand amas d'or & d'argent de ces povres inhabitants du pays.

Quand l'heure du mort estoit arrivè le Duc fit appeller l'Evesque d'Ypres, pour annoncer aux Comptes leur derniere heure.

L'Evesque cognoissant d'estre une grande cruauté, & tyrannie, se gette aux genoulx, & prie pour le Comptes, mais il estoit tout en vain, il fauldroit estre ainsi, car la Iustice demande son droict: ainsi que la sentence estoit asseuree, & ne la vouloit changer.

Adonc l'Evesque s'en alla vers le Compte d'Egmont, luy annon-

annonçant l'heure de sa mort, & il recevoit avec perturbation grande du cœur, demandant, s'il n'y avoit point de Pardon, ou quelque dil ay, pour eferire au Roy.

L'Evesque raconta ce qu'estoit passé entre luy & le Compte, comment il avoit prié pour luy, mais qu'il ne sçavoit impetrer la grace.

Le Compte disoit : Ceste sentence est trop cruelle, je ne n'ay jamais tant offensé le Roy: tout ce que j'ay faict, est faict d'une bonne intention.

Apres il a demandé que l'Evesque fairoit la Messe, & donneroit a luy le Sacrament, & il donna.

Voyez la figure No. 6. Tout à l'heure l'escriva le Compte deux lettres: Une estoit au Roy, & l'autre au Duc d'Albe, lesquelles l'Evesque promettoit de bailler asseurement.

Lendemain estant Vespres de Pentecoste on vient d'amener dehors sa place, par la conduite des Espagnols, & l'Evesque estoit avec luy, avec Iuliaen Romero, & Salinas, & le suivoient dix neuf Compagnies d'Espagnols, & s'assemblerent tretous à l'entour du Theatre, enveloppé du drap noir, & dessus deux coussins de velours noir.

Le Compte venoit tout seul avec l'Evesque au Theatre, & quand il avoit parlé un mot ou deux avec luy, il se mit à genoulx avec l'Evesque, lisant avec luy la priere : Nostre Pere, & apres l'Evesque luy donna la benediction.

Le Compte estant levé, a baisé maintefois la Croix donnee en sa main, apres il se mit en genoulx sur un Coussin de velours noir, & cria à haulte voix : Mon Dieu je commande mon ame à toy: Apres il print un Bonette, le mettant devant son visage, & rejetta sa robbe par derriere, & pliant ses mains, & invocant Dieu, attenda le coup : incontinent vient le Borreau, & luy coupa la teste. On couvroit la teste mouillee du sang, & la teste : & le corp avec un drap noir.

Apres

Perpetreé en lé Pays-Bas

Apres que c'est sang noble estoit espandu, on amena le Compte d'Horn. Il salua amiablement tous les spectateurs, & il y avoit plusieurs jettants les larmes, voyants une tyrannie extreme envers la Noblesse du pays sans raison.

Venant au Theatre, il se decharga de son manteau, & il avoit osté le rabat de son pourpoint fait d'armosin noir, pour attendre le coup librement.

Il souhaittoit aux spectateurs felicité, & bon heur, & demanda qu'on prioit Dieu pour luy, que les pechez perpetrez de luy, soient pardonnez pour l'amour de Iesu Christ. Il ne vouloit jamais confesser qu'il avoit pesché contre le Roy, & pource il n'avoit pas merité la mort cruelle.

Ajant rejetté son manteau, tiroit il le bonnet devant ses yeaux, & se mettant aux genoulx sur un Coussin, pliant ses mains, parla en Latin : *In manus tuas commendo animam meam Domine* : tout à l'instant le Borreau couppa luy la teste.

Ce Compte estoit un homme juste, beau, long, & sage, ayant consumé tout son bien au service du Roy.

Incontinent on a encoffré les corps, mais les testes ont esté deux heures au poincts du fer, sur le Theatre.

Les citojens estojent fort troublez en ceste decollation, sçachants qu'on faisoit tout contre les Previleges & droict du pays, car ces Seigneurs estoyent Gouverneurs loyaulx au Roy en ses affaires, mais l'on avoit oublié cela.

On apporta les corps aux freres mineurs, & apres aux vierges Vestales, ou on a enbaumé avec grande pompe Papistique mais le corps de Horne pas tant, car il n'estoit pas mort si Papistique que l'aultre, & il avoit dit a l'Evesque, parlant de la confession, qu'il avoit desia confessé ses peschez

devant

devant Dieu,& se reconcilié devant luy, car luy seul sçavoit pardonner,& pourtant il n'avoit á faire aultre confesseur.

Ces sont les remunerations du Roy d'Espaigne, à ses serviteurs, pour les trauvaulx & dangiers : & principalement au Compte d'Horn, qui avoit servy au l'Empereur & son fils vingt & deux ans, tant en guerre qu'en paix.

Il est vray, qu'apres Horn avoit servy le Roy en Allemagne, Italie, Espaigne, Angleterre, estoit eleu Gouverneur de Gelre,& Zutphen,& apres chevalier de l'ordre, & aussi Admiral du mer, mais les traitements ont esté si petits, que le Compte en les affaires du Roy devenoit povre, & quand il estoit appellé à ceste heure de Duc d'Albe au Court, il engaigna un de ses preries, estants à Weerdt.

Le Roy l'avoit promi de donner bonne recompense pour ses biens faicts,& vaillandise,& fidelité,& Duc de Albe prometta le mesme: mais en fin c'estoit la recompense, d'estre decollé, perdant sa vie,& ses biens de petite importance, mais pas de son honneur, lequel est fort engravé en les cœurs de les Zelateurs du patrie : en on plaint encore sa mort journellement,& on a donné vangeance de son sang espandu, mais pas encore totalement : car il reste encore de vangeurs de sa mort:& si long temps que la langue Flamende sera dedans le pays, on chantera la tyrannie cruelle, & plus que inhumaine commise envers eux.

Les aultres Seigneurs tuez autre part. On depescha les aultres Seigneur prisonniers à Vilvord : comme le Borgemaistre d'Anvers: Anthon de Straalen, Iean Kasenbroot le Conseiller du Compte d'Egmont, & Alonzo de Loa, Secretaire du Compte de Horn : aussi un Gentilhomme de Frise, nommé Bauwema: & le Syndique de Malines,& plusieurs aultres: toutes leur biens furent confisquez, appertenants totalement au Roy d'Espaigne. C'estoit le principal que le Roy se debvoit enrichir de biens de ses subjects fidels.

Le

Perpetree en le Pays-Bas. 24

Le Provost SPELLE travailla fort aux ces executions, allants tousiours ça & la, pour achever le faict tyrannicq, cherçant en ces affaires son profit particulier. Ceste avarice Diabolique l'amena en fin cest homme aussi au gibet, comme on scaurra apres.

En tesmoignage perpetuel de sa cruaute le Duc de Albe fit destruir la court du Compte de Culenborch, pource qu'en ceste place on avoit faict la confederation de les confederez Nobles, & il fist mettre la une Colomne, en laquelle estoit noté l'occasion de ceste destruction.

Au contraire il eust esté une belle chose, si les Estats du pays bas, & principalement les Generaulx eussent constitué un Colomne, au milieu du marché à Bruxelles, avec ceste inscription: Que le Duc d'Albe estoit envoié d'Espaigne, de par le Roy, & qu'il avoit faire cesser toutes les esmotions, & guerres civiles, avec douceur, & benignite, le populaire appaisé, les Nobles contenté, & defendu les Privileges & droicts du pays, & restabli, & augmenté.

On feroit encore aujourdhuy l'honneur à ceste Colomne, on baseroit le pied d'une telle place: mais le Tyran ne cherça pas l'honeur du peuple, il vouloit estre compté entre les plus cruels du monde, & ruiner le 17 Provinces, chasser les inhabitans, & les abaliener de leur Roy, comme ilz sont encore abalienez, en forme qu'ilz maudisent aujourdhuy le Roy, & il est encore en haine, comme Pluto: & ilz ne font autre chose journellement que trouver le moyen de se vanger, de sang espandu, de leur predecesseurs, amiz, & Peres: comme on verra en l'histoire suivante.

C'est Duc d'Albe n'estoit pas content de ces Tyrannies, il monstra son cœur cruel à les gens de petite condition, les faisant Brusler, tant les Catholiques que ceux de la Religion, & beaucoup de Mennonites, auxquels il mettoit une pincette en la bouche, & tenoit la langue, qu'il n'estoit possible de la retirer

Le Duc d'Albe met à mort le populaire.

retirer: ou il manda percer les langues d'un fer chaud, qu'ils enfleret fort : une chose horrible, & laquelle espovanta chascun : Apres il faisoit une Ordonnance, s'il y avoit quelques un, sçavant les biens de banniz, ou ceux de la Religion qu'il estoit contraint de le monstrer sur punition du corps.

C'estoit la vraye practique de prendre & recevoir tout en sa besace : mais il est bien dict par les Anciens, qu'une chose violente dure gueres : car apres detesta Dieu ces affaires de ruiner en telle sorte le monde.

Le Prince d'Orange fit lever les gens de guerre.

Envers cest temps a suscité le bon Pere le Prince d'Orange, trouvant bon en cest miserable Estat, & grand feu, apporter les eaux pour esteindre la flamme, à ceste fin il leva les gens d'armes, quarante quatre compaignies de Souldarts Allemans, & Françoyses & Walons, & sept mille chevaulx bien montez, & il passa avec ceste gendarmerie la Riviere Meuse, occupant aulcunes places, alla fort pres de Mastricht, ou le Duc d'Albe estoit bien muni, qu'il n'estoit possible de le chasser de la, pourtant estoit il contraint de se retirer avec si belle compagnie de gens, & par faulte de vivres, & d'argent se separer l'un de l'autre. Toutesfois il retira en bonne ordre, laissant encore aulcunes de ces gens, vrais amateurs de sa patrie. Les Allemans s'en allerent vers leur pays, & le Prince

Le Prince s'en vahors le camp.

passa par Hainaut en Picardie. Le Duc de Albe estoit fort glorieux, qu'il avoit chassé le Prince hors le camp, sans armes, mais seulement par retardation ou demeure dedans ses trenchees. Il est vray qu'il avoit bonne triumphe, mais le Prince d'Orange monstra sa loyaute, qu'engaga tous ces biens pour l'amour de nous, estants en plus miserable estat du monde : toutesfois il desiroit nous delivrer de la Tyrannie Espaignole, mais le temps n'estoit pas encore avenu.

Duc d'Albe cognoit le mal perpetré par Spelle.

Combien que cest Tyran Albe, estoit un homme fort cruel toutesfois a il faict quelque le bien : car sçachant que son grand Provost *Spelle*, ne faisoit comme il apppartenoit, a il le puni comme

Perpetree en le Pays Bas.

Figure. Nombre 7.

Combien le furieux Duc d'Albe print liesse,
En meurtres, chassements du peupl' & de Noblesse,
Il n'a jamais permis qu'un Spelle sans raison,
Ou forme de bon droict, perdroit le peuple bon,
Ayant bien entendu qu'il par meschançetees
Pardonnoit au Larrons, sachant leur faulx menees,
Pourc'il a commandé de le pendr' au gibet,
Et Spelle demeura bien lié per filet.

G

comme il appertenoit, a il le puni comme il devoit : c'est homme estoit fort inhumain, vivant comme un Lion ravissant, & mourrant comme un loup gourmand, ayant tué plus que mille hommes, principalement ceux de la religion : Car le grand Tyran Duc de Albe, & le petit, Spelle estojent bien contents, avec le Conseil criminel.

On a veu qu'il amenoit au Gibet, ou aux arbres sans faire leur proces, & il proceda si loing à telles affaires qu'il exceda fort sa commission, toutesfois il n'estoit pas honteux, il faisoit tout à son appetit, & il tourmenta & tua non seulement ceux de la Religion, mais de les autres professions, citoyens & estrangers.

On l'a accusé & convincu en presence de Duc de Albe, qu'il avoit maintefois accusé les hommes, & ilz n'avojent jamais commiz le faict.

Les innocents & incoulpables a il condamné maintefois, & amené au Theatre aux executions, en place de meschants, changeant en la plainte le nom de bons, en le nom de meschants, lesquels il vouloit delivrer. Aussi faisoit il ceste meschanceté, qu'il prennoit de l'argent a fin que delivrasset les prisonniers, mais aiant l'argent en sa main, il fit mourir maintefois les hommes, sans rendre l'argent aux amiz.

Spelle fust pendu par Duc d'Albe. Cest vauneant est pendu par le commandement du Duc d'Albe, avec ses deux compaignons en ceste meschancete, & pourtant ilz ont receu une iuste iustice, Dieu jugera apres la reste.

Le Duc estant en son pouvoir, commençast il penser de ses profits, c'estoit de les impositions : comme de centiesme denier de tous les biens, le dixiesme denier de tous les biens vendues, & cela continuelement, comme on contera icy apres plus clairement.

Albe practisa le dixiesme denier. Pour parvenir à son but, prennoyt il garde aux differents & questions de Provinces, touchants les quotisations, &

estant

estant different de icelles, le Duc penſoit d'eſtre mieux d'introduir le dixieſme denier. Et craignant de nulle part aulcune guerre, commença il tyraniſer plus librement & fiſt mourir à tous les coſtez beaucoup de gens de la Religion Reformee. Entre aultres eſtoient quatre Paſteurs priſonniers : à ſcavoir. Arnault Theodore, Paſteur en Lire, pres de Delft, aagé 70. ans, Sybrant Iean Paſteur en Schage : Adriaen Iean Paſteur en Yſelmonde : & Gualter Symon Paſteur en Monſter : pource qu'ilz eſtoient accuſez d'hereſie, laiſſants la Religion pretendue Catholicque, & qu'ilz embraſſerent la Religion Reformee.

On les enqueſtoit de leur foy : & ne voulants laiſſer la vraye Religion, ſont ilz condammez comme Apoſtats par le jugement de ceux de l'inquiſition : & pource que les Paſteurs eſtoient perſonages Religieux, eſtoit il beſoing de les priver de ceſte dignité par la main de l'eveſque de Bolducq : l'aiant fait cela, les ont ilz donnez au juſticier criminel, & ſont eſtranglez, & apres bruſlez, avec grand meſcontement de toutes les aſſiſtants. *Quatre Paſteurs bruſlez à la Haye.*

En ceſte meſme annee eſt il celebré en Allemagne un aſſemblée de ſuperieurs de l'Empire à Spier, ou les fugitifs hors ſa patrie, ceux de païs bas, donnerent une Supplication au l'Empereur, auſſi les Princes d'Alemagne de la Religion ſe plaindrent de leur amiz & freres ſi cruellement tyranniſez, mais on donna pas l'audience à leur Requeſte. Neantmoins le Roy changea d'opinion a fin que ne gaſtaſſe totalement ſes provinces, à fin que pourroit par ceſte occaſion commodement impetrer le dixieſme denier, & conceda un general pardon, publié à Anvers, ſur un Theatre, ou en une cheie ſe mettoit le glorieux Albe, eſtãt la place du Roy, en laquelle un gouverneur n'a jamais prins ſa place, pour l'honneur du Roy. *Le Roy fiſt un Pardon, mais fort tard.*

Ceſte publication du Pardon a guerres profité, & il y avoit gens d'entendement, diſants, que le Roy monſtra par ceſt effect ſa ſottiſe, donnant à cognoiſtre, en quel eſtat les inhabitants eſtoient eſtimez pres luy, & que le Roy s'eſtima fort offenſé, & que ceux de l'inquiſition eſtoient d'intention de les ruiner totalement.

Perſonne ſe fioit à ceſt Pardon, perſonne retournoit au pays, que ſeulement aulcunes gens de petite importance, & pas ſuffiſants de rompre ceſt Pardon, ou reduir en deſeſtimation: Les grands ſe detenoient en liberté hors le pays, mais les petits s'expoſerent au Tyrānie du Duc, & luy ayant aſſemblé une grande ſomme d'argent de ces confiſquations, de biens de Princes, Comptes, Nobles, Seigneurs, Marchants & Citoyens, oſoit demander le grand tribut du centieſme denier, ou vingtieſme, ou dixieſme.

Duc d'Albe veult introduir les tributs. On faiſoit ſçavoir à luy, qu'il ſeroit une choſe fort damnable aux Marchants, que toutes les Marchandiſes s'encheriroient fort: & que le nouveauté, & le grandeur apporteroyent grand changement: que les marchants s'en allerent hors le pays, & les ouvriers ceſſeroient de leur ouvrage, & par conſequent s'enſuiveroit la ruine du pays. Ceux qui apporteroient quelque marchandiſe, le feroient fort chere, pour les deſpens faict au tribut, les aultres ne vouldront pajer que les charges acoſtumees.

On ne profita rien avec ces choſes: il ne diſa aultre choſe, que: Il plait ainſi à nous: noſtre volonté ſera la loy.

Auſſi le Duc de Albe declara qu'il avoit conçeu ces affaires, devant qu'il arriva au pays, en qu'il ne vouloit changer ſa opinion, il eſtoit beſoing de l'obeir: il vouloit achever ſon concept combien qu'il changeroit tout en troubles.

Ceux de Bruxelles eſtoient d'intention de permettre uneſois le centieſme denier, mais en le vingtieſme ilz trouverent beaucoup des incommoditez.

Le Tyran cognoiſſant cela, menaça les Provinces, qu'il vouloit uſer la ſeverité Royale, c'eſtoit punir avec rigeur.

Par

Par Barlaymont & Noircarmes, a on perſuadé à ceux de Artoys & Haynaut: mais Utrecht ne vouloit nullement: & pour le ſtatuer comme un Exemple, le Duc y envoje beaucoup de gens de guerre, pour faire outrage aux Religieux, & Seculiers.

Ceux de Brabant ont promi ce qu'eſtoit impoſſible à pajer.

Il travailla fort à contraindre ceux d'Hollande, comme il faiſoit à la ville Amſterdam, laquelle il condamna en l'amende de vingt & cincq mille Florins, pource qu'elle ne vouloit pas introduir le dixieſme denier.

Le dernier de Iuin, l'an 1571. a il fait publier le tribut de le denier dixieſme, mais tous les inhabitants eſtoient fort mal contents, jugeants qu'il vouloit vuyder le pays de ſa richeſſe.

On luy faiſoit cognoiſtre la ruine du pays, mais tout en vain. Les plus fidels Vaſſals, & conſeillers travaillerent en vain: & que plus eſt il parla en ſa cholere, qu'il obtienderoit ſa petition combien que couſteroit ſa vie.

Il parla plus aſpre, que les Conſeillers ne permettans le dixieſme denier, eſtoient dignes d'eſtre eſtimez comme Rebelles, & qu'il vouloit quand il eſtoit opportun les faire decapiter: il declara apres que les Eſtats de Flandres & Brabant avojent merité la punition de Compte d'Egmont & Horne: & que pluſtoſt le Soleil & la Lune perderojent leur fulgeur, devant qu'il laiſſeroit ſa demande de le dixieſme denier.

Il commença d'une hardieſſe extreme ſa demande à Bruxelles, attendant un bon ſucces.

Ceux de Bruxelles eſtoient tretous d'une meſme intention de deffendre ſa liberté, & ne vouloient vendre leur marchandiſes, ſervants ſes boutiques, à fin que pajaſſent le dixieſme denier.

Ceux de Bruxelles deffendent les Privileges.

Les braſſeurs ne vouloient pas vendre la biere. Le boulenger

lenger vendoit pas ses pains, serrant sa maison Ainsi le peuple est devenu totalement en desperation. Pource le Duc constitua de pendre septante citoiens: & tout estoit prest à l'execution, si les nouvelles de la ville de Briele n'eussent arrivez, il eusset achevé sa tyrannie. Ses serviteurs estoient oc-

La Ville d'Vtrecht tyrannisée. cupez en sa tyrannie à Utrecht, donnants grands torments pour avoir de l'argent: Ils entrerent pas force avec des espees desguisez en la maison du Bourgemaistre Amerongen. Le Presidēt estoit contrainct de porter en sa main les Previleges de la Ville, & les fit porter au Vredenborch, pillant la ville de toutes libertez, & droicts: & donna sentence contre les Estats & pays d'Utrecht, qu'ilz estoiēt redevables au crime de la Majesté offensee, & les priva de toutes les honneurs & dignitez.

Mais venants les nouvelles de Compte de Lumay, & les Geux, ilz se tenoient les Espaignols en paix, craignants que touts les oppressez s'entre-ayderoient s'ilz perseveroient en tel rigeur.

Estant le Duc privé de la Ville de Briele, il commença laisser un petit sa cruaute, & toutefois il ne laissa pas totalement exercer sa tyrannie.

Les Bourgeois d'Anvers, combien le Roy debvoit à eux beaucoup d'argent, estoient toutesfois contraincts de bastir un chasteau, par commendement de Tyran Albe, payants qua-
La Tyrannie commise à Anvers. tre tonneaux d'Or. Quand il estoit achevé il y logea ses Soldaerts, apres il contraignoit les Borgeois du Ville d'apporter quatorze ou quinze cent licts, pour le garnison estant la, à fin que coucheroit bellement; Il tira tous les Canons hors la ville en son chasteau pour contraindre les borgeois aux tribuits extraordinaires.

Il vouloit bastir à Amsterdam un chasteau, pour tyranniser libremēt par tout le pays: mais il accorda avec la ville, & donna deux tonneaux d'Or, de n'avoir point telle caverne des ennemiz du patrie.

Il

Il n'espargna pas les Religieux, ny les Seculiers, ny vefves, ny orphelins, ny maisons de S. Esprit ny de Lazare : il tira tout à soy, sans respect.

S'il y avoit quelques un ayant quelque rente sur ces places, il recevoit rien, il tira à soy, la chair & la soupe.

On s'opposa à ces affaires : mais que c'estoit ? il pressa tant le pays, qu'il tira en le gouvernement de six ans cinquante deux millions d'Or : mais Dieu soit loué on en tire encores aujourdhui les Rentes, lesquelles les successeurs du Roy d'Espaigne paient maugré d'eux : & les Hollandois, avec les aultres nations vont les querir aux Indes, d'ou il tire sa richesse. *Comment il à pressé, & perdu le pays,*

Il y avoit encore un autre charge : il leva beaucoup de gens d'armes & charga avec eux les pays, & ne les paya point, les citoyens estoient contraincts de les paier avec une grande somme d'argent s'ilz vouloient estre deschargés d'eux.

Quand les Borgeois ne donnerent la somme demandée, ilz dissipoient, pillerent, saccagerent tous les biens de citoyens, tant jes les villes, qu'en les villages.

Ils ont pillez les plus belles villages en Hollande, comme Wassenaer, Katwijck, Alphen, VVarmondt, & Reynsburch, ou ilz tourmenterent fort les Nonnettes, estants la au Cloistre ilz ont tué beaucoup de paysans, & noiez dedans la riviere. D'aulcunes sont bruslez d'eux, estants en un feu s'allumant de longe main : les aultres ont ilz mis avec les pies devant le feu, pour contraindre de donner l'argent : les autres ont ilz deschiré avec tenailles. *Et pillé les villages.*

On a trouvé pres Pacieco qu'estoit pendu à Vlissinge un billet, en lequel on trouvoit noté beaucoup de Gentils hommes & principaulx de la ville, lesquels il vouloit tuer a l'opportunité.

La ville de Bruxelles a veu, qu'en le temps du gouvernement de Duc d'Albe on tua par cruauté cent & cincquante citoyens publiquement.

A. Gend.

A Gend estat une sedition faicte à scient, & tuerent septante citoyens avec une furie.

Quand les Espaignols à Tournay estoyent mal contents, ont ilz prins les armes contre les citoyens, les voulants accorder, & criants à haulte voix comme de coustume, *Spania, Spania*, eussent quasi pillé toute la ville, & tout massacré.

A Ypre estoit un Borreau empesché avec la justice d'un homme de la religion, & par le courage du bonne homme le peuple s'esmeut tant, qu'alla en sedition. Les Espaignols pour appaiser le peuple tuerent vingt & deux Borgeois, entre eux estoit un que y venoit la voir pour son plaisir pendre ceux de la religion: c'estoit un homme Riche, mais un ennemy de les vrays Chrestiens.

Albe faict sa tyrannie par les defuncts.

Ce n'estoit pas assez: Quand se moururent aulcunes de la religion sans sa cognoissance, il les fit retirer hors le sepulchre, & pendre au gibet, ou ensevelir aux places inhonestes, car le Duc d'Albe avoit occasion de confisquer leur biens.

Il fit pendre maintefois les hommes, & donna les vefves & filles à ses Soldaerts & meschants serviteurs, & maintefois il fit massacrer les femmes ajantes donné quelque secours à ses maris estants hors du pays.

Il est cognu par tout qu'un Pere est tué, pource qu'il avoit logé son fils banni de nuict, & par ce moyen il trouva occasion de confisquer les biens du Pere, lesquels il cherçoit ou par force ou finesse.

Si les femmes envojerent aulcun argent, aux maris ou enfans estants hors le pays, incontinent il confisqua leur biens, & desrobba tout ce qu'ilz avojent: par ceste maniere de faire sont devenu beaucoup de gens en grande povreté, & desperation, allants parmy le pays en dueil & tristesse.

De

De la grande Tyrannie, & insolence perpetree par les Espaignols à LILLE, & aultres places du pays.

Il y avoit à Lille un Miran, ou Espaignol, voulant fayre la force à une femme honeste, mais le mary, & les deux voisins empescherent le mesfaict, & incontinent ilz crierent à haulte voix : Spania, Spania.

Ces meschants mettent incontinent en le prison le mary, avec les deux voisins, & contraindrent le Magistrat de pendre incontinent les deux voisins, & fouetter le mary, si non, ilz vouluerent piller la ville à l'instant, & tuer tous les Bourgeois.

Vne cruelle meurtre perpetree par les Espaignols au TOURNAY.

En Tournay se tenoit un grãd marchand, nommé Pottier: En pleine jour ouvrirent les Espaignols sa maison, apres qu'il estoit defunct, & tuerent sa femme, sa fille & nieche, pensants trouver la une grande somme d'argent, mais ilz trouvirent point, estants trompez en leur opinion.

Cest mesfaict se passa sans punition, & les Meurtres s'en allerent librement.

De la tref-grande tyrannie, & horrible Meurte, Commise par le Duc de Bossu, & les Espaignols, arrivants à ROTTERDAM.

Pour entrer en Hollande je ne me tairay point ce qu'il est avenu à Rotterdam, & avec quelle cruauté ilz ont hanté avec les Bourgeois, par finesse.

On sçait que le Compte de Lumay avoit pris la Ville de Briele

Briele, le 1. d'Avril, l'an 1572. Et le Duc d'Albe envoia aucuns Souldaerts d'Utrecht, à fin que chaſſaſent les Geux, mais les Eſpaignols ne reprindrent pas la ville, & allants apres totalement diſſipez par le pays, ſont ilz venu devant Durdrecht, mais ilz ne ſont pas reçu la ; apres ilz s'en vont à Rotterdam, pour paſſer la ville:& on permetta à eux le pas, par parties.

Mais quand ilz entrerent dedans la porte, faiſoint ilz queſtiõ ou different avec les Bourgeois, leſquels ilz ſurprindrent incontinent, & principalement les eſtants aux armes, ilz tuerent : on dit qu'ilz maſſacrerent plus que quatre cent Bourgeois : ceſt meſfaict eſt commi en une ville point contraire à eux, car ilz tenoient la ville pour le Roy d'Eſpaigne.

Si long temps qu'ilz eſtoyent dedãs la ville, ilz ont fort oppreſſé les hõmes & fẽmes, & principalemẽt les filles, n'ayants aulcune miſericorde avec le ſexe feminin ilz tyranniſoient comme les Turcqs & Barbares ſont accouſtumez de faire, quand ilz ſurprennent quelque ville par force : ilz eſtoient comme de Lions, & Tigres, menaçants de maſſacrer en un moment tous les Bourgeois, & il euſt eſté faict, ſi Dieu n'avoit point donné quelque changement en l'eſtat du pays envers c'eſt temps la : car quand les Chreſtiens ſont en le plus grand dangier, adonc Dieu les delivre hors les perils.

Il eſt à noter de ne fier à ces gens, faiſants accords & ne les gardants point, cerchants ſeulement faire toutes oultrages tant à ſes amiz, qu'a les ennemiz: il vault mieux donc avoir les armes en la main, & batailler juſques au mort, que perdre ſa vie par trahiſon, & les biens laiſſer aux traiſtres.

De

Perpetrée en le Pays-Bas. 30

Figure. Nombre 8.

ON void bien clairement les feux de Tyrannie
Allumez par Duc d'Alb' excitez par l'envie,
L'Armée Espagnol voulant passer tous droit
La Cité Rotterdam, meschamment faisoit,
Tuant les citoyens, & les ostant la vie,
Trompant les innocents, cela donna l'envie,
Au grand Duc de Bossu, estant en le prison,
A Horn, pourc'il changoit, mesmes l'affection.

Le Miroir de la Tyrannie Espaignole

De Saccage, & terrible meurtre commise par les Espaignols, en la ville de MALINES.

Le pillement de Malines.

Le cœur se tremble, & est en peine en racontant le Saccage de la Ville de Malines, faicte par les sanglants Espaignols.

Le garnison estant dedans la ville, estoit soubs le Capitain Barnaert de Merode, en la service du Prince d'Orange, qui tout à la venue de l'ennemy deschaiga tous les Canons dedans la Ville, mais il estoit contraint de laisser la place de nuict, pource que l'ennemy approcha en grand nombre.

A l'heure matinee les Religieux de la Ville, se preparent de rencontrer les Espaignols, & prier pour les Borgeois, n'estant pas coulpables au faict commis par les Soldarts, & le Prince d'Orange.

Mais tout estoit en vain: les Espaignols ne se soucient pas du priere, ou l'intercession, quand le butin est prest: principalement depuis le Duc d'Albe avoit donné la Ville au pillage pour ses Soldarts affamez: incontinent à l'entree du Ville se mettent dedans la ville, avec une furie extreme, massacrant tout parmy les rues, si miserablement qu'on ne le scauroit escrire: comme encore racontent ceux qui ont esté present.

Il est facilement à decifrer en quel estat la Ville a esté, quand les enragez se font maistres de quelque place, trouvants moyen de satisfaire à ses fureurs.

On scait comme un loup desire la proye, quand il entre en un forest plein de bestes sauvages: en ceste sorte l'ennemy entra en la Ville, pour tuer les gens sans armes, & defense.

Incontinent ilz entrerent dedans les maisons de citoyens & cloistres, & maisons de S. Esprit, & prindrent tout sans discretion, ne pensent ces choses estre dediez au l'honneur de Dieu.

On ne croiroit point, si les tesmoings ne raconteroient
point

Perpetrée en le Pays-Bas. 31

Figure. Nombre 9.

LEs plus cruel Tyran, le fouldre de la guerre
Arrivoit en Brabant, la plus plaisante terre,
Et vint cruellement, se faisant Souverain,
Dedans Malines, soubs la paricide main,
Tüant tous les Bourgeois, les enfans, & les femmes,
Sans aulcune pitié, mettant la tout en flammes,
Et donna le butin, pour avoir en cest faict
Pardon, aux Sectateurs d'Ignace tout à faict.

H 3

Le Miroir de la Tyrannie Espaignolle

point encores, qu'il ont pillé la ville entierement, & qui l'ont emporté les tourbes & le bois à brusler, & emporterent le butin à Anvers, ou il y avoit de gens achetants les bien raviz, & pilliés.

Quand ilz avoient tout pillé, s'en vont aux jardins & cherçent les tresors enseveliz: car les gens estoient accoustumez estants en tel estat, mettre en terre les choses de quelque importance, mais combien qu'ilz eussent bien gardé, ces larrons trouverent tout.

Il y avoit aucuns de ces Larrons, qui donnerent la bonne partie du butin au reparation du maison de Aix, ou se tiennent les Peres Iesuistes.

Les femmes n'estoient pas libres en la primiere entree, de quelle condition que c'estoit, les nonnettes Religieux receurent un portion inhonest de les Espaignols, pour lesquels on fait encore auiourdhuy les prieres.

Le fureur estoit si furieux, qu'ilz ont pillez les meubles, & seiaux du Conseiller du Roy: & de l'Evesque de Malines, & Namur, estants libres de pillage quand les Souldarts du Prince d'Orange entra en la ville, mais je pense que les Espaignols ont faict par ignorance: Ilz derobberent plus qu'un million d'Or.

Duc d'Albe fit une Ordonnance griesve.

Vn peu apres ceste pillement du Ville belle & grande le Duc d'Albe fit une Ordonnance intolerable, qu'on metteroit par tout par escrit les Meubles des Rebelles, en qui les sçaurroit estoit contrainct de le faire sçavoir en trois jours: s'il y avoit quelques un qui ne faisoit pas sçavoir ce qu'il sçavoit, ou si luy mesme debvoit à eux, & le taisoit, estoit redevable doublement.

Ceux de Diest paierent une bonne somme d'argent se delivrants de pillage, Pareillement sont delivrez ceux de Dendermonde en Flandres.

Les Souldaerts de Oudenaerde s'enfuyrent hors de la ville, quand

quand ilz avoient mal traicté beaucoup des Religieux, & noiez dedans la reviere.

Le fils de Imbise prosuivy de son ennemy, saillit au mer, pour eviter les mains des Espaignols. Plusieurs au costé de Flandres contraincts de se retirer en quelque place, ne voulants tomber en les mains d'un cruel ennemy, bataillerent jusques à la mort.

Plusieurs Souldaerts prisonniers sont penduz par tout estants au service du Prince d'Orange. Vn gentil-homme Anthoin Vtenhove est brusle tout vif.

En ceste sorte traicterent les ennemiz les Souldaerts bataillants pour la liberté de sa patrie, & les Estats: le mesme part ont ilz encore d'attendre du Roy d'Espaigne tous ceux qui ne, sont pas adonnez aux Espaignols, ou à demy Catholiques. Quand les gens ont de biens, combien qu'ilz soyent Catholiques, ou de la Religion, ce n'est rien : ilz se cient point de la Foy, l'argent est le secret de la Messe.

Apres que le Tyran avoit Tyrannisé par tout, s'en va il à Nimmegen, & donna charge à son fils Don Frederico, de prosuivre le Prince d'Orange & les Rebelles à l'extremeté, pour avancement du Religion Catholique: le fils de mesme intention comme le pere, s'en va tout droit à Gelre, ou les citoyens ouvrirent quasi par tout les portes, de peur que la ville de Berghen en Hainaut, estoit rendue à Duc d'Albe, que Malines, estoit pillé, & que le Roy de France avoit traicté si meschantement les Hugenots (ainsi sont appellez ceux de la religion en France) au nopces de sa sœur, laquelle il donna d'un cœur fainct au Roy de Navarre Henry le grand, à fin qu'il pourroit achever son meschant faict si long temps caché soubs un fin pretext: & combien l'histoire est triste, & miserable toutesfois j'ay trouvé bon de la raconter tout icy.

Descri-

Le Miroir de la Tyrannie Espaignolle

Description de les abominables & cruelles Meurtres, commifes en plufieurs Villes de France : & on les nomme communement le Maffacre de Paris.

Toutes les Chreftiens fouhaitent aujourdhuy que la furie nouvellemēt commife en France, quafi par toutes les Villes, fuffet oftée hors la memoire de toutes les hōmes, car c'eft faict inhumain a donné à la Nation telle Note, qu'elle a honte d'avoir faict une acte fi fameufe, mais fcandaleufe.

Le Periure & cruaulté avoient icy prinfes la place, & on fçait pas lequel de deux a primierement commencé à tenir fon empire.

Mais pource qu'on trouve aujourdhuy de Flatteurs, ne cherçants autre chofe que complaire a ceux du Court, tant en paroles qu'en efcrits projettent chofes totalement feintes, & couvrent avec la mafque les mefchancetez paffees : pourtant je fuis d'advis ramentevoir a peu de paroles la verité de cefte Tragedie, & enarrer comme toutes les chofes font avenues, car je les fcai tout & à ma perte, & j'ay affez parfaictement entendu comment cefte meurte eft paffé, de ceux, qu'ilz ont tout veu eftants la prefent, au milieu du feu.

l'Affemblee des Eftats de France l'An 1561. Quand y eftoit un grand nombre de ceux qui avoient reçeu la Religion Reformée, & craignoient fort que l'exercice de cefte Religion donneroit quelques troubles (car envers ceft temps eftoit donné un mandat, fi on trouvoit quelques un exerçant fa Religion Reformée, que tout fes biens feroient confifquez, & que le feroit bruflé au feu :) on fit un affemblee quafi de tous les Eftats du pays, en laquelle le Roy Charles mefme fuft prefent : on a conclu la, qué cefte Religion ne feroit au intereft à perfonne, fi fe voulurent affembler hors les portes de Villes, & pas publiquement dedans, mais aux faulbourgs.

Fran-

Figure. Nombre 10.

LEs Ligeurs fort cruels, en l'Empire de France,
Font tretous feurement (helas) un alliance
De tuer l'Hugenot, & pour bien triompher,
Ont trouvez le confcil, à eux donné d'enfer,
De faire ceft exploit au temps de mariage,
D'Henry le Navarrois, pour avoir avantage,
Fy, Fy Ligeur vilain, tu l'auras par mes vers,
De ton faict deshonneur, par tout en l'Univers.

I

Françoys Duc de Guyse n'estoit pas present en ceste assemblee, un grand Maistre comptant sa race de ceux de Lorraine, ayant grande authorité dedans la France, & la Court du Roy : cest homme entendant ce qu'ilz estoit conclu, se courrouça fort, estant grand ennemy de ceux de la Religion.

Le Duc de Guyse massacre ceux de la Religion.

Apres quelque jours y avoit une assemblee de ceux de la Religion, & luy apres qu'il a cogneu, s'en va avec ses compagnons au milieu d'eux, & tua deux cents à la place mesme.

Il y avoit en France un Gentil-homme, comptant sa race, d'icelle du Roy Lowys de Borbon, Prince de Condé, estant en grande reputation pres du Roy.

Le Guyse estant si contraire au commendement du Roy, & troublant le repos du Royaume, & le peuple : Caspar Coligny l'Ammiral de France, & son frere, General de le chevalerie, & aultres de la noblesse & Princes, estants de la Religiõ s'en vont au Roy, font leur plainte, touchant l'hardiesse & cruauté de Duc de Guyse.

Envers cest temps estoit en le gouvernement du Royaume, pour la jeunesse du Roy, la Catharina de Medices, la Fille du frere du Pape, la Mere du Roy regnant, natife en Florençe.

Combien qu'il estoit tout contraire au loix du Royaume qu'une femme peut estre admise au Regiment, toutesfois est il advenu ainsi par la lascheté du Roy de Navarre Anthoine, estant aussi destiné au gouvernement, avec la Mere Madame de Medices.

Elle craignant la superbite de ceux de Guyse, escriva de sa propre main au Prince de Condé (la lettre est lue en l'assemblee des Princes d'Allemagne à Francfort ou Ferdinand Empereur estoit present) demandant de luy humblement, qu'il la vouloit assister en ceste angoisse, & les enfans, c'estoit le Roy, & le frere du Roy, à son pouvoir : adioustant ces mots : qu'il tiendroit en memoire, que Henry troisiesme

defunct

defunct les avoit commandé à luy, & qu'il estoit besoing de prendre le soing pour le bien publicq.

Elle prometta aussi si le Prince de Condé le feroit qu'elle imprimeroit ceste benefice faicte à elle, & les enfans, principalement au cœur du Roy, qu'il n'oublieroit jamais.

Cest Guyse estant un homme fin, sçachant combien le Nom du Roy vault en France, & l'authorité, & grandeur, & qu'il sembleroit qu'il ne feroit ces affaires par soy mesme, mais avec cognoissance du Roy, a il par finesse quelque gens meschants s'asseuré de la personne du Roy, & l'a tenu pres de soy.

Cest faict estant cognu, & survenants beaucoup de difficultez, la Noblesse estant troublee, le Prince de Condé a trouvé bon, avec le Conseil de les confederez s'asseurer de quelque villes principaulx, & les fournir de Garnisons: c'estoit un commencement d'une guerre civile. *Le Prince de Condé print les armes.*

Le Prince de Condé donnoit occasion de prendre les armes, voulant achever & obeir le commandement du Roy defunct, en lequel gisoit le repos du Royaume, & l'on ne le pouvoit aneantir sans ruine de toute la France, & la Noblesse, car le Nombre de ceux de la Religion s'augmenta journellemēt, ne voulants endurer qu'on usa si grande cruaulté sur eux, pour le faict de la Religion, estant libre par tout le monde.

Il prennoient aussi en mal part, que Guyse estant un estranger, & venu de Lorraine en France, qu'il meneroit telles affaires en un libre pays, & dominer en telle sorte sur les François, point subjects à luy. La Royne Mere faisoit samblant de souhaiter le mesme, pour avoir la paix, & resister au fureur de ceux de Guyse. On a levé sur ce faict plus que vingt mille hommes, avec permission de la Royne, pour deffendre ceux de la Religion, car le regiment du Royaume estoit adonc à elle. *Guyse à combatu, & perdit la bataille.*

Quand on commença la guerre, & beaucoup de maulx sur-

Le Miroir de la Tyrannie Espaignole

survenoient journellement, & Duc de Guyse estoit batu, on a faict la paix l'annee suivant, que ceux de la Religion obtiendroiët la libre exercice, ou assemblee par tout, mais en places certaines.

En ceste paix ilz ont esté cincq ans, mais pas par tout: car en les plusieurs Villes ou le Magistrat estoit de la Religion pretendue Catholique, ceux de la Religion reformee endurerent beaucoup de maulx.

La Royne assembla aussi de gens d'armes, levant six mille Suisses, & les fit amener en France, disant, quelle les tiendroit en sa garde, a fin qu'elle pourroit estre asseuree, mais apres a il apparu pourquoy elle commença une chose si estrange, seulement achever tant mieux le concept, avec les ennemis de le repos publicq, & l'avoir tousiours gens en armes, pour opprimer à l'improveu l'Ammiral, & les aultres de la noblesse, estants de la Religion.

C'estoit justement envers le temps que le Duc d'Alba mena son camp sanglant, hors d'Italie, tout pres de la France.

Guerre Novelle.

Ny ceux qui estoient au service de la Royne au Court se confioient à leur souldarts, craignants tousiours quelque trahison. On commença une guerre novelle: car elle avoit duree six moys, on faict la paix, comme au paravant, entre les mesmes Seigneurs: & c'estoit tousiours le contract, que ceux de la Religion vouloient conserver l'ancienne liberté, & l'usage de la Religion reformee en toutes places.

Soubs la paix tromperie.

Mais apres peu de moys, & en peu de jours on a cogneu que la Paix estoit pleine de tromperie, & le contract pas digne d'estre nommé paix, mais une guerre violente, pource que les Villes rendues au Roy par ceux de la Religion, les ennemiz remplirent incontinent avec les Soldarts, hormis la Ville de Rochelle, maritime, pource que les Borgeois passé deux cent ans se donnerent au garde du Roy, à ceste condition, qu'ilz ne seront jamais chargez de soldarts, mais qu'ilz garderont

Perpetree en France. 35

devant la Ville pour le Roy.

Envers ce mesme temps entendirent Conde, & l'Admiral, que le Mareschal de France Tavan prennoit grand regard à eux, pour saisir: c'estoit un homme fort meschant, & malin, & sans cest advertissement ilz eussent esté trompez, & apres les delivrassent es mains de leur ennemiz.

Ces Nobles Seigneurs prennoyent regard à cestes nouvelles & se departirent en haste vers la Rochelle, avec leur femmes & enfans: c'estoient commençemens de la troisiesme guerre civile, estant sanglante & miserable. *Condé & l'Admiral s'en vont à Rochelles.*

Envers cest temps estoit en reputation au Court du Roy Charles le Cardinal de Lorraine, le frere du Duc de Guyse, qui eschappa, en la primiere guerre, vraiement c'estoit le plus meschant, & mauvais de ceste maudite race, d'un naturel totalement cruel, aspre, & fort seditieux, practisans tousiours comme font les Moines par tout quelque mal.

Ceus de la Religion estimoient cest homme, leur principal ennemy, & le nommerent le Flambeau de la France.

Cest homme au commencement de la troisiesme guerre conseilla au Roy de faire une Ordonnance, qu'il ne permetteroit aulcune Relligion, que celle de la pretendue Catholique, & ceux qui estoient d'une autre profession, seroient declarez pour ennemiz du Roy. *Le Cardinal Lorraine donne un conseil meschant au Roy.*

On trouve expressement ces mots en la prohibition imprimé à Paris, au grand deshonneur du Roy, qui l'avoit promi auparavant la liberté en la Religion, & a ceste heure se monstroit un periure devant tout le monde, reniant la liberté promise un peu devant: mais le Roy apercevant apres, qu'il estoit un grand deshonneur à luy, a on laissé ceste article, quand il estoit cognu de tout le monde, qu'il n'endureroit jamais une aultre Religion que celle pretendue Catholique.

On mena la guerre fort cruellemet, & donna grande

L 3   dom-

Le Miroir de la Tyrannie Espaignolle

dommage à tous les coftez, & on ne trouva pas la remede d'un bon fucces; car on avoit fi periurement traicté au paravant, & il eftoit befoing de faire le fin de la troifiefme guerre, car les Villes eftoient vuydes d'argent, & les paifans ne pouvoient plus endurer la guerre: adonc le Roy envoia les Ambaffates à l'Ammiral, qu'il avoit à cefte heure trouvé le bon moyen à faire la paix & qu'on l'envoieroit les deux armees au frontieres du pays bas, à l'encontre le Duc d'Albe, eftant la caufe de ces troubles: qu'il y avoit grande raifon à luy de faire la guerre contre le Roy d'Efpaigne, pource qu'il avoit tué fes gens en Floride, & occupé fes fortereffes. Auffi qu'il avoit occupé un Marquifat, & les inhabitants l'avoient receu fa protection: pourtant il avoit de raifon fuffifantes à faire la guerre au Roy d'Efpaigne: Et pour achever cela il n'y avoit homme plus convenable que le Compte Louys de Naffau, le frere du Prince d'Orange, qui defia avoit mené la guerre contre luy d'eux ans, & l'Ammiral fioit principalement à luy, eftant agreable auffi à tous ceux de pays bas, eftants ennemiz de Duc d'Albe. Par ce moyen on pourroit facilement opprimer ou gaigner quelques Villes, à l'avancement de ceux qui refiftent à la Tyrannie des Efpaignols au pays bas, par armes.

Le Roy cherce la paix.

l'Ammiral ayant entendu ces bonnes nouvelles, eftoit fort craintif, & combien il ne doubta point de la fiance du Roy, fcavoit il toutesfois que le Cardinal & les Guyfiens eftoient adonnez aux Efpaignols, & le Duc de Guyfe avoit un fils, nommé Frederic, eftant encore en jeune aage, la Royne luy donna toutes les Offices, & l'honneurs de fon Pere: vraiement une acte repugnante aux droicts & Privileges du Royaume. Il cognut auffi les Periures eftants au Confeil du Roy, qu'ilz eftoient penfionaires du Roy d'Efpaigne, efcrivants journellement au Roy d'Efpaigne, touchant l'Eftat du Royaume, & les guerres: Et qu'on mena au Confeil un Birage, homme

l'Ammiral eft en peine de ces nouvelles trop bonnes.

homme fort indoct, mais fin, & qu'on reiecta hors le Conseil Michel Hospital, estant un homme fort scavant, en les droicts du Royaume, & l'experience luy avoit donné grande science, mais on le chassa avec deshonneur.

On chargea l'Ammiral avec calumnies, & obtrectations qu'il estoit un homme inquïet, qu'il ne cherçoit la paix, & qu'il ne pouvoit vivre sans sedition.

Les Ambassadeurs font aussi leur rapport, ayant bon samblant, que le Roy estoit fort courroucé envers le Roy d'Espaigne, & le principale cause estoit telle, qu'un *Albin* estoit arrivé en peu de jours d'Espaigne, & l'avoit declaré par sa foy, que le Roy Philippe, sa propre femme, la sœur de Charles neufiesme, & une fille, de la Mere la Royne avoit empoisonné, & que le bruyt de ceste affaire courrut par toute l'Espaigne, avec aultres coniunctures, lesquelles on se taise à bonne raison.

Mais il n'y avoit aulcune chose plus incitant, que l'agresse du bon guerroier Louys de Nassou, lequel si tost qu'il entendit la volonté du Roy, incontinent il persuada l'Admiral, qu'il ne craignoit rien la tromperie du Court, & a accordé avec sa partie: par ce moyen le fin est faict de la troisiesme guerre civil: Les conditions estoient comme au paravant, qu'on useroit librement sa Religion par tout. *l'Ammiral accorda avec le Roy.*

Passez quatre moys aulcunes Princes d'Allemagne, & principalement les trois Electeurs, de Saxe, Palatin, & Brandenborch ont envoié leur Ambassadeurs vers le Roy, pour le remercier du paix politicque, & à fin quelle soit ferme, & constante, ilz promettent, s'il y avoit quelques un, qui voudroit rompre la paix, qu'ilz seroyent prests donner incontinent l'assistançe au Roy, car l'affaire touchoit à eux grandement.

Le Roy de France a donné à ces Ambassadeurs bon contentement primierement par parolles, apres avec sa propre main subsignant un escrit, promettant qu'il tiendroit son jurement *Le Roy de France fit un serment.*

jurement & mandat sainctement: par ce moyen l'Ammiral à esté contenté raisonnablement, & qu'il prendroit en main les affaires du pays bas, combien il estoit accoustumé de dire, de la Royne de France, que luy ne plaisoit pas la changeable nature du femme, aussi disoit il, quand nous sommes en la pleine besoigne aux affaires du pays bas, le Compte nous laissera.

Toutesfois le Compte escrit à son frere, & luy aiant serieusement tout pensé, on l'envoié quelques un au Roy, en demandant s'il vouloit entreprendre quelque chose aux affaires du pays bas, qu'il estoit prest servir au Roy, avec son frere jusques à la derniere heure.

Le Roy respondit doucement, qu'il estoit fort bien content de la bonne volonté de ces deux Seigneurs vaillants aux armes, & les remercia fort.

Envers cest temps l'Empereur Maximilian sembloit aussi avoir compassion de l'estat du pays bas, & le Prince d'Orange, & il tracta par messagiers avec le Roy d'Espaigne, qu'on rendit au Prince d'Orange ses biens, à ceste condition, qu'il ne demeureroit au Pays bas, mais aux aultres pays estrangers, & qu'il joueroit de ses biens, & delivrez de la confisquation.

Le Roy faict finement les affaires. On rapporte ces affaires au Charle Roy de France & il envoie incontinent messagiers au Prince d'Orange, quil n'attenderoit rien du bon de la costé du l'Empereur, que les affaires de luy, n'estoient que tromperie, pour empescher la levee des Souldarts en Allemagne : mais si le Prince vouldroit fier à sa parole Royalle, qu'il luy envoieroit bien tost les gens d'armes, à fin qu'il pourroit retourner au son bien, & delivrer le pays bas, hors les miseres.

Par ceste promesse du Roy de France, le Prince d'Orange ne cessa pas lever les gens de guerre, & faire grand despens, si long temps qu'il avoit tout necessaire aux affaires de si grande importance pour se venger à l'encontre le Roy d'Espaigne.

Cependant

Cependant le Compte Louys s'en va mesme au Roy, depuis en hyver estoit impossible de faire marcher le Camp, & on a prolongué les affaires jusques au l'esté.

Cependant ceux qui alloient au mer, tambien les Zelandois, qu' Hollandois, pillants les navires d'Espaigne & Portugal, s'en allerent avec leur butin à Rochelles, au les grands Maistres de Condé estoient, en vendirent les marchandises, aux citoyens, ou marchants de France, & l'Ambassadeur du Roy d'Espaigne se plaingoit maintefois au court sur ces affaires.

Apres le Roy trouva bon de tirer en cest contract la Royne, d'Angleterre, & il donna charge au l'Ammiral de le faire, & il achevoit en peu de jours, ceste chose de si grande importance par lettres, en fin la fidele Royne d'Angleterre s'obliga à ceste affaire d'un jurement, pour prendre en main la proposition du Roy ensemble serieusement. *Trompant la Royne d'Angleterre.*

Le Roy trompa en ceste sorte l'Ammiral par parolles douces, qu'il arrivoit au Court sans crainte de tromperie, car il escrivoit mesmes à luy si doucement comme son frere: & à l'heure de son arrivement il le recevoit si amiablement que chascun estoit emerveillé: & qu'on ne soupçonneroit pas aulcun mal, voila devant son arrivement tous les Guysiens se departent de la Court du Roy, vers leur pays. Apres il donna licence au l'Ammiral les gens à sa suyte aultant qu'il vouloit, & tant de gens d'armes qu'il vouloit assembler parmy la France: & pource que l'Ammiral se fia fort à *Cossé*, Mareschal de France, commande le Roy, que luy seroit tousiours autour de luy, & fourniroit de toutes les choses necessaires à luy, au guerre: avec plusieurs aultres choses ayants semblant d'amitié & faveur Royal. *Et l'Ammiral de France.*

On faisoit encore aultres alliance & confederations, avec aultres Princes, & Seigneurs estrangers, & l'Ammiral faisoit tous les accords, par le faveur du Roy: & il travailla tout que

K ces

ces affaires estoient en bon point.

Tousiours cela demeura ferme, que le Roy ne violeroit ou romperoit son serment, ny la liberté de la Religion.

Combien qu'on pensa que toutes ces choses se fierent secretement, toutesfois est il avenu qu'un Birage, & Morviller, par le conseil d'un Cardinal escrivoient tout au Pape de Rome, lequel tout à l'instant envoie un Ambassadeur nommé Alexander au milieu d'hyver, hors Italie en France, pour induire le Roy de France au l'execution du Concile de Trente, & qu'il estoit besoing que tous les Princes Chatholiques, desquels il est le primier & principal estoient contraints de faire la guerre contre les Turcqs, & l'heretiques.

<small>Le Pape envoie un Ambassadeur au France.</small>

On a receu le Cardinal honorablement & apres qu'il avoit achevé ces affaires, est il departi sans effect de ses choses, comme on pensoit toutesfois disoit il maintefois estant encore en France, qu'on luy avoit donné une responce, laquelle debvoit estre cognue de le commun peuple, & que la Royne luy avoit donné plein contentement, à son gre.

Apres l'Ammiral & plusieurs aultres trouverent convenable de l'envoier aulcunes navires en le Canal, pour empescher le secours lequel on pourroit envoier hors l'Espaigne, & il commenda de preparer de bateaux à Rochelles & Bordeaux à tel fin : mais l'Ambassadeur du Roy d'Espaigne se plaind fort au court, de ceste iniure : On responda rien à luy, que le Roy ne croyoit point que l'Ammiral commanderoit de mettre la aulcunes navires, & s'il feroit qu'on prenderoit regard au telles affaires.

<small>Le Roy fist un faulx semblant.</small>

On le sçait qu'il estoit commandé à ceux qui estoient au Canal si trouverent aulcunes navires du Roy d'Espaigne, qui les aborderoient, principalement ceux qu'il amenerent de Soldarts : ou chargees avec les fournissements de guerre & si l'on demanderoit la raison, on diroit, qu'ilz estoient commandez la pour empescher toute l'ayde du Roy Espaigne, allant

allant vers Duc d'Albe vers le pays bas.

On sçait aussi certaynement que le Roy de France, avoit donné charge de penser à l'estat du *Peru*, s'il n'estoit pas possible de faire quelque entreprinse sur ceste place: ou sur les Indes Occidentales, pour prendres les Isles, d'ou le Roy d'Espaigne fait venir toutes ses richesses, avec lesquelles il tourmente tout le monde, & se veult faire Monarche.

l'Ammiral il besoigna fort à ceste chose, & il donné charge pour l'enquester tout à un gentil-homme, & un pilot Espaignol: & ilz faisoient leur debvoir.

On ne sçait pas escrire, comment le Roy traicta l'Ammiral en douceur & amitié, aussi les aultres Princes & Seigneurs de la Religion, estants tretous au Court à Paris. Primierement tout ce qu'on avoit desrobbé de biens d'Ammiral a commande le Roy de rendre: aussi touts ceux qui estoient familiers de l'Ammiral ou qui estoient pres luy en reputation au respect du guerre, le Roy les traicta benignement & courtoisement, en telle sorte que chascun le voyant estoit esmerveillé: en fin est il devenu jusques a la que le Roy donna cent mil escuz pour son dommage enduré en ses biens, & quand son frere estant un Cardinal estoit mort il permetta le Prince de Condé jouir de ces rentes un an entier apres.

Pareillement a il escrit au Duc de Savoye, qu'il hanteroit doucement avec ceux de la Religion estants en son pays.

Et quand il y avoit grand different entre l'Ammiral & les Guysiens, le Roy besoigna tant qu'ilz s'accorderent ensemble, & composa la question entre eux.

Le frere du Guyse estant Cardinal de Lorraine, estant principale cause de ces guerres civiles, nommé *Charles* s'en alla au Pape, pour oster toutes les occasions de soupsçons: & que plus est on disoit qu'il prendroit la à Rome, par le faveur du Pape la place d'autruy defunct.

Mais en fin c'estoit le principal fondament de rien soup-

K 2

sçonner

sonner, que le Roy Charles neufiesme donna au Mariage sa sœur Margarette, au le Prince Henry, le fils de la Royne de Navarre, qui apres fust le Roy de France, & appellé le grand, & l'avoit esté en la derniere guerre chef de l'armee Royale & le Roy disa mesme, que ce seroit un ferme tesmoignage de sa bien-vueillance à ceux de la Religion, & les amis du l'Ammiral Coligny.

Ceste acte fut prisee par tout le monde, que par ce moyen ceux de la Religion estoyent totalement bien contents de la part du Roy, & que tout le soupcon estoit cassé.

Aussi quand on disoit que le Prince Henry, fils de Navarre ne pouvoit faire le mariage avec la sœur du Roy, pource qu'elle estoit de la Religion pretendue Catholique, toutesfois le Roy prometra qui le feroit avec consentement du Pape de Rome, comme il faisoit & il fit le mariage à Paris publiquement, que ceux de la Religion, principalement les Ministres estoient bien contents, en ceste accommodation.

Mais l'Ammiral est fort conforté en ceste acte, que le Roy luy fit sçavoir par Thellinge, que tout ce qu'il faisoit es affaires du pays bas, qu'il feroit tout par charge du Roy, & qu'il estoit content en tout.

Envers cest temps vient le Compte Louys de Nassau, au court, avec Iohanna, la Royne de Navarre, estant totalement adonnee au Religion Reformee: On faict un nouveau contract avec le Roy: on fait conclusion qu'on fera les nopçes de Henry, & la sœur du Roy à Paris, & on donne charge d'apprester tout apertenant aux nopçes roiales.

Voicy le commencement du trahison.

Aussi fit le Roy sçavoir au l'Ammiral, que luy mesme s'en iroit vers Paris, qu'à ceste heure n'estoit pas besoing de craindre les fureurs & rage du populaire à Paris, estant fort adonné à ces superstions, & la Religion pretendue Catholique, & enfiellé à l'encontre l'Ammiral, pour les guerres civiles esmues auparavant, & le faict de la Religion.

Vn

Vn peu apres le Roy envoie vers luy un homme nommé Bricqmald, pour luy faire sçavoir de la part du Roy, qu'il prendoit bonne guarde aux choses de pays bas, car il disoit, que sans bonne guarde de luy le choses n'iroyent pas biens comme craignant, tout estre peine perdue sans luy.

Par toutes cestes finesses, est finalement trompé l'Ammiral COLIGNY, qu'il sans aulcun soupscon du mal est arrivé à PARIS, avec sa suite : Venant la, est il honorablement & roialement reçeu de le Roy mesme, & ses freres, & le Royne CATHARINE de MEDICES.

Estant la l'Ammiral parla maintefois avec le Roy touchants ces affaires du Pays bas, car il avoit desia pleine cognoissançe de l'estat du pays, que le Duc d'Albe levoit beaucoup des gens d'armes, & plusieurs aultres circonstançes touchant tantes affaires : Et il pria le Roy, de monstrer à ceste heure sa loyauté : pour inciter tous les aultres au complissement de leur debvoir : & à ceste heure se presentoit bonne condition de faire quelque chose d'importançe au secours de ceux de pays bas, & si l'on ne prendroit garde à ceste heure aux occasions presentees, qu'ilz pourroient facilement eschapper sans proufit, & un peu apres on souhaitteroit les mesmes occasions eschappees.

l'Ammiral est trompé.

Vn peu devant estoit secretement departi hors le Royaume avec la charge du Roy, accompagné avec trois aultres personnes sçavants es choses militaires, pour voir s'il pourroit trouver quelque moyen d'opprimer quelque ville ou deux sur les frontieres du pays.

Cela faisoit le Compte, que l'Ammiral n'en sçavoit du riē, & fit sçavoir à luy, qu'il n'y avoit possible de faire quelque chose profitable sans l'aide du Roy : mais le Compte de Nassau

K 3 ayant

ayant grande haste de delivrer la patrie, avec Mons de la No-
ve, prendrent toute l'occasion de faire choses remarcables,
& allerent tout droict à Valenchiennes, mais la ville estoit
bien gardee, & qu'ilz ne profiterent rien la : Apres ilz s'en
vont à Mons en Hainaut, & le Compte de Nassau print la
ville par finesse.

Le Compte Lodewick, prent Bergue en Hainaut.

Quand le bruit alloit par le pays bas, & Allemagne, a on
veu le cœur du Roy totalement adonné à ceux de la religion,
(comme on pensoit) comme il parla & faisoit tout au profit
d'eux.

Un peu apres vient un homme appellé *Genlis* à Paris, &
parla au Roy, racontant comment tout estoit passé, en la surprinse du ville, & l'impetra au Roy la levee des gens, à pied &
cheval pour amener au Mons, pour secourir le Compte de
Nassau, estant au camp.

Mais venant avec quatre mille Souldarts, & quatre cent
chevaulx pres le pays bas, est il batu de Duc d'Albe, par le des-
couvrement de ceux de Guyse, comme les Catholiques mesmes disojent; car il y avoit aulcunes parmy la troupe.

Le Roy permetta au Ammiral de lever aultant de gens
qu'il vouloit, & donne mesmesment la charge à son Treso-
rier de donner de l'argent à ces affaires Il escrivoit au Mon-
ducet de delivrer les prisonniers sur son nom, & luy obtem-
pera au Roy.

Passez peu de jours mourut au Court la Dame Ioanne, la
Royne de Navarre, aagee quarante cincq ans : on avoit souspe-
con d'estre empoisonnee, par le parfum de ses gands, preparé
par le parfumeur du Roy Renat, estant un Italien, tenant sa
boutique au pont deS Michel, aupres de palays. On sçait qu'il
presenta les ans passez au Prince de Condé, un pomme
preparé, & le Prince le donna a son Barbier Crasse, lequel
par le Senteur, si engrossa jusques au dangier de sa
vie.

Par

Perpetree en France. 40

Par la mort de Ioanne le Royaume pervint au Henry le- *La Royne*
quel se mariroit avec la sœur du Roy : On avança le jour de *de Navers*
nopçes, lequel chascun desira, pour voir comme le cœur du *re se mou-*
Roy estoit affectionné envers ceux de la Religion, & ceux de *rut.*
Guyse faisoient semblant de craindre le jour de nopçes.

On a confirmé le mariage devant l'Eglise, par le Cardinal
de Bourbon. Oncle du Roy de Navarre.

On amena l'Espouse dedans l'Eglise pour ovir la Messe *Le Roy de*
l'Espoux se pourmena devant l'Eglise, avec le Prince de Con- *Navarre,*
dé Henry fils de Louys, & l'Admiral, avec plusieurs aultres *espousa la*
de la Noblesse, estants de la Religion Reformee. *sœur du*
Roy de
Cependant on faisoit grand tort à ceux, de la Religion, & *France.*
principalement à *Lions*, ou le Gouverneur regiſtra tous ceux
de la Religion dedans la ville: on appelloit apres cest regiſtre
le table Sanglant.

Quand les nopçes estoient passees, l'Ammiral se vouloit
departir, mais pource qu'il y avoit tant de banquets, tant de
jouveurs, danses, & l'exhibitions publiques aux Theatres, a-
vec grand contentement du Roy, principalement au feu, lequel ou allumoit par tout de nuict fort bellement : & ainsi
on passa les jours en dormant.

Il y avoit envers cest temps en la Ville de Paris, un si grand
nombre de Roffiens, & Marquereaux, principalement au
Court du Roy & la Royne sa Mere, ce qu'on pensa d'estre en
Italie, ou sont les principaux maistres de toute la meschancete.

Par ceste insolence du Court, & gens de plaisir, l'Admiral
estoit fort empesché de parler au Roy de choses d'importance: car il estoit trop occupé aux festins.

Cependant on a apporté complainctes grandes de ceux de
la Religion, qu'on faisoit par tout grande oultrage, à eux, &
demanderent que l'Ammiral y demeureroit si long temps,
que la plainte estoit presentee au Roy, & leur cause exaucee.

Pouce

Le Miroir de la Tyrannie Espaignole

Pource l'Admiral proposa d'y demourer si long temps, pour traiter de ces choses au conseil du Roy: lequel le Roy prometta.

Voila un faict d'un traistre.

Le 22. d'Aoust: estant le cinquiesme jour du nopces proposa l'Admiral ces choses au Senat: apres le disner sortant du conseil un Traistre descharga sa harquebuse sur luy, & blessa son bras, c'est coup guerre le troubla, mais il prennoit garde seulement au fenestre, d'ou il fut blessé: disant seulement: Voyes s'il y a de gens en ceste maison.

Il envoia incontinent quelqueun vers le Roy, pour luy faire sçavoir son estat. Si tost que le Roy l'entendit, il reietta le racquet hors sa main, disant: n'aurray je jamais paix: adioustant son serment accoustumé. On trouva point l'Autheur de cest cas meschant, estant eschappé incontinent.

On pria le Roy de venir chez l'Ammiral estant blessé, qu'il y avoit quelque chose à dire. Il vient avec sa Mere la Royne Catharine de Medices, & le Duc d'Aniou, & le Duc Montpenser, que estoit totalement adonné au Religion pretendue Catholique, & plusieurs aultres estants les principaulx Capitains en le massacre.

Le Roy visite le Ammiral, & luy donne un bon advertissement.

Le Roy parla à luy: & l'Ammiral disoit, qu'il sentoit grands douleurs en la blessure, mais qu'on luy avoit faict grand despit de blesser si publiquement le Roy, le prometta de punir, s'il estoit Roy. Apres que d'aucunes de les assistans estoient departi, a il decouvert au Roy, ce qu'avoit tousiours caché en son cœur, qu'il estoit en danger de sa vie, & qu'on avoit desia long temps cherçé l'occasion de le tuer, & si le Roy vouloit, il pouvoit prevenir cest mal avec l'authorité Royale. Et qu'apres son deçes on l'accuseroit avec beaucoup de calomnies, mais apres on verroit qu'il estoit celuy qui desiroit le bon estat du Roy, & le bon succes du Royaume.

Le Roy donne mauvais conseil.

Le Roy oyant ces parolles respondit à luy ce que luy sembloit bon, & conseilla finement au l'Ammiral, qu'il se retireroit

reroit au Lovre, ou il pourroit estre tout seur, & ne craindre pas les seditions du populaire, pource qu'il estoit si meschantement blessé. l'Ammiral oyant ces paroles, ne sçavoit que penser (car combien le populaire à Paris est furieux & insensé, toutesfois si tost qu'il oyt le nom du Roy se composa en paix. Pource l'Ammiral remercia au Roy, craignant estant porté, les douleurs s'augmenteroient fort, mais le Roy pensa autre chose : Et pour commodement achever leur cas meschant ilz trouverent bon, de loger tous les amis de Coligny tout pres de luy : On va incontinent noter touts le logiz estants la autour de la Religion, aussi les Borgeois, pour loger la ceux de la Religion, & les amis du l'Ammiral, à fin qu'ilz puissent d'une petite peine les massacrer tretous. Et le Roy prometta mesme de mettre sa guarde devant son logis, & conserver la personne du l'Ammiral, comme soy mesme : Que fait il ? Il commande au Duc d'Aniou d'y venu un le plus grand amis de ceux de Guise.

Apres le disner conduisoit le mere Royne Catharine de Medices, son fils Charles le Roy, & le Duc d'Aniou, Gonzaga, Tavan, Gondin, & plusieurs Capitains du massacre, aux Tuilleries, ces sont les jardins hors le loure. Elle jugea ceste place estre la plus commode parler de le massacre pour la derniere fois. Elle declara qu'à ceste heure ceux lesquels on avoit desiré si long temps avoir en prison, estoient en une place d'ou ilz sortiroient jamais. Que l'Ammiral estoit malade. Que Navarre & le Prince de Condé estoient au Lovre; qu'il estoit besoing de bien serrer les portes, & mettre par tout le guarde. Et quād les chefs sōt perduz, qu'il y avoit point de peur de les aultres : & qu'il y avoit du temps pour achever un faict d'importance, car les Capitains estoient à ceste heure dedans les murailles, de Paris. Ceux dedans la Ville estoient tretous es armes, estants en nombre de soixante mille. Qu'en une heure on pourroit tuer tous les ennemiz, & totalement

I.

talement oster la racine. Et si le Roy ne prennoit point garde ceste occasion, que toute la France tomberoit facilement en la quatriesme guerre civile, si l'Ammiral viendroit à guarir.

On approuve le Conseil du Roy-ne Mere.

Cest conseil de la Royne estoit trouvé bon, toutesfois on conseilla de laisser le Roy de Navarre tant pour sa jeunesse, que pour sa vicinité du sang Royal en vif. On traita de Condé si on le debveroit esparger pour sa jeunesse, ou qu'on le tueroit pour la renommee de son Pere: mais on suivoit le conseil de Gonzaga, disant, qu'il de peur du mort, & les torments changeroit facilement sa Religion.

On faict conclusion que la nuict suivante, on commenceroit le massacre, & que Duc de Guyse seroit le Capitain de toutes les affaires.

l'Ammiral entendit qu'on prepara les armes, mais le Roy disoit qu'on les prepara par son commandement, pour empecher toutes les seditions populaires, & que l'Ammiral seroit bien content, on faisoit tout pour seureté.

Quand Guyse estoit prest, fist il venir Marcelle pres de luy, & commanda qu'il fairoit assembler envers le my-nuict les maistres de les quartiers du Ville, au maison de la Ville, qu'il avoit à faire quelque chose par le charge du Roy: & ilz font leur assemblee. Carron le principal (bien fourny avec aulcunes Guysiens, comme Entragnu & Puygallart) declare que le Roy estoit d'intention tous les mutins, ayans l'annees precedents prins les armes contre luy, de les faire massacrer tretous, car il avoit a ceste heure les Chefs pres de soy, dedans les murailles du Ville: & le Roy donneroit charge, qu'on face le mesme aux aultres quartiers du Royaume: Et on commencera quand la cloche sonnera au Palays, comme on est accoustumé. Et que tous ceux de leur compaignie, porteront un lien blanc à l'entour le bras sinistre, & un croix blanc sur le chapeau, pour cognoistre l'un l'autre. Il commēda aussi que

Carron fit un harague au meurtriers.

Perpetree en France. 41

que chafcun feroit preft à bonne heure. Le Duc de Guyfe fit fcavoir cependant le mefme à ceux qui tenoyent la guarde aultour du Roy, & commanda d'avoir courage.

Vn peu apres vint le Duc de Guyfe, avec le baftart du Roy Henry, qui eftoit avec luy, & les fuivoit un grand nombre des meurtriers, & marcherent affemblé vers la place ou l'Ammiral coucha eftant malade. *Le Duc de Guyfe commença le maffacre.*

Le Traiftre Coffin tenoit bonne guarde aux coftez de les rues, avec fes mofquettiers.

l'Ammiral oyant les armes, ne pouvoit eftre efpouvanté, combien qu'il n'eftoit gardé qu'avec dix hommes, portants les armes : en fa chambre eftoient deux Chirurgins & un Miniftre, avec deux hommes de chambre : Il confia (comme il difoit) fur la bien vueillance du Roy, laquelle il avoit monftré maintefois en peu de jours : auffi il fioit à cela, fi le populaire l'entendit, que le Roy fuffet leur partie, que l'incontinent a la venue de Coffin laifferoient leur fureur. Auffi racontoit il le ferment, faict maintefois par le Roy & fon frere, avec la Royne Mere, pour faire, & conferver la paix avec luy : & que tout eftoit regiftré. Auffi qu'avoit faict un accord avec la Royne d'Angleterre, auffi avec le Prince d'Orange. Qu'on avoit promi fa foy aux Prince d'Allemaigne : Qu'on avoit defia abbordé les Villes au pays bas, fur le commandement du Roy, & qu'il y avoit defia prinfes aulcuns. Qu'il avoit donné au marriage fa foeur au Roy de Navarre, paffé fix jours, & qu'il ne permettroit point qu'on mouilleroit les nopces Royales avec le fang. Qu'on crainderoit le jugement de toutes les nations, & principalement de la pofterité. Qu'on reietteroit la honte, honnefteté, Royale conftance, la foy publique, & fainéteté du droict de gens, il luy fembla chofe eftrange. *l'Ammiral fe confie au Roy.*

Coffin voyant approcher les Princes & Autheurs de cefte maffacre, frappa la porte, laquelle il gardoit par la com-

L 2   miffion

Le Miroir de la Tyrannie Espaignole

Coſſin commencé à meurtrier les ſerviteurs d'Admiral

miſſiõ du Duc d'Aniou, (vraiement le loup garda les brebis) On luy ouvre la porte ſans peine. Incontinent il amena furieuſement les gens d'armes, les aultres meurtriers le ſuivoient: & tous ceux eſtants à l'entree ſont maſſacrez par luy. l'Ammiral oyant cela, eſt il elevé de ſerviteurs tout droict en ſon lit, & l'on le veſtit avec ſa robbe, & s'a tenu tout droict. Il admoneſta ſes gens de ſe retirer, ou s'enfuir pour ſauver ſa vie, & que luy eſtoit preſt offrir à Dieu ſa vie ; mais il eſtoit en peine pour l'amour de toutes les gens de la Religion eſtants non ſeulement en la Ville, mais par tout le pays, leſquels il avoit ſi long temps defendu avec ſes biens & ſang.

On tué l'Ammiral.

Incontinent l'Alleman monta en hault, nommé Benueſe avec Coſſin, & Attine & Hanfort tretous bien armez. Quand Benueſe entra en la chambre du l'Ammiral mettoit ſa dagge ſur la poitrine du l'Ammiral, & demanda s'il eſtoit ? il reſpondit avec grande conſtance, Ouy ie le ſuis : & quand il voioit la dagge, Diſoit il. Ieune homme aye regard de ma veilleſſe, & foibleſſe : mais luy, maudiſant perça la poictrine, & apres il bleſſa la teſte. Attine deſcherga ſon piſtole.

Par ceſte bleſſure n'eſtoit pas encore l'Ammiral mis à mort, & le Benueſe luy donna la troiſieſme bleſſure, en ſa jambe : ainſi il eſt tombé à terre à demy mort : Duc de Guyſe ſe tenant au cour avec les aultres meurtriers, attẽdant le fin de ceſte Tragedie, cria à hauts voix, eſt il acheve ? & ilz reſpondirent. Ouy. Duc de Guyſe replica, noſtre Prince (ceſtoit le baſtard du Roy Henry) ne le croit point, devant qu'il void.

Et l'on iette hors la feneſtre.

Adonc Benueſe aſſiſté de ſes compagnons, print le corps mort du l'Ammiral, & proietta hors la feneſtre, & quand par le ſang eſpandu par ſon viſage il eſtoit difficil à cognoiſtre, print le Duc de Guyſe ſon mouchoir, & le nettoia, diſant. Ie le cognoy, il eſt aſſeurement. Incontinent ſe retirant hors la porte, cria à ſes compagnons. Ceſt un bon commencement, allons plus ayant au reſte, car le Roy commande : & il diſoit cela

cela maintefois.

Vn peu apres sonna la cloche au Palais. Et le Duc de Guyse faisoit sçavoir qu'il y avoit d'aulcunes voulants tuer le Roy: Vn Italien coupa incontinent le teste au Ammiral, & l'ayant bien enbaumé, l'envoia vers le Pape de Rome, & le Cardinal de Lorraine. Il y avoit d'aulcunes coupans les mains, les autres les parties honteuses. Les brouettiers, & batelliers ont tiré trois jours le corps ainsi mutilé parmy la Ville, & apres au gibet, & pendu au pieds. Apres les Lacquais entierent en la Chambre du l'Ammiral, & tuerent tout ce qui trouverent, tant bien ceux qui coucherent aux lits, que les aultres entre eux il avoit aulcunes de grande renommee, à lesquels le Roy avoit tousiours monstré bien vueillance. Adonc ilz commencerent de piller les chambres, en telle maniere comme on fait en une ville, surprinse par finesse, ou gaignee par force des armes. Les Autheurs de ceste massacre incitojent aussi le populaire au butin: En telle sorte beaucoup de povres mendiants sont devenu riches en un moment.

Le jour suivant est passé en meurtre parmy la Ville, entre les gens de petit estat, & l'on a tué sans pitie les petit enfans, les agees hommes & femmes, & l'on jetta les corps hors les fenestres. Cependant on mena le Roy de Navarre & le Prince de Condé, vers le Roy Charles, mais leur compagnie fut tué par les Suisses, & aultres meurtriers. Pillase estant un vaillant homme de guerre est pareillement mis à mort: les gens de bien plaindrent encore sa mort.

On fait le meurtre tout au long du jour.

Lendemain on recommença à meurtrier ceux qui estoient eschappez en le commencement les mains: Le populaire estoit occupé de piller les corps morts, & les jetterent dedans la Seyne. Le Roy profita guerres de le massacre, car les meschants meurtriers avoient tout derobbé. Mais les heritiers de ces Offices grandes estoient les plus heureux, lesquelles

Le Miroir de la Tyrannie Espaignolle

quelles le Roy donna incontinent aux executeurs de son massacre.

<small>Le Roy commande le massacre par toute la France.</small> Quand cest meschant faict estoit achevé, & qu'on avoit pillé quater cent maisons, & tué miserablement tant de mille hommes, a on envoié messagers par tout le Royaume, pour faire scavoir en toutes les Provinçes de faire le mesme au ceux de la Religion: incontinent ilz obtemperent, & l'ont tué en mesme façon toutes les gens de la Religion Reformee.

<small>Et il s'excuse par tout le monde.</small> Le Roy Charles, sçachant qu'on jugeroit par tout le monde de cest faict, qu'il estoit un meschant massacre, que le Roy estoit perjure, qu'il avoit tyrannisé sur ses subiects cruellement, envoje il ses lettres en Angleterre, Allemaigne & Suisse, qu'il y avoit une grãde sedition a Paris, maugre de luy, que le Ducq de Guyse avoit incité le populaire, contre ceux qui gardojent l'Ammiral Coligny, & que l'avoit involé la chambre dudict Ammiral, & tué, avec tous ceux qui estoyent autour de luy: & qu'il prenoit cest faict au mal part: car luy mesme n'estoit pas libre au Lovre.

<small>Et devant le Conseil par mensonges.</small> Cest Tres-chrestien Roy ayant achevé un meschant massacre, apres deux jours vint au Parlement, avec tous ces freres & sanglants Prinçes, & declara en presence de toutes les Conseillers, qu'il avoit certainement entendu, que l'Ammiral avec ses Compagnons avoit conclu de mettre à mort, le Roy & ses freres, & sa Mere la Royne, & le Roy de Navarre, & voulut qu'on le registra; & signifia a tout le monde, & l'imprima a fin que chascun scaurroit, que le massacre du l'Ammiral, & les siens, estoit commandé de par le Roy.

Thuan oyant ceste parole du Roy, a il comme Escoutet du Parlement, & un grand flatteur, souhaité bonne fortune, au respect de sa victoire envers ses ennemiz, lesquels par guerre il ne pouvoit gaigner, qu'il les avoit tué à ceste heure par finesse, ayant bien appris le proverbe de Loys Roy de France:

Perpetree en le France. 44

çe: Qui ne scait dissimuler, ne scait regner. Mais l'Advocat Pibrack, a conclu sa harangue: Combien que le Roy avoit raison à son ire, qu'il estoit à ceste heure temps de faire le fin du meurtre & massacre de ses subiects, & qu'il ne debveroit attendre long temps sans prendre garde, de tout les meschancetez prepetrees en son pays, aultrement le Royaume s'en yroit en fumee. Mais le Conseil s'en alla incontinent.

Incontinent les Tambours, & crieurs publicqs s'en allerent parmi la Ville, qu'on ne massacreroit plus, & qu'on seroyt un fin de meurtrier.

Ainsi le fureur s'appaisa incontinent au mot du Roy, mais apres, les doctes ont parlé differemment de ceste acte cruelle: l'un comparoit avec le faict de Mithridate ajant tué en une heure cent & cinquante mil Borgeois à Rome: l'aultre avec le faict de Pierre Arragon, ayant tué huict mil Gaules en Sicile, car ilz avoient prinses ceste Isle par finesse: mais c'estoit fort different, qu'on a exercé ceste cruaute entre nations estranges: mais cest faict est commi par Charles neufiesme, envers ses propres subjects, & citoyens, fiants totalement à luy, estãt obligez avec luy avec un paix, faicte avec l'advis de Princes estrangers: & principalement, que pour achever son meschant faict, le massacre dij je, il a souillé les nopçes de sa sœur, avec le sang de principaulx de son Royaume, & la Noblesse: La posterité n'oubliera oncques tel meurtre, & massacre commis en un Royaume, touchant le faict de la religion. *Le jugement de doctes de cest faict.*

Et Vrayement cest faict a donné une telle tasche à les François, & toute la nation, qu'elle n'ostera jamais le deshonneur acquis, ayant commi la plus cruelle Tragedie, du monde, car on n'a jamais leu, qu'un Roy a oncques esté si meschant & periure: qu'un Roy a si meschantement trompé ses subiects par tel chemin, comme le Charle neufiesme; rompant son honneur & serment, & pourtant toute la nation *Les François ont perdu leur renommee, & on les juge meurtres, & periures.*

on a perduë avec son Roy toute sa reputation entre aultres nations du monde, n'aymants point telle infidelité, & l'on estime legere & meurtriere, avec laquelle on ne peut faire aulcun contract, ny quelque alliance, car leur jurements sont faussetez & tromperies.

Il y avoit d'aulcunes favorisants au Roy, disants il sera pas apres deshonneur du Roy, car il a faict a son profit: mais il n'a pas faict, comme Aristide reiettant le conseil de Themistocle, de brusler les Navires de ceux de Lacedemon, pour rompre leur forces la raison estoit, estre profitable, mais nullement honorable.

Voions le faict de Furie Camille, quand le maistre de Falisques trahit les enfans de ceux, & les mena par finesse à luy: il donna chargé de fouetter le maistre, en renvoia les enfans, pource qu'il n'estoit pas honorable, de prendre, & tuer les enfans des ennemiz, luy presentez par trahison.

Pausanie raconte, que la posterité de Philippe de Macedo sont tombez en grande misere, pource que luy, ses contracts & sermens faicts avec aultres Princes & nations rompoit facilement.

On disputoit alors, quand un Roy le serment faict ne tient point, si les subiects sont redevables à luy, ou contraincts de luy obeïr. On disoit aussi: qu'auparavant la main droicte du Roy, estoit la demeure du foy, si le Roy n'estima point celle, qu'on ne pourroit accorder avec luy, & qu'il seroit estimé pres aultres Roys, & ses subiects jamais leur superieur, ou pareil. On compta alors vertuz royales, à sçavoir. Le droict, douceur, misericorde & on vitupera & reietta fort en eux, toute la cruauté, & asperité envers leur subiects estant leur membres. On prisa alors le bien aagé Scipion, disant: qu'il amoit plus tost sauver la vie d'un borgeois, que tuer mil de ses ennemiz: cest mot estoit fort usé d'un Empereur à Rome Anthoine Pius : On disa alors, que c'estoi
un^t
e

Perpetrée en le France. 45

une mauvaise renommee de un Ieune Prince Tibere, qu'l'appelloit une pieçe de fange, & detrempé avec le sang. Il est vray ce qu'on dit, que les Roys ont commandement sur la vie & mort de leur subiects, mais qu'il est besoing qu'ilz ayent regard si les raisons de la vie ou mort sont raisonnables. On sçait qu'il n'a pas esté un Empire plus grand, que cest de Rome, en lequel un Dictateur avoit pleine puissance, & regnoit absolu, mais il ne pouvoit condamner un homme sans bonne raison: ce seroit un faict d'un meurtre & vouleur, sans occasion suffisante prendre les biens de subjects, & oster leur vie.

On ne peult aultrement juger, que cest cruel & inhumain faict, & profusion de tant de sang Chrestien, sont les fruicts du maudite vie de gens du Court, & à leur exemple toute la France est vivante en inhonesteté & paillardise, & il est devenu jusques à la, qu'on trouve à ceste heure fort guere de femmes honestes: Car le Roy, les gentils-hommes & le populaire sont adonnez à ceste meschancete & l'ordure. *La cause de massacre si cruel & inhumain.*

On faisoit scavoir parmy le peuple, & tout le Royaume, que l'Ammiral, avec ceux de la Religion avoient l'intention de tuer le Roy, mais le temps a decouvert tout que c'estoit une chose trouvée pour excuser une acte tant cruelle, & meschante: car il n'a pas vescu quarante heures apres qu'il fust blessé: comment en si peu d'heures pourroit il faire tel concept avec les gens estants pres de luy, quand il voyoit mesme, qu'on le cherca de tuer, estant au milieu de ses ennemiz, bien armez: comme en les mains de Cossin, s'il avoit conçu quelqne trahison ou meurtre à l'encontre du Roy, pourquoy on ne le metta au prison, pour enquester la verité. *On void la faulseté du Roy.*

Et s'il avoit voulu attēter quelq; faict, pourquoy à on tué tāt petits enfans, femmes, vefves, filles en un jour, aussi les bien agez,

M

Le Miroir de la Tyrannie Espaignole

agez, & ceux qui estoient malades.

On tua le doct homme Pierre Ramus.

Si grand nombre des Advocats, Conseillers, Medicins, gens doctes, entre lesquels estoit Pierre Ramus n'estoit il pas excusable? Si grand nombre de Professeurs lumieres de la France, & les estudiants le seminaire du Royaume, estoit il coulpable pour un Ammiral?

En une chose on verra son innocence. Il n'estoit pas possible, qu'un homme de si bon entendement, commençast un faict si rude, & inconsideré. De tuer le Roy Charles avec ses deux freres, qu'est ce qu'il espereroit par cest faict, si non, que tout le Royaume se leveroit contre luy, & les citoyens mesme du Ville de Paris l'eussent tué incontinent. Et ceste excuse estoit plus fole, qu'on disa, qu'il vouloit tuer le Roy de Navarre, lequel estoit devant quater ans tousiours en sa main, estant d'une mesme Religion comme luy. A quel profit eusset esté la mort du Roy, au profit de ceux de la Religion, nullement? l'Ammiral ne pouvoit recevoir meilleur profit de personne que de luy, c'estoit la vengeance des ses ennemiz. Enfin, on sçait si on à trouvé aulcunes armes en les maisons de gens massacrez, nulles, nulles: ilz sont tretous oppressez en un moment sans y penser: Et toutefois on parla si sottement parmy la Ville entre le populaire.

On tua les prisonniers, en le prison.

Retournons au propos. Si tost que le Roy avoit donné commandement de faire le mesme massacre par tout le Royaume, que faict on? On faict le mesme par toutes les Villes, en France: aussi en la Ville mesme de Paris, on tua les gens de la Religion, prisonniers en le prison: ainsi tous ceux qui estoient eschappez les mains furieuses du commun peuple, sont massacrez apres. A Rouen on ne trouvoit pas Officiers criminels voulants faire telle cruaulte envers leur citoyens, on appelle les bouchiers & les tuerent cruellement, pource sont ilz au jourd'huy encore la en telle reputation. A Paris on tua un Monime homme fort valereux au guerre en

le

Perpetree en France.

le prison. On despecha le Secretaire du Roy, ayant faict beaucoup de biens au Royaume, & un Conseiller Chappese, agé quater vingt ans:

Mais le plus cruel est avenu la, si tost qu'on commença le Massacre à Paris, que Monsorel le plus grand ennemy de ceux de la Religion est envoié chez un Ministre de la Religion Reformee, appellé Masson Revier, estant un homme fort excellent en sainctete de vie, sagesse, & entendement, car il avoit mis les premiers fondaments de l'Eglise à Paris.

Cest meurtre si tost qu'il arrivast en la Ville, s'en va il à la maison de cest ministre: il trouve la femme en la chambre primiere, & la salua d'un baiser, comme de coustume en France, & il demanda son homme: elle respondit, qu'il pourmena la derriere au jardin, & elle le conduisa jusques a la: si tost que le Meurtrier approchoit, il embrassa cest veillart, & homme juste: & disa: scavez vous pourquoy je suis venu icy. Masson respondit, Non: incontinent disoit le meurtrier, je suis envoié-icy à vous tuer, & cela à l'instant, de par le Roy: ce que tu entenderas par ceste lettre, & luy monstra son pistole. Masson disoit, qu'il ne scavoit d'avoir meschantement faict aucune chose, mais il pria seulement le loisir de commander son ame à Dieu, par la priere courte: & cela il permettoit: ayant achevé il reçeut couragieusemēt le coup de l'arquebuse, & se mourut à la place.

Le Ministre Masson harquebusé.

On a terriblement manié les corps des hommes, on les a jetté parmy les rues, es eaux: on a horriblement traicte le corps du l'Ammiral: Le populaire l'avoit pendu au pieds, a fin que les citoyens pourroient visiter.

La Royne mesme pour se refaire alloit maintefois vers ceste place, & amena ses fils, principalement le Roy lequel (quand on admonestoit qu'il n'approcheroit point si pres d'un corps defunct, que ne sentoit point doucement, & prin-

Le Roy & la Royne, vont maintefois vers le gibet, voir le Corps du Ammiral.

Le Miroir de la Tyrannie Espaignole

principalement que l'odeur estoit dommageable à gens de petite complexion comme luy) disoit, qu'il prennoit son plaisir de sentir ses ennemiz penduz: mais on a osté la nuict suivante secretement le Corps du l'Ammiral, & l'on a enseuely quelque part, ce qu'on ne le trouva plus.

On mesprisa fort ceste acte irresonable du Roy: & l'on disoit assez publiquement qu'il seroit estimé à son deshonneur de faire telle insolence envers un defunct, si meschantement massacré: & que le donneroit une disreputatiõ à tous les Gaules, quand les Roys du monde l'entēderoient. Vn Advocat du Cour oyants ces parolles parmy le peuple, va secretemēt pres la Royne, & conseilla, qu'il estoit besoing du faire justifier aulcunes prisonniers publiquemēt, a fin qu'õ pourroit juger qu'elle faisoit ses affaires & massacres par ordre, & à bō droict.

On fist assembler le Conseil, & un Thuan estoit le principal en ceste assemblee: on fait conclusion, qu'on ne feroit pas seulement cela, mais qu'on feroit un Image, prensentant la Personne du l'Ammiral, faict du foin en qu'on le meneroit tout à l'entour du Ville, & qu'on feroit briser toutes ses armoiries par la main d'un borreau, & l'exstirper sa memoire hors la souvenance des hommes, ruyner son chasteau, & Villages, proclamer ses enfans & sa famille d'estre infames, & priver de toute la noblesse, decapiter toutes les arbres en son bois, jusques à l'hauteur de six pieds.

Entre les prisonniers en la Ville estoit un Cavan, & Bricqmald: l'un avoit tousiours esté Maistre de Requestes, au Court *On met à* du Roy, l'autre avoit tousiours mené sa vie es guerres soubs *mort les* Roy François, & Henry, & l'on estima entre les plus braves *prisonniers.* guerroiers du Royaume: On vient pres ces deux en le prison, & l'on monstra à eux le borreau & les tourments, prests pour les tourmenter s'il ne confessoient ensemble tout à l'instant d'avoir voulu tuer le Roy, ses freres, & la Royne mere, & le Roy de Navarre, avec l'aide du l'Ammiral Colligny, ilz

disoient,

Perpetree en France. 47

disoient qu'ilz estoient prests de mourir, si il plaisoit au Roy, mais de soubsigner une chose si estrange & jamais pensee d'eux, ilz ne consenteroient jamais de le faire. Les primiers Iuges ordonnez ne trouverent pas suffisantes raisons de les juger dignes a mourir, incontinent on constitua deux aultres, en forme de justice en la presence d'un borreau, & le Secretaire jugeants ces deux dignes à mourir, & l'on les amena à la veue du gibet, en presence de beaucoup mil hommes. La Mere du Roy venoit aussi de voir ceste spectacle, avec ses deux fils, & le Roy de Navarre. On trouva bon que Bricqmal prieroit mercy à Dieu, & le Roy, à celle fin on envoia quelqu'un vers luy, disant, qu'il pourroit sauver sa vie s'il vouloit, priant mercy à Dieu, & Roy, & il donneroit fort liberalement.

Il respondit, que ceste affaire ne touchoit à luy, mais que le Roy mesme estoit coulpable devant Dieu, & devable de le prier mercy, car il n'estoit pas d'intention de prier le mercy du Roy, lequel il n'avoit jamais offensé, & que le bon Dieu seroit tesmoing, mais il estoit prest de prier Dieu pour le mesfaict du Roy commis envers tous ses subiects.

Voyants que ces deux preud-hommes demeurerent totalemēt fermes (car ilz ne vouloient cōfesser ce qu'proposa à eux, & ce qu'on n'avoient jamais pensé) s'avancerent en ceste belle affaire, & les pendirent tous deux en presence de tout le monde. Aussi on pendit une forme d'un homme faicte de foin, presentant la personne du l'Ammiral Coligny. *On fit pendre deux personnes d'Estat publiquemēt.*

Combien que ceste cruauté estoit agreable, à ceux de Paris toutesfois il y avoit encore la dedans gens d'entendement, qui mespriserent ces affaires, craignants comme il est avenu que seroyent au deshonneur du Roy, & la foy Catholique.

Et combiē le Massacre en la ville de Paris estoit le plus cruel, & horrible toutesfois ont il esté plusieurs autres villes faisants leur debvoir en l'affaire de meurtre & pillage : car Mandelot Gouverneur du ville, recevoit le cōmandemēt roial massacrer *Au Lions le massacre horrible.*

tretous de la Religion reformee. Incontinent il les fit assembler, par le son du Trompette, ilz viennent tretous, & il commande à eux d'entrer incontinent au prison, ilz le font.

Apres le Gouverneur donna charge au Borreau qu'il massacreroit tretous estants en prison: Le borreau oyant cela, respondit hardiment, qu'il estoit constitué de justifier seulement ceux qui estoient condamnez par forme de Iustice, s'il plaisoit à luy de chercer un aultre borreau, il le feroit.

Mandelot ayant reçeu telle responçe, fit venir les Souldarts estants la en garnison, qu'ilz s'addonnerent au l'execution du massacre: ilz respondirent, qu'ilz ne servoient pour occir estants au prisons, ou priants mercy, mais si l'estoient cause de quelque sedition, ou de troubles, qu'ilz feroient leur debvoir comme il appartient au vrays Soldarts.

En fin on faict appeller les matelots & les bouchiers, s'assemblent, on les fist entrer au prison, & incontinent ont ilz tué, avec les armes & coignees toutes les povres prisonniers, priants mercy à genoux; & en tel fureur qu'ilz couperent à aulcuns les mains & doigts, comme par jeu.

Envers cest temps la on a apperceu dedans la Ville, une deploration miserable, de les femmes & enfans, & les Catholiques mesmes detesterent mesmement telle cruauté, car il massacrerent les gens comme de bestes: & plusieurs femmes enceinctes, sont delivrez danguereusement de sa charge.

On vojoit hors les canaulx du prison couler le sang chaud, escumant, & coulant vers la riviere: vrajement une chose pitojable à veoir.

En la mesme prison estoit prisonnier un Marchant nommé Franҫhois Colut, avec ses deux fils, estants encore jeusnes hommes, bien instruicts de son Pere, en la Religion Reformee. Ceux, voyans les Meurtriers & Bouchiers se preparants au massacre, craignerent la mort. Le Pere voyant cela,

Perpetree en France. 48

cela, donna à haulte voix courage à eux, admonestant qu'ilz ne nieroyent pas à Dieu cest sacrifice agreable, car il plairoit luy, & qu'il n'estoit pas estrange que cela survenoit à les vrays enfans de Dieu, que les Chrestiens doibvent vivre, comme les brebis entre les loups, en comme les colombes entre les oyseaux de proye. Par telle adhortation du Pere, s'ont ilz confirmez en telle sorte, qu'ilz se donnerent totalement au sacrifice, & l'ambrasserent l'un l'autre, & l'on les tua ainsi conioincts, & demeurerent entreliez ensemble apres la mort: les spectateurs apres l'ont veu d'un œil pitoyable.

Mandelot cependant se mocquant de ceste cruaute, fit annoncer publiquement, qu'on ne massacreroit plus parmy la Ville, & si l'on produiroit un meurtrier, qu'on luy compteroit cent Escus; & toutesfois on tua les hommes par tout. *Mandelot se mocque de cest massacre.*

Lendemain on a jetté les corps massacrez, & mouillez de sang en la reviere, & la reste fit il porter a l'autre costé du Reviere, pour prendre son plaisir, tout pres l'Abbaïe d'Esne.

Ceus de Lions estants ennemis de la Religion Reformee, & amis du massacre, & principalement les Marchants d'Italie, ont prins leur plaisir, & mocqué d'eux.

Cependant que les corps massacrez estoient la gisants, est il avenu une chose estrange, mais digne du memoire au deshonneur des ces meurtriers: voila l'Histoire. Les Apoticaires de Lions venoient à leur plaisir de pourmener la ou les corps non enterrez gisoient, tout nuds, & voyants qu'il y avoit d'aulcunes fort gras, le signifierent aux bouchiers, lesquels incontinent prindrent comme de loups les corps, & tiroyent tout le gras, & le vendirent aux Apoticaires, pour mettre a leur unguents, quand il estoit besoing. Voila une cruaute maudite entre les Chrestiens & les Turcqs. *Les Apoticaires achettent le gras des hommes.*

Le Roy oyant ces affaires, & qu'il y avoit beaucoup de gens ensuyz *Finesse double du Roy.*

enfuyz hors les Villes aux bois, & d'aulcunes secretement gardez par compassion pres leur amiz, donna il un mandat, par lequel il voulut allicher les fugitifs hors les solitudes, & faire retourner en leur maisons : il declara pareillement qu'il luy deplaisa fort qu'on hanta si cruellement avec les hommes, borgeois de son Royaume, qu'il puniroit quelque jour ces meurtriers inhumains, & meschants, pour cest cruel faict. Si l'Ammiral avoit commi une faulte grande contre le Roy, ou quelque entriprinse sur luy, qu'on ne debvoit espandre tant de sang innocent pour tel faict.

Par ces lettres tromperesses sont retournez beaucoup au leur maisons, & domiciles, principalemēt ceux de Rouen, Diepe, & Tholouse.

Estant retournez, & pensants rien du mal, on commandé à eux d'aller au prison, & on les serra.

On renvoie la les mesmes Massacreurs & Meurtriers, pour tuer les hommes, & ilz font le mesme : ainsi en trente jours on ne faisoit par tout le Royaume que massacrer, estrangler, mettre à mort par dagges & espees, piller & saccager, mais c'estoit le principal qu'on trouva un nombre infini de vefves & orphelins, complissants les Villes, villages, bourgades de plaintes & l'armes, ayants perdu leur principal de vie, ne scachants vivre que seulement par aumosme : ainsi le Roy remplit son Royaume du sang & l'armes pour le faict de la Religion.

Mais le bon Dieu ayant veu toutes ces abominations a bien tost puni ceste Tragedie, quand le sang innocent de tant mill' hommes cria vengeance devant luy.

Dieu punit le Roy, un peu apres. Dieu le punoit avec un douleur en l'oreille, de lequel il mourut tout subitement le 30. de May l'an 1576. comme un chien, totalement addonné au l'impieté.

Le Duc de Guyse fust poignardé par le Roy Henry troisiesme, successeur de Charles le Tyran, à Tours, & bruslé jusques
au

au poudre : Le Cardinal son frere, est par le commandement du Roy estranglé. La Royne Mere mourut de tristesse voyant quelle ne pouvoit achever, le dessein, avec ces amiz de sa desconfitez, pensants prendra la Couronne, mais l'Henry troisiesme l'empescha couragieusement.

En quelle place ilz encore sont ensemble, on jugera hors l'Escriture Saincte, disant, ou les meurtriers & les sanglants Tyrans sont assemblez : & je ne pense point qu'ilz besoignent aux massacres de ceux de la Religion. *Ou les Tyrans à ceste heure sont.*

Combien ces Tyrannies pas sont commises par les Espagnols, toutesfois ilz sont machinez par les creatures du Pape de Rome, & ses adherents, comme les Iesuites & aultres, qui jamais sont en repos, tousjours ilz embrouillent meurtres, estranglements, pilleries, executions au feu & gibet, & principalement à ceux de la Religion Reformee, pensants totalement ruiner la parole de Dieu, pour restablir leur idololatrie. Vrayement une pouvre Religion laquelle on doibt establir avec l'executions par feu & glaive : car cest sont leur armes avec lesques ilz font les disputes.

l'Histoire du massacre commise par les Espaignols au Ville de ZUTPHEN.

POur retourner au matiere. Le Duc d'Albe se tenoit à Nimmeghe, quand le Compte Guillam de Berghe estoit accompagné de beaucoup de gens, & gaigna beaucoup de Villes en pays de Geldre : mais le Don Frederic, fils de Duc d'Albe, vient à l'encontre de luy, & le repousa hors beaucoup de places, mais à Zutphen il trouva resistance, & il battit la Ville avec de Canons : Les citoyens voyants qu'ilz ne pouvoient resister, donnerent un signe de vouloir accorder. *Don Frederic gaigna la ville de Zutphé.*

Les Espaignols approchent pres les murailles, & les Borgeois donnerent la main, les attirants pour monter, & eux donnerent aide à les aultres : en telle sorte s'augmenterent fort, & entrants en la Ville, tuerent tretous trouvez en armes.

Ilz mettent le feu au huict quartiers de la Ville, & pillerent incontinent les maisons.

Les citoyens fugitifs hors la ville, sont penduz par eux, aux arbres, & ilz n'espargnerent pas les Soldarts : comme le tableau se presente. Les Espaignols prennent grand plaisir, voyants ses ennemiz pendre au gibet ou l'arbres, mais apres quand les Geux font le mesme ilz crient & prient Misericorde, comme Pacieco en Vlissinge & aultres plusieurs.

Aulcuns Souldarts sont penduz par les pieds en haut : Vn Capitain fort vaillant, est pendu par un pied, pres une place dite, het Wyn-huys.

La reste de Borgeois est contraincte tout nud avec les espees se mettre en la glace : les renians se mettre à l'eau, avoient la teste coupee, cōbien qu'il fussent bonnes Catholiques, & les jetterent es eaux, comme on faict au charongies puantes : La cruaute estoit tant qu'elle surpassoit plusieurs autres. Le President de la Ville, Sieur Stenre, est tué devant sa maison, & sa femme blessee : apres elle a delivré le corps, de son mari pour grand pris pour ensevelir.

C'estoit en vers cest temps une loy faicte par les Espaignols, quand ilz gaignerent une ville, les Corps des hommes estoyent destinez au Roy, c'est à dire : on les tua à l'honneur du Roy : les Canons au maistre du camp : l'argent & les biens aux Souldarts : & les meubles faicts du bois au Gouverneur.

De

Figure. Nombre 11.

LE fils du grand Tyran, faisant sa trist' entree
En Zutphen, à l'entour, il gasta la contree,
Combien il seurement avoit faict un accord,
De pardonner le faict, il les mettoit à mort,
Les citoyens fidels, d'un cœur irraisonable
Vsant sa cruauté, point icy convenable
S'estimant comme un Roy, & cruel Souverain,
Gouvernant en orgeul, avec la fiere main.

Le Miroir de la Tyrannie Espaignole

Les Espaignols approchent pres les murailles, & les Borgeois donnerent la main, les attirants pour monter, & eux donnerent aide à les aultres : en telle sorte s'augmenterent fort, & entrants en la Ville, tuerent tretous trouvez en armes.

Ilz mettent le feu au huict quartiers de la Ville, & pillerent incontinent les maisons.

Les citoyens fugitifs hors la ville, sont penduz par eux, aux arbres, & ilz n'espargnerent pas les Soldarts : comme le tableau se presente. Les Espaignols prennent grand plaisir, voyants ses ennemiz pendre au gibet ou l'arbres, mais apres quand les Geux font le mesme ilz crient & prient Misericorde, comme Paciecco en Vlissinge & aultres plusieurs.

Aulcuns Souldarts sont penduz par les pieds en haut : Vn Capitain fort vaillant, est pendu par un pied, pres une place dite, het Wyn-huys.

La reste de Borgeois est contrainctes tout nud avec les especs se mettre en la glace : les reniants se mettre à l'eau, avoient la teste coupee, cōbien qu'il fussent bonnes Catholiques, & les jetterent es eaux, comme on faict au charongies puantes : La cruaute estoit tant qu'elle surpassoit plusieurs autres. Le President de la Ville, Sieur Stenre, est tué devant sa maison, & sa femme blessee : apres elle a delivré le corps, de son mari pour grand pris pour ensevelir.

C'estoit envers cest temps une loy faicte par les Espaignols, quand ilz gaignerent une ville, les Corps des hommes estoyent destinez au Roy, c'est à dire : on les tua à l'honneur du Roy : les Canons au maistre du camp : l'argent & les biens aux Souldarts : & les meubles faicts du bois au Gouverneur..

De

Le Miroir de la Tyrannie Espaignole

De la Tyrannie Barbare, commise par les Espaignols, en la Ville de NARDE, en GOYLANT.

DOn Fredirico, estant les fils d'un fameux Tyran Duc d'Albe, pas encore rassasié du sang humain, s'en va le 22. de Novemb. l'an. 1572. tout droit à Narde, où aulcunes Souldarts du Prince d'Orange se tenoient, & Don Frederico estoit fort corroucé, & ne vouloit pas recevoir en grace les bourgeois venants pres luy : mais quand les Soldarts estoient sorti, accorda avec eux Iulian Romero, qu'ilz feroient un noveau serment au Roy, & que cent Espaignols desrobberoient autant que pouroient.

On print la ville de Narde, & l'on pilla.

Les Espaignols estant arrivez dedans la Ville, font sonner le tambour, que tous les borgeois viendroient au maison de la Ville sans armes, & le font.

Adonc toute larmee de les Espaignols entre en la Ville, & opprime tous les Borgeois sans armes, comme de loups ravissants, & les tuerent tretous jusques au nombre de cincq cent : Incontinent ilz mettent le feu dedans la maison du Ville, & ceux qui n'estoient pas tuez, suffoquerent par la fumee.

Ilz metterent le feu aussi à les aultres costez du Ville, ainsi ceux qui se detenoient secretement quelque part estoient contraints de se mettre aux rues. Les Espaignols conclurent les rues à tous les costez, & chasserent les miserables, à demy bruslez hommes les uns vers les aultres, comme par jeu, si long temps que par blessures il tomberent morts.

Ceus qui estoient logez en la maison d'aumosniers, estants gens agez cent ans, & davantage, sont tuez par l'espee Espaignole.

Quand les hommes estoient tuez, ilz commencerent tourmenter les femmes comme font les Borreaux, pour scavoir leur

Perpetrée en le Pays-Bas.

Figure. Nombre 12.

LA race d'Espagnols, la race de Maranes,
Estant tout allumé, de fureurs, & de flames,
Passa cruellement par Narde villebelle,
Usant parmy les Gens, la cruauté nouvelle
Et laissa les tuez, droictement à la vue
De veufues, orphelins, au milieu de la rue,
Remplissant le pays, de tristess' & douleurs,
Les villes en grand peur, en les maisons clameurs.

leur argent & biens, mais ilz firent beaucoup mourir par les douleurs.

Ilz lierent aulcunes femmes dedans les maisons, & les violerent, & apres ilz mirent le feu dedans: & ce qu'estoit le principal, ilz abuserent les petites filles.

Ceus qui ont encore la memoire de choses passees, racontent la plus grande misere, d'ouyr les miserables plainctes de femmes & enfans, le criement des Espaignols, les fureurs de bestes point assistez en leur besoignes: & apres bruslez par un terrible feu: On ne peut escrire l'estat du Ville, estant surprinse par eux: On tua tous ceux qui voulerent eschapper: apres on donna un commandement, qu'on estoit contrainct de rendre à eux, tous ceux qui estoient cachez quelque part, ou pres les paisans, ou dedans le foin, mais c'estoit le plus miserable, jamais faict d'un Tyran, Payen, ou Turcq, qu'on defenda au femmes ensevelir leur maris couchants ou en leur propre maisons ou de S. Esprit, ou l'Eglise, ou maison de ville, ou par les rues; si long temps que les oyseaux du Ciel, & les chiens les deschiroyent: Les gisants à l'entree de leur maisons, n'estoit pas permi de les retirer, mais laisser la au milieu de la porte. Cela dura jusques au le vingtiesme jour.

Aiants en sa main le Borgemaistre, le mettent contre le feu, & ilz rottirent ses plantes du pied, apres ilz demandent le rantson, & il donna. Estant delivré, le Iusticier à Munde le print encore, & le metta en prison: mais apres par le commandement de Don Frederico estant à Amsterdam est il pendu en son propre huis, & estrâglé d'une corde, apres tranché en quatre pieçes, & les quartiers sont penduz sur les murailles, envers les Portes du Ville.

Quand se departirent les Espaignols, entrerent la Ville les WALONS, pillants tout ce qu'estoit demeuré.

Apres

Apres viennent les voyſins paiſans, appellez Goyers, prennants la reſte.

Le Iuſticier de Muyde prenna le frument appertenant au maiſon de S. Eſprit, & il tranſporta à ſon chaſteau, en ceſte ſorte les veſves & les orphelins devindrent totalement povres, & encore auiourdhuy n'ont ilz pas dequoy, & pleurent leur maris & peres & meres, vivants en triſteſſe & langueur.

Le Tyran fils de Albe n'eſtoit pas encore content ayant perpetré telle cruauté inpitoiable, mais il priva la Ville de toutes les priviliges, droicts, libertez, & couſtumes pour touſiours: & qu'on demoliroit les murailles, portes, muniments. Et on commanda ceſte Tragedie à leur voiſins payſans, eſtants gens inſenſez, & commencerent ceſte acte en peu de jours, & ne laiſſerent la pierre ſur pierre.

---

l'Aſſiegement de la Ville de HARLEM, *& comment elle eſt prinſe par le Frederico fils de Duc d'Albe, & à exercé la ſa Tyrannie, envers les Soldarts & citoyens.*

APres que la Ville de Narde eſtoiet deſtruicte, le Duc Don Frederico, s'en va à Amſterdam, où il logea peu de jours, en fin il marcha avec s'armee ſanguinaire, gens ſouhaittants le ſang & bien du peuple Flamende, s'en va tout droict à Harlem : & en chemin ſur la dycke, il trouva un fort appellé Sparendam, & le prindrent incontinent, car ilz eſtoient force gens, & tuerent tous les Soldarts eſtants la dedans comme de couſtume : Tout à l'heure ilz s'en vont à Harlem, & l'aſſiegerent la Ville fort eſtroictement, mais ceux qui eſtoient la dedans, gens vaillants & de bonne courage, s'oppoſerent vaillentement, travaillants tant de jour que de nuict à refaire tout ce qu'eſtoit canonné du jour.

l'Aſſiege de Harlem.

Le

Le Miroir de la Tyrannie Espaignolle

Le Prince d'Orange estant a Leyde & Delft assemble force gens de guerre, mais pource qu'il y avoit beaucoup de bourgeois, zelateurs de sa liberté, & ennemiz de les Espaignols & leur tyrannie, s'en allerent avec le Prince, hors les Villes de Dort, Briele, Rotterdam, Leyde, Delft, pour delivrer la Ville de Harlem de l'assiegement, mais estants tretous tout pres de la Ville, envers le bois, sont ilz dissipez tretous, & aulcunes tuez, ou par trahison, ou par mauvaise conduite du conducteurs.

Les Espaignols prindrent deux vaillants Soldarts, Baptiste de Trier, & Hans Keller, & les amenerent dedans leur camp, & les penderent par les pieds, comme les plus cruels tyrans font.

Toutesfois ceux qui estoient assiegez, bataillerent avec grande courage: & les femmes mesmes (chose digne du memoire) elirent une Capitaine, appellee KENAUW, estant une femme gaillarde aux armes, & de si grande animosité qu'elle surpassa beaucoup Soldarts; car il faisoit choses dignes à l'enternité pour la defension de sa patrie: principalement quand l'ennemy commença les alarmes & l'assauts continuels & elle commanda au femmes d'apporter les cercles du feu, & les aultres jnstruments de guerre, pour l'empescher les assauts, avec de pouldre, & l'eau chaude.

Estant la ville en peine, le Prince d'Orange fit apprester les bateaux sur le lac, mais ceux d'Amsterdã estants advarsaires, & mieux equippez, gaignerent la bataille.

Sieur Sonoy fait son debvoir. Le Monsieur *Sonoy* faisoit pareillement son debvoir tout pres d'Amsterdam, sur la dycke appellee Diemerdycke: mais ceux d'Amsterdã estants encore au Roy, se monstrerent gens de courage, car ilz chasserent tous les Souldarts, qui avoyent desia faits un fort. Par ce moyen ceux de Haerlem estoient en peine.

On trouvoit dedans la Ville quelque moyen par finesse à faire

Perpetrez en le Pays-Bas. 53

Figure, Nombre 13.

HARLEM racontera par tristesse l'Histoire,
Tout ce qu'est avenu, quand porta la victoire
Duc d'Albe furieux, de Soldarts, & Bourgeois
Les massacrant (helas!) mais un vaillant Franchois
Ne voulant succumber, s'osta mesmes la vie,
Fuyant la cruauté, laissa sa compagnie,
Pensant comm' un Soldart, mourir le plus heureux
Et gaigner le renom d'un acte valereux.

O

Le Miroir de la Tyrannie Espaignolle

faire sçavoir le Prince d'Orange, par colombes l'estat de leur assiegement, mais il pouvoit donner aulcun secours, car il n'y avoit pas de moyen de les secourir, trop estroitement estants assiegez. En fin estoient ilz contraincts de se rendre au grace ou disgrace de leur ennemy plus cruel en monde. Vn gentil-homme nommé BORDET estant un Françhois, voyant qu'ilz se rendirent au grace d'un Tyran, ne vouloit devenir en ces mains, commanda à son serviteur de l'arquebuser par la teste, comme il fit, & il mourut en sa liberté.

Le Tyran oyant tel faict Romain, s'espouvanta fort. Les Bourgeois delivrerent leur vie, en payants vingt & quater mille florins, hors mis cincquante sept Borgeois, & le Tyran tua huict de ceux à son contentement.

Le Don Frederico usa grande tyrannie. Quand il firent leur entrée en la Ville, ilz commanderent aux Soldaerts d'entrer en une Eglise dicte, Le SYL: en les Citoyens en une Eglise dicte: Baeckenes.

Lendemain on fit decapiter devant la maison du Ville, en la place, ditte het Sandt, trois cent Soldarts; & aulcunes sont penduz.

Le Gouverneur Wibolt Ripperda, avec son Lieutenant, & celuy de Steenbach, sont decollez en la mesme place, pres les degrez, avec deux cent & quarante neuf Souldarts.

Au 20. de Iuilliet: Le Sieur Lancelot de Brederode, Rosony, & le Thresorier de Briele sont decollez, à Schoten estant un bourgade, hors la Ville de Harlem. Apres encore dixhuict Capitains, & port-enseignes, & la reste de Soldarts, en nombre de cincq cent.

Vn ministre de la Ville, appellé: Symon n'eschappa pas, & apres luy toutes les malades estants au l'hospital.

Il y avoit un fort hors la Ville, sur le lac, appellé le Fuyck, ou se tenoyent beaucoup de Souldarts, & l'on les laissa mourir la de faim: En ceste sorte endura la Ville une terrible & miserable misere, mais ceste Tyrannie profita guerre au Tyran, car les

Perpetree en le Pays-Bas 54

les aultres Villes craignants le mesme estat s'opposerent plus vaillantement, desirants plus tost mourir en la bataille, que se donner avec l'accord es mains de cest Tyran inhumain & sanguinaire.

Le Tyran aiant achevé ceste inhumanité, l'envoia les principaulx du Ville, comme Borgemaistre Kies & aultres, vers Utrecht pour les faire mourir la en forme de justice: mais qu'and ilz passeroient par la Ville d'Amsterdam, s'ont ilz par l'advis du Conseil (combien tretous estoient Catholiques) renvoiez à Harlem, ou ilz ont esté long temps au prisons, jusques à ce que le Duc de Bossu, en la bataille faicte sur la Mer Zuyd par les borgeois, d'Enchuse & Hoorn est prins, & apres ilz sont delivrez avec luy.

Ceste cruaute a donné un grande terreur aux Provinces, mais le peuple estant ennemy de telles actions, s'endurcit plus & plus: & les gens de guerre, tant en terre, que sur les bateaux, paierent les Espaignols de mesme monnoye. Car les Zelandois ayants gaigné la bataille marinee, à l'encontre Zanchio d'Avila, tout pres le fort de Rammekens, jetterent tous les Espagnols gaignez au mer, en recompense de cestes meurtreries.

Un peu apres s'en alla le Don Frederico vers Alcmer: astant une Ville en Nort-Hollant, raisonnablement munie avec de fortresses de terre, comme quasi toutes les Villes du pays bas. Les citoyens estants fort guere, ont faict vaillamment leur debvoir, que par force il gaigna rien: il s'avoit Campé tout à l'entour de la Ville, & battoit maintetefois avec de Canons: les citoyens fort coragieux à telle chose resisterent aux assauts d'un cœur ineffroyable, & jouoient avec les ennemiz, comme s'ilz fussent aux nopçes; & harquebuserent tant hors les remparts, que l'ennemi n'avoit pas le loisir de refaire ses bateriers, quand il estoit besoing: mais c'estoit une chose pitoyable, que le Don Frederico contrainga les citoyens d'Harlem, faire ces bateriers, & par ce moyen sont ilz tuez, par

Don Frederico va au Alcmer, pour assieger.

O 2 leur

Le Miroir de la Tyrannie Espaignole

leur propres amiz les borgeois assiegez: & si par avonture, comme il survint maintefois quelqu'uns s'enfuyoit, estoient ilz contraincts d'envoier incontinent un autre: disant qu'ilz avoient reçeu pardon, & paié deux & quatre mille florins, on respondit à eux, qu'on usa leur aide point au regard de l'offense commise, mais qu'il est besoig de faire au Roy quelque service durant ces guerres civiles, contre ses rebelles, & qu'on debvoit dependre pour l'amour du Roy sa vie & ses biens, car tout apartenoit à luy. On envoia en ceste besoigne tambien les Catholiques, que les aultres, n'ayant pas aulcun respect de personnes en ceste dangereuse affaire.

Les femmes en la Ville assiegee Alcmer faisoient si bien leur debvoir comme ceux de Harlem, car elles estoient tousiours empeschees avec les instruments besoignes en les assaults.

L'ennemi avoit des Ponts, avec lequels il assaillit la Ville, mais les bourgeois jovoient à la troisiesme fois avec les coups de Canons si bellement, que trois fois, ilz les batirent en pieces. Le Don Fredrico voiant que tout estoit peine perdue se levoit & son armee le. 8. Octobre l'an 1573. & s'en alla à Amsterdam, ou se tenoit le vieil Tyran Duc d'Albe, & dependit une grande somme d'argent & en fin se departit de la, sans paier ses debtes.

Passé quelques jours les Souldarts du Prince d'Orange prindrent par finesse la Ville de Geertrudenberghe, au costé de Brabant, chassants hors d'icelle les Soldarts Espainols.

Ceux de la Ville d'Enchuse, & les borgeois d'Hoorn, prindrent le mesme couragie, à l'encontre le Compte de Bossu, estant fourny d'une belle Armade de navires, pour faire securité au mer de Zuyd: mais arrivant la, avec sa compaignie, il devint mesme en les mains de ses ennemiz: car les Nort-Hollandois, gens accoustumez de batailler es navires, ayants courage de se delivrer de la tyrannie Espaignole, & desirants

La bataille marinee de Duc de Bossu.

rants

rants la liberté native, & vengeants les meurtreries commiſes par tout dedans le pays bas, l'abborderent ſon bateau eſtant l'Ammiral, & gaignerent par force, tous les Eſpaignols & Soldarts trouvez la dedans, ſont jettez au mer, & l'emporterent le Duc, à Hoorn, en priſon, eu il eſtoit long temps, mais apres eſt il eleu pour eſtre Capitain, pour les Eſtats, & il ſervoit à eux, comme un homme de foy: car il voyoit l'ingratitude de les Eſpaignols, qui le laiſſerēt la en le priſon, ſans penſer de luy, & pourtant il reprint les armes, eſtant un Gentil-homme du pays bas, contre le Roy d'Eſpaigne, deteſtant ſa cruauté & deſloyauté.

Le Duc d'Alba voyant qu'il avanca fort guere, s'en alla hors le Villes d'Hollande, vers Brabant, eſtant un homme fort ſuperbe, combien qu'il n'avoit point tout ſubigé, a il laiſſé faire en le chaſteau d'Anvers, une Statue de cuyvre, vrayement une choſe pas convenable, eſtant un ſerviteur du Roy, il euſt eſté plus propre, s'il euſt faict l'image du Roy, que la ſienne. *Alba fit un image en le chaſteau d'Anvers preſentant ſa perſonne.*

L'image eſtoit faicte en ceſte forme: Il tenoit ſoubs ſes pieds, deux images: le populaire jugea que preſenterent les Nobles decollez: Le Duc d'Acrſchot un homme gaillard voyant ces images, diſoit fort courtoiſement, ſi ces images ſe leveroient quelque jour, qu'ilz ſe vangeroient vaillement, mais il a dit la verité, car peu de temps apres ilz ſe leverent, & l'ont vangez la tyrannie commiſe envers eux. Le Roy a conſumé beaucoup de Tyrans, & Eſpaignols avec une bonne ſomme d'argent, & en fin une bonne partie de ſes provinces unies par la Tyrannie.

En fin le plus Grand Tyran du monde, Don Ferdinand, Alvares, Duc d'Albe, aperçevant que toutes les inhabitants de pays bas, prindrent une haine mortelle contre luy, pour l'amour de ſes horribles & abominables meurtres, deſtructions, & exactions jamais ouyes, demanda congé du Roy pour se departir d'icy, & il s'en alla: laissant le pays bas bien troublé & aggravé des Soldarts malcontents.

Loys de Requesens vient au pays bas.

Estant departi ce loup ravissant, succeda Loys de Requesens: estant un Espaignol, point agreable aux Estats du pays bas: car il estoit natif d'une nation tyrannique.

Soubs son Gouvernement est advenu la bataille renommé devant Berges sur le Zoom, ou plusieurs Espaignols, grand Tyrans, pensants de gaigner, apprindrent saulter la Courante sur le mer, avec leur chaines d'or: en ceste sorte, que toutes les biens pillez, toutes les benedictions de Monsieur le Prestre ne servoient du rien: & les Zelandois donnerent à eux la malediction.

Cest Gouverneur estant arrivé au pays bas, faisoit semblant de n'en faire rien sans adviz des Estats, pour trouver commodité de demāder de l'argent: apercevant que les Estats voyoient sa finesse, il laissa les Souldarts dominer à leur appetit, sans regard en la Ville d'Anvers, prennants un grand tribuit de les bourgeois, chassants

La sedition en Anvers.

hors la place les Souldarts du Roy, criants, à haute voix de jour & nuict. Dineros, dineros: Fuora, fuora veillacos: c'est à dire, l'Argent, l'Argent, sortez, sortez meschants: Le Commandeur faisoit rien en ceste esmotion, demandant quater tonneaux d'or le Magistrat, & les bourgeois, & ilz receurent six mille florens du jour.

Il ne demandoient que chair boully, & pain blanc, & rien que du Vin.

Personne estoit libre en cest estat, ny l'Evesque, ny le Marquiz, ny Borgemaistre, ny bourgeois, ny Religieus, ny seculier. Enfin, ilz ont obtenu tout à leur appetit: ilz commanderent à tretous: & il n'y avoit personne qui l'empescha, car le Gouverneur permettoit.

Ces gens faisant ces outrages en la Ville, estoient les
servi-

serviteurs du Roy, envoiez à guarder le pays en paix, & eux mesme donnerent ces outrages au subiects du Roy, estants prests de satisfaire tout sans tyrannie: mais le Roy mesme avoit un autre dessein, lequel ne succeda point.

Le Commandeur apercevant qu'il par force n'en gaig- *On publie* na rien, trouvoit il quelque finesse de publier un Pardon *un Pardō.* le 6. Iuyn, l'an. 1574: & il faisoit: mais il gaigna rien par ceste mode à faire, pource que le Duc d'Albe avoit faict le mesme pour tromper le monde, & à ceste heure les gens ne croyoient pas à ces parolles, sçachants que le cœur des Espaignols n'estoit pas changé en mieux envers les inhabitans du pays bas. Si un Loys vient, ou Don Iean, ou un Italien, ou un Cardinal, ou le fils du Roy mesme, ilz sont tretous d'une mesme soupe: & il ne cessent pas encore pour à ceste heure, de jour & nuict, à penser par quel moyen ilz se feront maistres partout: mais les Provinces unies sçavent à ceste heure par quel moyen ilz refreindront les sanglants Espaignols, quand ilz ne demandent pas la paix ou les trefves.

La Villle de LEYDEN, *fust assiegé par le Commandeur, & delivré par eaux, avec l'ayde, du Prince d'Orange.*

LE Commandeur estant au Gouvernement, commanda d'assieger la Ville de Leyden en Hollande, par un vaillant homme de guerre, appellé BALDE, & faisa tout autour de la Ville, beaucoup de forteresses, pour contraindre les citoyens au dedition.

Ceste Ville estant de les principales du Province, n'estoit pas bien fournie de ble, ny de les aultres viandes necessaires au vie humaine, ceste chose fort necessaire, estoit negligée de ceux de la Religion Catholique, & si tost que l'ennemy le sçavoit, metta il son Camp devant les portes,

portes, pensant de la faire se rendre par disette, ou faulte de vivres.

Il demanda, estant bien campé, maintefois, qu'ilz se rendirent a luy, il donneroit tout à leur appetit: mais ilz respondirent, de vouloir manger par famine la main gauche, & combatre avec la main droicte: & que plus est, ilz aymeroient plus tost mettre le feu en toute la Ville, & se jetter la dedans avec tous leur biens, comme ceux de Sagunthe, devant qu'ilz se rendroient au les Tyrans plus cruels.

Les Bourgeois estants en peine & disette, plaindrent leur miserable estat au Borgemaistre Pierre Adrian, il respondit vaillament, comme un Romain. Devant donner la Ville aux Espaignols, s'il vous plaist, taillez mon corps en pieces, en mangez entre vous aultres, apres conseillez de ces affaires.

On endure famine grand en la ville,

Les Bourgeois oyants ceste responce magnanime, devenoient honteux & s'en allerent. Le Prince d'Orange vigilant en ces affaires, entendant cela, a cherçé tous les moyens de delivrer ces assiegez, & il a trenché les digues tout pres de Rotterdam, que tout le camp devant la Ville, & à l'entour se noia, & l'Ammiral BOYSOT alla tout droict avec les bateaux, & petits canoes par les champs & les galeres estoient bien chargees de viandes, vers la Ville assiegée. Incontinent l'ennemi se retira, laissant ses forteresses. En ces bateaux y avoit un Zelandois matelot fort coragieux, se mettant à terre, print un Espagnol par le bras, & jetta au terre, & trencha avec sa dagge la poictrine, & tira le cœur du l'Espaignol, & le mascha avec ces dents, apres le jetta en terre: monstrant par effect qu'il estoit un grand ennemi de la raçe maudite. Les autres matelots tuerent les Espaignols en grand nombre par les chemins noiez. A ceste heure on vangea le sang innocent espandu à Narde, Zutphen: car ceux icy estoyent les autheurs de ces massacres.

Les paisans allants par les champs avec les petits barques,
tuerent

Perpetree en le Pays-Bas. 57

Figure. Nombre 14.

Voiez la cruauté commis en Oudewatre
  Quand le Bourgeois vaillant, & preux vouloit combatre
Avec les Espagnols, sa liberté gardans,
Fust trompé fort (helas) & sa vie laissans
L'Ennemy fort cruel print arrivant courage,
Et commença meurtrier, & se mettre au pillage,
Iettans le feu par tous, allumant ses flambeaux,
  Avec un grand horreur, amassant les tombeaux.

P

Le Miroir de la Tyrannie Espaignole

tuerent beaucoup des Espaignols montez sur les moulins, & les firent descendre d'un coup de l'arquebuse, trouvant grand butin pres d'eux, & chaines d'or & les habillements pretieuses.

De le Massacre Tyrannicq, commi en la Ville de OVDEWATER, en Hollande, & comment les Espaignols ont la miz en feu, & le butin grand lequel ilz emporterent.

LE Commandeur trouvant beauconp des incommoditez en son Gouvernement, a il commencé ses affaires par finesse, pour tromper les Estats, & les fit assembler à Breda, l'an 1575. Cependant ilz pensa opprimer les Villes & Provinces, & reduire en une servitude perpetuelle, mais il faisoit pas de profit.

Apercevant que les Estats estoient plus fin que luy va il assieger, le 3. d'Aoust la Ville d'Oudewater le Maistre du Camp la batoit avec vingt & huict pieces de Canons, & gaignerent la Ville en un assault, & tuerent tretous estants la dedans, les Soldarts, hommes, Femmes, enfans: & toute ame vivante.

Ils pendirent les hommes par la gorge, & les femmes par les mains, & tiroient les petits enfans hors leur ventres, comme le tableau monstre.

Estants en le fureur, mettent il le feu en les maisons, & la Ville entiere s'alluma, excepte l'Eglise & le convent, & aulcunes maisons, lesquels on void encore à present, à demy bruslees: successeurs vivants depleurent encore leur Peres, & les vefves leur maris, estants la d'aulcunes eschappees les mains cruelles.

Les Espaignols, ont la victoire. Aiants acheve ceste triste Tragedie s'en vont ilz à Bommene, Ziericzee, mais il n'espargna pas ses gens de guerre: & les Soldarts ne vouloient estre chassez en telle sorte, comme de bestes,

bestes, en ceste sorte il gaigna de mescontentement. Il fit assembler les Estats, & demanda de l'argent, mais on donnoit de plainctes, & larmes n'en profitant rien, au profit du pays.

Il y avoit de Provinces demandantes la restitution ou renouvellement de leur Privileges & libertez, les aultres vouloyent compter. Par ce moyen il devenoit desconforté, disoit. O Dieu delivre moy de les Estats.

Voicy le beau Gouverneur, ne voulant faire à sa venue, aucune chose, que par le consentement des Estats: les oiseleurs chantent chansonnettes belles, voulants prendre les oyseaux, mais quand ilz sont dedans les rets, ilz les mettent au cages.

Il presenta tousiours suivre le Conseil, mais il pensa le conseil de Don Francisco de Leyva, c'estoit appovrir & vuyder les pays: mais devant qu'il faisoit ses affaires, mourut il à Bruxelles, estant surprins d'une fievre ardente, avec une apostume bruslante sur son dos, on iugea d'estre la Peste.

Il n'estoit pas si cruel, mais il chassa beaucoup gens de bien hors le pays, de peur de sa Tyrannie, par ce moyen il chassa tout les ouvriers, s'en allants en Allemaigne, France & Angleterre.

Don Loys se mourut de la Peste l'an. 1576.

Adonc le Conseil des Estats prennoit le Gouvernement mais il n'estoit possible de Gouverner librement, car les Espaignols l'empescherent par tout. Les Soldats point payez faisoient les mutinations: ilz assemblerent de tributs: prennants les Villes, & les pillants, ilz tuerent les bourgeois ne debvants rien à eux, & faisoient grandes oultrages à tout le monde, principalement à AELST, ou ilz entrerent la Ville le 28. de Iuin.

Les citoyens apercevants que les Espaignols vouloient prendre la Ville, se mettent à l'encontre d'eux, & tuerent quasi trente Espaignols, mais gaignants la bataille, entrerent en la Ville, plus que deux mille, tuants, massacrants, & pillants

La ville de Aelst prinse par les Espagnols.

P 2 tout

tout. Les bourgeois plus riches ont esté miz en prison. Vn Officier du Roy est pendu par eux: ilz pillerent la Ville, & comme si elle fust gaignee par force des armes. Cent & septente bourgades sont constituez au tribut. Les Ministres d'Eglise sont penduz publiquement.

Ceux du Magistrat avoient empeschez qu'on ne le batoit les images: mais quand l'Espaignol trouve de butin, ne pense il point de Religion, ny de devotion: Et le Sanchio d'Avila envoia encore l'assistance à ces gens, en les Estats ne pouvoyient empescher, mais declarerent tels Souldarts estre ennemis du Roy, & traisteres du l'Estats pulicq.

Le massacre inhumain, & pillement commi par les Espaignols mutinez en MASTRICHT.

CEs meschants & mutin Souldarts apercevants l'intention de les Estats de Provinces unies, de les declarants ennemiz du pays, s'apprestent à un disordre meschante, & se monstrent tels comme si voulerent ruiner le pays en un moment: & l'entrerent par force en la Ville de Mastricht, gaignants les portes, & se font maistres de la marche. Les Allemans estants hommes sans courage, & science de mener la guerre, gardants la Ville au defence de bourgeois, voyants que les Espaignols avoient gaigné la Ville, se conioindrent avec eux, & massecrent tous les bourgeois estants aux armes, mettent le feu aux maisons & les pillent: abusants les femmes & filles honestes, pour satisfaire leur luxure: jettants les bourgeois en la Riviere, usants la plus extreme cruaute, & insolençe, comme de coustume à faire par tout, & reçeurent grand butin, car ilz prindrent tout ce qu'estoit en la Ville.

Les Espagnols prennent Mastricht.

Le

Perpetree en le Pays-Bas.

Spaensche moort binnen MASTRICHT

Figure, Nombre 15.

Ny plume, ny mes vers chanteront la tristesse
Donnee à Maestricht, en plus grande vitesse
Par l'Espagnol Soldart, estant pas bien payé,
Il en fort peu de temps, ruina la Cité,
Pensant d'avoir icy, par meschant' entreprinse
L'Honneur & gloire, mais ma plume bien apprinse
Gravera dans l'airain, de l'immortalité
Massacres bien vilains, pour la posterité.

P 3

Le Miroir de la Tyrannie Espaignole.

Le massacre cruel, & le pillement perpetré par les Espaignols en la ville renommé d'ANVERS.

LEs Espaignols trouvants bon succes en leur affaires, & trouvants par tout leur paiement : Roda & Zanchio d'Avila, font venir à eux Don Alonzo de Vergas de Mastricht, avec les compagnies à cheval d'Espaignols, Italiens, & Bourgongons, estants en nombre de mille, au chasteau d'Anvers, ayants encore pres d'eux six compagnies Allemants, estants arrivez la, maugré leur Capitaines (comme il sembloit) pour acquerir bon butin. Vn grande Tyran Iulian Romero estant en garnison à Lier vient aussi pres deux. Les mutins d'Aelst, estant en nombre deux mille s'assemblent la aussi, combien qu'ilz eussent receu devant huict jours, quarante mille escus, en paiement, apportez par les paisans, rençonnants le feu.

Estants tretous assemblez au Chasteau, comme de loups ravissants, se mettent tretous en la Ville belle, & glorieuse d'Anvers, criants horriblement : SPANIA, SPANIA. Les putaines, & garsons meschants porterent le feu, & flambeaux à mettre par touts les endroicts.

CHAMPIGNI faysoit son debvoir, pour deffendre les bourgeois, & eux mesmes font ce qu'estoit convenable, mais les Espaignols envolerent en si grand nombre hors le Chasteau, qu'on ne les pouvoit resister, & toutes les Soldarts, bourgeois; gens à cheval estoyent contraincts de se retirer en la Ville, car ilz les tuerent à la foule, sans misericorde.

Le Compte d'Egmont & Capres, sont prins par Verdugo: Le RODA estoit maistre par tout. On ne pourroit raconter le plus miserable estat du Ville : ilz mettent le feu en la maison magnifique & tresbelle du Ville, & bruslerent beaucoup

Perpetree en le Pays-Bas.

Figure. Nombre 16.

Ô Ville bell' Anvers, o ville tourmentée,
Iusques à le deffait, en la triste journée
Quand l'Espagnol cruel, n'ayant aulcun argent,
La jettoit tout en feu, & richesses au vent,
Massacrant les Bourgeois; honorables conquestes
Estimant son beau faict, & genereuses testes
Coupant sans le regard, esclave de fureurs
Augmente tous les jours encores ces malheurs.

coup de maisons, & ensemble toutes les meubles & richesses.

En ceste furie massacrerent les Espaignols cinq mille bourgeois & Soldarts, aussi un Bourgemaistre, & le Marquis, & plusieurs aultres estants au Magistrat.

Par trois jours ont ilz tyrannisé, à fin que les Bourgeois monstreroient leur biens, argent & richesses. Ceus qui estoyent gens d'Estat, sont fort tormentez, pour le rençon: Les filles & femmes n'eschapperent pas leur tyrannie, ny les enfans, lesquels ilz pendirent par les pieds & bras & les foitterent, en telle sorte ilz traicterent aussi les hommes pour recevoir de l'argent: Aiants achevé telle cruaute inhumaine, & execrable envers tous les bourgeois, ont ilz trouvez pour leur paiement quarante tonneaux d'Or, excepte les joyaux d'or, d'argent, & perles. Le dommage faict par le feu, n'estoit pas à compter. On excusa personne.

Ayants cest butin en leur mains le monstrerent par le jeu, car un Soldart jouoit en un jour dix mille escuz: leur armes, estoient d'orez & argentez.

Vn Capitain nommé ORTIS Espaignol, receut pour sa part le Prison, appellé het STEEN, & il rençonna les meurtriers, larrons, meschants, Prisonniers pour le faict de la Religion: Anabaptistes, & Ministres de les Eglises Reformees: en telle sorte qu'il viola fort la saincte Inquisition, mais il se soucia guere, reçevant argent contant en sa main, au paiement.

En telle sorte fut pillé la plus belle, & grande Ville en l'Europe, les citoyens massacrez, tourmentez, & totalement ruinez, les femmes nobles & filles honestes, en presence, de leur maris & Peres violees, & la place est devenue un retraict de meschants, & voleurs.

En Flandres on hantoit en la mesme maniere, & les Soldarts commencerent piller les places; mais aucunes Villes paierent

paierent à les Souldarts une grande somme d'argent, rençonnants le pillement de leur Villes.

Quand les Provinces, estoient vuydez par telle maniere de faire, & tourmentez cruellement, on va assembler aucunes Deputez à Gand, pour reduir les en une totale obeissançe, & faire cesser les troubles : & conclurent la Pacification ou Paix, au certes conditions, lesquels le Roy approva, & tous les Catholiques, principalement les moines, & l'Evesques, mais elle estoit au profit de ceux de la Religion Catholique, & on la publia à Gand, l'an. 1576 le. 8. Novembre. *La Patification de Gand.*

Ceste Pacification ou Paix se sembla au commencement estre ferme : mais quand Noircarme arriva d'Espaigne, parloit il autrement.

RODA reçeut le commandement de parler bellement aux Estats, pour les tromper à la commodité: qu'on garderoit seurement les Casteaux, qu'on l'envoieroit un Don Iean d'Austriche, pour chasties le Prince : & venger la rebellion des Estats.

Vn Gouverneur nommé ROBLES se voulut faire maistre à Groeninges en Frise, mais les bourgeois vaillants, monstrerent leur hardiesse pour la liberté, & le metterent en prison, & l'envoierent à Leuward. Il avoit commi un meschant fait. Le Prince avoit envoié un homme sçavant & honnest appellé STELLA pour appaiser les Souldarts, & les faire accorder avec les bourgeois, mais se Robles l'avoit mis en prison, & blessé avec sa propre main : en telle sorte il maintenoit la Pacification.

A Utrecht estoit en garnison un Francisco d'Avila, il commanda à ses Espaignols, pour piller la Ville, ilz tuerent beaucoup de Bourgeois, mettoient le feu en les maisons, & jetterent parmy la Ville le boules de Canons. Les Bourgeois firent les ramparts contre eux, & par l'aide du Duc de Bossu, gaignerent les malcontents, & les chasserent.

coup de maisons, & ensemble toutes les meubles & richesses.

En ceste furie massacrerent les Espaignols cinq mille bourgeois & Soldarts, aussi un Bourgemaistre, & le Marquis, & plusieurs aultres estants au Magistrat.

Par trois jours ont ilz tyrannisé, à fin que les Bourgeois monstreroient leur biens, argent & richesses. Ceus qui estoyent gens d'Estat, sont fort tormentez, pour le rençon: Les filles & femmes n'eschapperent pas leur tyrannie, ny les enfans, lesquels ilz pendirent par les pieds & bras & les foitterent, en telle sorte ilz traicterent aussi les hommes pour recevoir de l'argent: Aiants achevé telle cruaute inhumaine, & execrable envers tous les bourgeois, ont ilz trouvez pour leur paiement quarante tonneaux d'Or, excepte les joyaux d'or, d'argent, & perles. Le dommage faict par le feu, n'estoit pas à compter. On excusa personne.

Ayants cest butin en leur mains le monstrerent par le jeu: car un Soldart jouoit en un jour dix mille escuz; leur armes, estoient d'orez & argentez.

Vn Capitain nommé ORTIS Espaignol, receut pour sa part le Prison, appellé *het* STEEN, & il rençonna les meurtriers, larrons, meschants, Prisonniers pour le faict de la Religion: Anabaptistes, & Ministres de les Eglises Reformees: en telle sorte qu'il viola fort la saincte Inquisition, mais il se soucia guere, reçevant argent contant en sa main, au paiement.

En telle sorte fut pillé la plus belle, & grande Ville en l'Europe, les citoyens massacrez, tourmentez, & totalement ruinez, les femmes nobles & filles honestes, en presence, de leur maris & Peres violees, & la place est devenue un retraict de meschants, & voleurs.

En Flandres on hantoit en la mesme maniere, & les Soldarts commencerent piller les places; mais aucunes Villes paierent

Le Miroir de la Tyrannie Espaignolle

Le Gouverneur Don Iean vient.

Le promi Gouverneur Don Iean d'Austriche arriva en pays bas: il fait samblant d'estre mal content en ces desordres & tyrannies publiques, il les voulut punir, principalement les autheurs. Il desira avoir les Soldarts en sa puissance, pour contraindre les Estats à son appetit. Car on appercevoit qu'il faisoit grande caresse à ces mutins & vouleurs, il estima les Estats comme ses esclaves, il approva les pillemens & tueries faictes en les Villes. Roda arrivant en Espaigne estoit bien Venu. Don Iean Austriche avoit commandement de simuler, pour tromper les Estats d'Hollande & Zeelande, mais il ne prendroit guarde à ces affaires, voyant que les Estats apperçevoient sa finesse, & leverent beaucoup de gens. Quand les Espaignols estoient en les mains des Estats, trouvoit il bon de dissimuler un peu de temps, & apres penser a son profit: Et on parla par l'Empereur Rodolph touchant la paix, pour tromper les Estats: toutesfois on accorda, en la place dite, MARCHE en Famine. l'an. 1575.

On feroit de departir hors le pays bas, les Espaignols & les autres garnisons, en vingt jours: on remetteroit tout les Privileges, Coustumes, & l'usances: cependant le Don Iean se fit asseurer de les principaux chasteaux, & Villes, pour faire, retourner les meschantes troupes & ennemis du pays, quand luy plairoit. Il reservoit pres de soy, tant de gens pour s'asseurer de la Ville d'Anvers, quand il seroit besoing, & la contraindre à son commandement.

On trouvoit les lettres d'un ESCOVEDO qu'il n'estoit possible de gaigner les pays si non que par la glaive: que tous les inhabitants estoient insolents, & dignes une punition extreme, par la main du Roy.

Don Iean va occuper la ville de Namur.

Ces lettres sont devenuz en lesmains du Prince d'Orange, & les bailla aux Estats: quand Don Iean le sçavoit qu'on sçavoit son intention, il cherca le moyen d'occuper le chasteau d'Anvers, Il prend par un Stratageme le chasteau de Namur, com-

combien il avoit promi de hasarder sa vie pour la liberté du pays, & retraicte des Espaignols hors les Provinces; mais voyant que ses entreprinses ne succederent pas, & ses compagnons emprisonnez, faisoit il semblant de hanter avec les Estats en amitie : & il demanda loisir de parler avec eux, l'an 1577: mais tout au commencement on trouvoit sa meschanceté, & qu'il demanda choses inpertinentes, & inconvenables : & à l'instant les Estats ont faict leur debvoir, & ceux de Brabant elirent le Prince d'Orange pour leur Gouverneur, en l'on declara Don Iean l'infracteur du Pacification, laquelle luy mesme avoit confirmé d'un serment : Et l'on à eleu Mathieu d'Austriche pour Gouverneur general es pays, & le Prince seroit son Lieutenant.

On a receu le Prince pour Gouverneur

Adonc s'assemblerent tout les boute-feux estants les principaux Villes, toutes les Meurtriers, & gens de Violence, lesquels avoient massacré tant de gens aux Provinces unies, & s'en allerent vers Don Iean, pour servir à luy, estant en peine. Il gaigna la bataille pres le Gemblours, & print la Ville de Sichenen, faisant comme au pavavant à l'Espaignole, tuant, decollant, & noyant les povres citoyens, comme s'ilz fussent bestes : mais ayant achevé ceste Tragedie, il se mourut en le camp devant Namur :

Don Iean print Sichenen.

Par ce moyen Dieu nous delivra hors les dents de cest sanglants Tyran, estant un Bastard, aiant elevé sa main pour nous massacrer tretous.

Quand le Don Iean estoit enterré : suivoit Alexander Farnese : le Prince de Parme : C'estoit un renard fin, pour tromper les Estats comme il pensa : il rioit avec sa bouche, mais le cœur estoit plein d'arsenico, mais les Estats appercevoient sa finesse. Il besoigna tant que les Provinces se delierent l'un de l'autre. Ceste acte estoit pleine de miseres, & ceux qui estoient unies, s'entre lierent plus ferme qu' auparavant. Quand le Prince de Parme l'apercevoit le contract faict, a il deman-

Le contract de la paix à Coloigne. demandé de faire un accord de paix à Coloigne: & on commence à traiter. Voila les Estats incontinent trompez, & l'on ne faisoit que les prendre par finesse, car toutes les Articles estoient preparez à tel fin, pour les massacrer, ou delier, & par ce moyen tuer nous mesme par nous propres armes.

Les Estats de les Provinces unies aperçevants que le Roy d'Espaigne ne desiroit autre chose que reduir les subiects soubs une Tyrannie parfaicte, ne voulants reçevoir aulcuns articles de Reconciliation, & que plus est que son ire s'augmenta journellement, combien qu'ilz demanderent Pardon par lettres & intercessions, s'assamblent le 26. de Iuillet, l'an 1581. à la Haye; & ordonnent une Ordonnance en laquelle ilz font sçavoir, que les subiects ne sont pas faicts au necessité du Prince; mais le Prince, pour les subiects (sans lesquels il n'est point Prince) de les gouverner avec la raison & droictement deffendre, l'aimer comme un Pere ses enfans: & s'il faict du contraire, qu'ilz est comme un Tyran, & peut estre delaissé de ses subiects: & plus quand ilz ne peuvent reçevoir aulcune Reconcilation demandee pour la seureté du Corps, biens, femmes & enfans, laquelle debvroit estre asseuree en ces pays, car ilz sont accoustumez d'estre gouvernez selon le sermens du Prince regnants & reçeu, suivant les Privileges, coustumes, & liçences donnees par les ancestres, reçevants leur Princes sur ces conditions, & s'il luy les reiette, il est reietté à bon droicts de la superiorité & gouvernement de la *Les Estats du pays bas, declarant le Roy un Tyran.* Principauté. Par ce moien en disent les Estats en le fin de l'Ordonnance, qu'ilz sont contraincts à declarar que le Roy d'Espaigne a perdu son droict, & principauté sur eux, ensemble les revenuz & l'heritages du pays, amiablement regnà par ses ancestres sans aulcune Tyrannie: & qu'ilz sont d'intention de ne le cognoistre ny honnorer plus en le fait de la Principauté, Iurisdictions ou Domeines, ou aucunesfois user le nom du Roy, comme superieur.

Toutes

Perpetree en le Pays-Bas.

Figure. Nombre 17.

Voicy le faict cruel de Parme debonnaire,
Ce qu'en Maſtricht venant, il commença à faire;
Bien toſt il laiſſa tout, (helas) en peu de temps
Les Bourgeois ſont tuez, comme l'herbe de champs,
Et tout ce qui reſtoit, quoy non puiſſant en nombre,
On porta gueres loing, d'un malheureux encombre
Qu'on perdroit tout ſon bien, pour ſa main eſchapper,
Toutefois on tua, donnant par tout danger.

Q 3

Toutes les Roys & Prinçes, & tout le monde eſtoit emer-
veille, que les Eſtats du pais avoient enduré ſi long temps la
Tyrannie Eſpaignole, & pourquoy ilz ne reietterent pas le
joug ſi peſant. Ilz prevoioyent l'intention de Montigny le
Cheff des malcontents, quand il prennoit la Ville de Meenen
en Flandres, qu'il meneroit la guerre contre ceux de Gand
hors ceſte place.

On decolla à Arras Nicolas Goſſon.
On apercevoit l'entention de Capres, quand il commanda
à decapiter le vray Patroit de ſa patrie Nicolas Goſſon, agé
ſeptante deux ans, à Arras, & les aultres principaux de la Ville
fit pendre: entre les aultres un MORANT Camp, eſtant
en le priſon ſix mois: On ſcait comment le Prince de Parma
avoit traicté tyranniquement avec le Capitain Biel d'Utrecht,
quand il print par force le chaſteau de KERPEN, ayant
reſiſté ſon ennemy comme un bon Souldart. On ſcait
comment il avoit ſurprins par fineſſe la Ville de Maſtricht,
car les citoyens penſoyent depuis qu'on traicte la paix à Co-

Le Prince de Parmæ fiſt un maſſacre à Maſtricht.
loigne, qu'on ne pilleroit point la Ville: mais que faiſoit il?
il batoit la Ville avec beaucoup de coups à canons, & il entra
par force. On n'excuſa perſonne, ny bourgeois, ny Souldart, ny homme, ny femme ny enfans: on les tuoit à la foule, en nombre de deux mille, & cincq cent: on ne ſcait pas
combien qu'il ſe noyerent en la reviere, pour eſchapper la
Tyrannie. On ne ſçauroit eſcrire le miſerable eſtat du ville,
envers ce temps, car il eſtoit trop grand.

Il ne reſterent que trois cent citoyens: quand les bourgeois
eſchapperent leur mains, & s'enfuyrent, ont les Soudarts de-
moli les maiſons vuydes, pour avoir le bois: par ceſte tyrannie la Ville demeura deſolee: ſi long temps que les Liegois,
gens du pays, voiſins de ceſte place, entrerent en la Ville, & demeurerent pour habiter.

Quand ceux d'Artois, & Hainault ſe ſeparerent de la confederation, on apercevoit clairement, qu'il y avoit beaucoup
de

Perpetree en le Pays-Bas. 64

de grand Seigneurs, plus adonnez au Roy d'Espaigne, qu'au Le fils du
les Estats. Entre les principaulx estoit le Compte d'Egmont, d'Egmont
combien son Pere estoit cruellement decapité. par le grand est un traistre..
Tyran, toutesfois il applica de servir le Roy, & amena les Espaignols pour surprende la Ville de Bruxelles mais les vaillants
Bourgeois environnerent les regimens au Marché, & crierent
à haulte voix: qu'en le mesme jour estoient possé dix ans, que
son Pere le Compte d'Egmont estoit decapité par eux, lesques il servoit à ceste heure : & qu'il arracheroit deux ou
trois pierres, qu'il trouveroit encore le sang espandu de son Pere par les Espaignols Tyrans, mais oyant ces paroles en despit, & qu'il ne pouvoit achever le trahison, accorda il avec
les bourgeois, & se retira hors la Ville baissant la teste, jet-
tant les larmes, plein de honte & peur, avec grand deshonneur.

Les Estats de les Provinces unies apercevoient aussi l'in- En la Frise
tention du George de Lalain, qu'il estoit fort adonné au Roy les Estats
d'Espaigne, & trouverent bon de luy oster le chasteau par les les chaste-
bourgeois, & donner quelque ouverture à la costé du Ville, aux.
l'an. 1580. le 1. Februir : Incontinent les Souldarts fidels
ont conduicts les Religieux estants la principale cause de
les seditions, & controverses, hors la porte. Tout le mesme font les Estats avec le chasteau à Harlinge : & le Sieur
SONOY prant le chasteau à Stavere, par ce moyen on
chassa la Tyrannie peu a peu, & l'on amena la liberté ancienne, donnee par les ancestres, au vrays Patriots du pais.

Mais le Roy d'Espaigne apercevant que le Prince d'Orange Le Roy
luy estoit fort contraire à ces affaires, tant aux armes, qu'au cerhce l'as-
conseil, avec dommage grand, & qu'il ne pouvoit devenir sasinateurs
à son but, de tyranniser librement sur ceste nation, pource trier.
a il practisé tous les moyens pour depescher ce bon Prince,
loyal à ces Provinces unies, n'espargant pas aulcun argent,
mais il monstra fort son petit cœur & descourage, & geig-
na

ná une honte perpetuel au jugement de Princes politiques.

Le primer aſſaſinateur eſtoit un Eſpaignol demeurant à Anvers l'an. 1582. appellé Iean Ieragny, lequel per inſtinction de Religieux & Ieſuites, pour gaigner ſon ſalut à une acte ſi Chriſtienne, propoſa, de tuer le Prince d'Orange: & s'il eſchapperoit, qu'on luy donneroit richeſſes grandes. Le principal conſeiller eſtoit le Preſtre Anthoine Timmerman, lequel donnoit l'abſolution, pource qu'il propoſa faire une choſe ſi agreable à Dieu & ceux de la Religion Catholique, abuſant ſans pitie ſon Sacrament, donnant à un tel meurtrier : & il commença ceſte acte le 18. de Mars,

Iean Ierauſgue veult tuer le Prince.

au chaſteau, quand le Prince avoit diſné, allant hors la Sale, vers ſa chambre, ſe tenant tout pres d'huys, deſcharga le piſtole, & la boule entra tout pres l'oreille droicte, & ſortit par la joue ſiniſtre, paſſant le palais de la bouche, ſoubs les dents ſuperieurs, que devant qu'on eſtoupa le ſang, il perdit douze livres de ſang, ainſi devenoit il fort foible, touteſ-fois les Chyrurgyns ſçavants eſtoupperent, & retourna à ſa ſanté. Ceſt Aſſaſinateur bouga guere de ſa place, car on l'avoit parſuadé, qu'il ſeroit inviſible. Il y avoit aulcunes prieres en la langue Eſpaignole, pour invoquer les Anges, le Dieu, en une principale au l'Ange Gabriel, qu'il ſeroit Mediateur pres Ieſu Chriſt & Maria, qu'il pourroit achever ſon aſſaſinat.

Vrayement ces Religieux ſont gens Diaboliques, enchantants les povres & ſimples hommes, de penſer, qu'on doibt prier Dieu & les ſaincts d'eſtre adiuteurs du meurtre, & eſpandement du ſang. Si toſt qu'il avoit achevé ceſte acte, fuſt il tué par les guardes du Prince. Le Confeſſeur, & le jeune homme tenant le livre de Comptes, appellé Anthoine de Venero, ſont taillez en quartiers. Le bruit s'en alloit par les Villes Catholiques que le Prince eſtoit tué, & eſtoient fort jojeux, on joua de comedies, en leſqelles l'Aſſaſinateur fuſt

por-

porté par les Anges au ciel, & le Prince fut deporté aux enfers: & plusieurs autres sottises, se reiouissants d'une joje vaine, monstrants leur vilainie, & cruaulté du cœur.

Mais un peu apres, le 21. Iuilliet, à envojé le Tyran Roy d'Espagne, par son Lieutenant le Prince de Parme, un autre assasinateur, pour faire ouvrage double, tuer le Prince d'Orange, & le Compte de Brabant Duc d'Anjou. Voila leur noms. Nicolas Salcedo, estant un Espagnol. Francisco Baza un Italien, & Nicolas Hugot, mais ilz ne sçavoient achever leur meschanterie, estants, accusez secretement. L'Italien se tua mesme en prison, & on le pendit apres : Salcedo, fut deporté au Paris, ou il fust deschiré en quatre pieçes par les chevaulx.

Quand ces serviteurs du Roy d'Espaigne ont failli en leur meurtre, le Satan a incité le cœur du Roy, pour envojer aultres assasinateurs, & il trouve un Espaignol appellé Pedro Dordoigno, arrivant à Anvers (comme il confessa mesme) pour massacrer le Prince d'Orange, & l'accorda mesme sur cest faict avec le Roy, & l'avoit, parlé touchant ceste acte avec la *Motte*, cest homme avoit pillé aussi la ville d'Anvers : & quand il n'avoit point bien disposé en la chose de si grande importançe, est il prins de peur, & justifié comme un Assasinateur, maudisant son maistre.

Le Roy d'Espaigne trouve aultres meurtriers.

Ceux de Brabant ont senty un grand mal, ayants eleu pour leur Duc, le fis du Roy de France, Duc d'Alençon : car il survint un grand mescontentement en la gubernation. Car le Duc ayant un Gouvernement limité, comme il avoit accepté, selon les Privileges vouloit se faire Maistre par tout, en principalement de la Ville d'Anvers, soubs la pretexte de faire le Monstre, ce que le Prince d'Orange ne conseilla point à luy. Et combien les Bourgeois estoient advertiz de quelque entreprinse sur la Ville, toutesfois ilz penserent guere de ceste mesavonture: car envers l'heure de disner pensa le Duc

R oppri-

Duc d'A- opprimer la ville, & les Bourgeois aperçevants son intention,
lençon fit comme vaillants es armes, ceux qui estoient dedans la ville
sa surprin- ont il repoussez d'une courage grande, & tuérent beaucoup
se à Anvers d'eux, en sorte que demeurerent plusieurs sur la place, & au
milieu de la porte, estoupants l'entrée spatieuse. Le Duc
trouvant par tout faulte de vivres, s'en alla en France,
où il peu de temps apres mourut, l'an 1583. le 31. de
May.

Envers cest temps avoit le Roy d'Espaigne incité un jeune
homme natif de ces païs, appellé Corneille de Hooghe, qu'il
se présenta d'estre un bastard de Charles cinequieme: C'estoit
une belle invention, pour mettre le pays en disordre, faire
quelque dissention entre les principaux, perturber le populaire, & il l'avoit desia fait la preuve: mais en fin on a enquesté
sur ses affaires, & il est condamné par le Court d'Hollande
Le Traistre estre decapité, comme il est avenu, & les quartiers sont de-
Corneille visez, & penduz hors les portes. En ceste maniere on estou-
de Hoge, pa le feu, & le Roy failla en son but, pensant faire quelque
fut decapi- profit par cest homme, fort habil en telle chose, comme il
té. monstra par effect.

Un peu apres travailla encores le Diable en le cœur du
Roy d'Espaigne, pour commencer quelque meurtre nouvelle, envers la personne du Prince d'Orange, procurant cela
par l'Ambassadeur estant de sa part en France, trouvant pour
tel effect un Marchand riche, demeurant à Flissinge, appellé
Hans Janssoon, ayant une cave, tout pres le logement du Prince, & pensa mettre le feu dedans le pouldre de Canon gisant
Aussi un en ceste cave: & il feroit saillir toutes les voisines maisons,
homme avec le Prince, aiant conceu cela, & il accusé, & confessa tout,
Marchand apres est il justifié, comme il appartient aux meurtriers.
Hans Tyc.

Passé un peu de temps, commença le Marquis de Robaix
un autre dessein, procedant d'un cœur meschant, & cruel, parlant avec un Capitain François, appellé le Goth, estant prisonnier

Perpetree en le Pays-Bas

Figure, Nombre 18.

Quoy doncques est il mort, ce Mars, foudre de guerre,
Qui promettoit bien tost a l'oppressee terre
La Reduir par son bras, au liberté, veingeur,
Hercule Batavois, sage & vaillant Seigneur,
Malheureux assasin qu'elle mauldite eschole
T'a monstré d'attenter, avec ta main si fole
Sur nostre Prince bon, un si meschant forfait,
Le ciel & les enfers vangeront ce mesfait.

Le Miroir de la Tyrannie Espaignole.

sonnier sur le fort appellé *Ter Neuse*, & promettant la liberté s'il voulut suivre son conseil en un faict d'importance, c'estoit, tuer le Prince d'Orange. Ce qu'il prometta à faire, *Marquiz de Riobaux* disant qu'il sçavoit le moyen de l'achever cest faict sans soupçon, en un potage lequel le Prince mangea volontiers: mais *envoie de meurtriers.* le Souldart fidel si tost qu'il estoit delivré, s'en va tout droict vers le Prince, & raconta tout, recevant un bon salaire de fidelité: & le Prince de Parma receut deshonneur, donnant conseil à ces meurtreries & l'assassinateurs.

En fin le Roy Philippe le troisiesme ne sçavoit que faire, trouvant pas le moyen de despecher le Prince, si non que par un Bourguignon, Balthasar Geraerts. L'Assassinateur estoit persuadé à un tel faict, par les Jesuites, & un frere-mineur à Tournay: faisants cognoistre qu'ilz sont bons instruments pour faire tuer les hommes, qui vivent au d'espit du Roy d'Espaigne.

Si les directeurs de la guere au pays bas, eussent esté de telle intention à faire massacrer ou tuer meschamment leur ennemiz, ilz eussent facilement trouvé quelque Walon, ou Espaignol, ou quelque autre fils du Diable, qui l'eussen tué pour une bonne somme d'argent, le Roy d'Espaigne, ou le Duc d'Albe, ou le Prince de Parme, mais ilz n'ont jamais voulu perpetrer tel cas meschant: ilz aiment plustost faire la guerre & batailler main a main: pourtant ilz ont aussi triumphé tousiours sur leur ennemy: & les meurtres ont rien profité à eux.

Ce meschant meurtrier a rempl'y un de ses pistoles, avec trois bolets, quand le Prince sortit la Sale, a il descharge, & il blessa le Noble Prince, & le tua:

Estant en prison confessa cest meurtrier qu'il estoit contrainct à cest faict par le bannissement du Roy d'Espaigne, sur la Personne du Prince d'Orange: Le Senat de la Ville de Delfi, iugea, qu'on mutileroit sa main, le cœur on tireroit

hors

Perpetree au Pays-Bas.

hors la peictrine, & apres le corps seroit tranché en pieces: comme il advient apres le 14. Iuin. l'An. 1584.

Par cest faict cruel, & tyrannicq estoient fort troublez les vrays Zelateurs du patrie, & jetterent larmes en abondance devant Dieu, qu'il auroit pitie d'eux, & de pays desolé, & le peuple privé de son bon Pere, ayant hazardé & perdu tout son bien, & sa vie, pour l'amour, d'eux, & luy plairoit de rendre à eux, un bon defenseur, belliceux & vaillant. Et vraiement Dieu a exaucé les prieres, car il a rendu à nous le fils du Prince defunct, appellé Maurice de Nassau, Prince d'Orange: pour venger la mort de son Pere: comme il à faict vaillement jusques les jour d'huy, & il fera encore, quand il sera besoing, & guardera que l'ennemi n'opprime point les vrays Chrestiens, fiants seulement à luy, & point à aultres. Dieu le face la grace de vivre longuement pour salut du bien publicq, & son Eglise.

Et le meurtrier executé.

Ce Prince estant arrivé au Gouvernement, est par le consent des Estats eleu l'Ammiral du mer: & jusques à ceste heure a il fidelement, & avec une courage deffendu, tant par mer, que terre ces pays unies, comme son Pere avoit commencé, ayant avancé jusques au trefve noz affaires, monstrant qu'il a foulé soubs pieds la superbité Espaignolle, comme chose de petite importance, quand un Prince sage se met a l'encontre delle: & qui ne font que vanter de choses grandes, estant faulte de les achever, car il y a desia passé tant ans, & il trouveront encore de besoigne si recommencent la guerre.

Le Prince de Parme estoit un homme vaillant aux armes, mais il n'a pas faict durant ces guerres comme nostre Prince: il avoit une belle maniere du court de simuler, couvrant ainsi sa finesse, mais si eust parvenu à son but, il eust obtempere a les ancestres les Papes du Rome, commendents, de tenir pas la foy, aux hereticques.

Le deshonneur de Parme.

R 3   Par

Le Miror de la Tyranne Espaignole

Par ces continuelles despeches de meurtriers, il a obtenu telle renommee entre les Princes honestes, qu'il ne pas compté entre eux, & on ne le comptera jamais, car les assassinateurs sont par tout haiz.

Il a monstré sa facilité & benignité l'an 1579. quand il avoit prins la ville de Mastricht, quand il permetta que ses Soldarts traiterent si cruellement & inhonestement avec les citoyens, femmes & filles, sans avoir regard du sexe feminin, & pas incontinent à l'entree, mais quand ilz avoyent esté loing temps dedans la Ville.

En telle maniere il y a des autres Gouverneurs, qui ont miserablement hanté avec les gens.

Vn Espaignol faict sacrilege.

On trouve encores de lettres à Brabant, par lesquelles le Conseiller SESTICH faict sa plainte, escrivant au Prince de Parma, touchant les affaires, de Don RODRIGO de Castro, qu'il avoit tant taxé le pays d'Over mase, qu'il ne resterent pas aux Prestres les Ornaments pour faire la Messe, qu'il avoit osté les cloches, & orgues: que ceux de Magistrat & de la Noblesse donnerent requestes pour departir hors le pays, & qu'ilz voudront laisser leur biens, & s'en aller librement, pour estre delivrez de ceste extorsions: mais cest Tyran ne vouloit permetre, & ces bonnes gens estoient contraincts d'endurer la superbité & vexation de ces meschants, si long temps que Dieu les retira hors le pays, en son corroux.

Parme fit tuer les Soldats.

Ce n'estoit pas un faict d'un vaillant Capitaine de guerre, quand il gaigna la Ville de Nuys, qu'ayant gaigné par force la place, incontinent fit il tuer non seulement les Bourgeois comme on faict coustumierent, mais aussi les Souldarts, ayants tenu si fidelement la Ville pour leur Prince: il fit prendre le Ministre d'Eglise: & tuer le Gouverneur Kloet aiant loialement deffendu la place pour son maistre estant blessé, couchant au lict, avec deux autres Capitains, mais il profita rien

rien par ceste maniere du faire cruellement.

La cause de ceste cruauté estoit le Pape Sixte le cinequiesme, quand il luy envoia en la Forteresse nommee Vredendael le 1. d'Aoust l'an. 1586. un espee, estant benedit de luy mesme, pour tuer les Heretiques, & il reçeut à telle besoigne, & il travailla à telle affaires jusques au bout de sa vie, sans belle recompense, s'adonant tonsiours de nous priver de noz Privileges, & bonne Prince.

Il a monstré son cœur desloial, quand il traicta l'an 1588. non seulement, avec nous, mais aussi avec le plus vertueuse Princesse, la Royne ELIZABETH, en Angleterre: souhaittant par finesse de subiger tout les pays, & les subiects, soubs la tyrannie du Roy d'Espaigne, & ses Gentil hommes, commencent ceste affaire par une paix faulse combien la Royne mesme & le Roy de Denemarck la souhaitassent d'une bonne intention: mais les Estats de Provinces unies cognurent la faulseté de ces meschants traistres, ne voulants consentir, ny parler un mot, mais ilz estoient prests avec leur navires devant Duynkerke, pour empescher sortie du Prince de Parme avec ses petits bateaux. Pourquoy les Estats ne voulurent traicter avec les ennemiz desloiaulx ont ilz faict sçavoir à tout le monde, par un escrit imprimé, & on le trouve par tout.

La vertueuse Royne, voulant monstrer d'estre adonnee totalement au paix, envoie ses Ambassadeurs vers Ostende, pour hanter touschant ceste affaire à Bourburgh en Flandres, avec les Ambassadeurs d'Espaigne: mais quand on estoit empesché à traicter la paix, monstra le Roy son intention par la Flote, estant une armee invincible: & la Royne apercevoit sagement, que les Estats de les Provinces unies, avoient bonne cognoissance de la finesse & tromperie de cest Regnard Espaignol, car ilz estoient maintefois trompez par luy, & ilz sçavoient qu'on appresta la Flote.

Adonc

Adonc aperceurent les Ambassadeurs Anglois, qu'on ne cherçoit que gaigner le temps, & en haste opprimer le Royaume d'Angleterre, que la Royne penseroit de rien: quand le vent estoit Zuyd-west, le simulateur Italien le Prince de Parma, disoit rondement. C'est vent apportera la paix. Les aveugles voyerent facilement un peu apres, la forme du paix, quand la flotte Espaignole, estoit arrivée entre Calais, & Dovre.

On sçait quelle grande appreste y estoit. On sçait qu'ilz estoient d'intention en un coup subiger le Royaume d'Angleterre & le pays bas: & que plus est, ces meurtriers sanglants avoyent desia divisez les places, Domeines, jurisdictions, Provinces, de l'Angleterre & pays bas, entre eux, pour posseder apres la Victoire. Ilz avoyent tonneaux pleines de biens, crocqs, crochettes, Havets, pour pendre les gens, & les estrangler, en toutes sortes de tourments, quand ilz devenoyent maistres par tout: pensants tousiours à leur cruauté: mais ilz faisoient sottement, vendents le peau devant qu'ilz eussent prins la beste sauvage.

Dieu disgrega la Flote des Espagnols.

Si le Dieu desbonnaire (à luy apartient & nous debvons l'honneur entier) n'eust pas destruit ceste armee grande & puissante, ilz eussent faict beaucoup de peine pour gaigner le plus beau Royaume du monde, & le Provinçes unies. On trouvoit encore de vaillants Soldarts, & matelots s'opposants à l'armee, & ceux d'Angleterre gaignerent encore d'aulcunes d'eux, & trouverent un bon butin. Ceux d'Hollande & Zelande se tenoient devant Duynkerke, & les grands bateaux, s'en allerent à l'encontre de l'armee, & prindrent une navire grande, avec son Capitain. On estoit prest par tout au pays bas à lever les marques du mer: quand ilz eussent approchez au canals, ilz eussent tout troublé, & sans marques marines. Mais à Dieu soit l'honneur, il a bataille pour nous, & fit noier quasi tretous nos ennemis, estants

les

les plus cruels Espaignols de leur terre, comme tout le monde sçait.

Ceux qui eschapperent ont eu leur recompense arrivants derriere les costez d'Yrlant: & mesme le Prince de Parme, pour toutes ses meurtres, trahisons, practiques, il ne receut du Roy, qu'une disgrace: disant, qu'il n'avoit pas fait son debvoir à Duynkercke, en le sortie de petits bateaux, combien qu'il n'estoit pas possible, pource que les bateaux de guerre, d'Hollande & Zelande se tenoient en grand nombre la devant: & en recompense il a receu les figues d'Espaigne, lesquelles il ne pouvoit digerer en son estomach, & mourut miserablement.

Parma recevoit une mauvaise recompense.

Le Roy d'Espaigne ayant si grande perte d'une armee si vaillante, & somptueuse, estoit totalement en peine, principalement voiant que le jeune-homme de guerre le Prince Maurice, s'acquita fort gaillardement en ces affaires, & tua beaucoup des Espaignols en recompense de le massacre commi envers son Pere: & qu'il occupa parfois quelque Ville, qu'il fit faire l'an 1590: le fort grand nommé Knodsenburg, qu'il gaigna la Ville de Nimmegen, qu'il prennoit par finesse la Ville de Breda: que le grand fort devant Zutphen se transporta aux Estats, qu'il gaigna la Ville de Deventer, la place dicte Delfzyl, la Ville belle de Hulst, en pays de Waes, & delivra la Ville de Steenwyck de la Tyrannie Espaignole: & ceux de Koevoerden & Geertrudenberge se rendirent à luy: adonc estoit il besoing que le Roy envoiast un autre gouverneur, apres la mort du Prince de Parme, & il envoia le plus noble Prince ERNEST. Si tost que il estoit arrivé le populaire jugea incontinent de son dessein, & il estoit tel homme en ces affaires comme en parloit, sçachant les practiques du Roy à nous decevoir par finesse: & l'on disoit de luy ces petits vers.

S   Voicy

Le Miroir de la Tyrannie Espaignole

Voicy le Prince d'Erneste
Plus pire que la peste,
Venant cherçer la reste,
Trouvant sur sa requeste
Rien profitable au Roy,
Il n'aura rien pour soy.

Cest versificateur a dit la verité, car il n'a rien faît, ou trouvé au profit de son Roy, & apres il a monstré qu'il avoit un cœur comme les aultres gouverneurs devant luy, pour tuer le Fils du Prince d'Orange, Maurice, car il estoit trop victorieux en la guerre contre le Roy d'Espaigne, pource il estoit besoing le despecher, comme on avoit faict à son Pere Guillam.

Le primier instrument loué à ceste meschanceté estoit un homme nommé Michel Renichum, natif de Namur, venant pour Hollande vestu comme un Soldart, & non pas seulement luy, (comme il confesoit mesme librement) mais avec luy encore d'aultres, estants d'intention de tuer, le fils aisné du Prince d'Orange, appellé Henry Frederic: & luy estoit accordé avec Barlaymont, & envojé par son addres, & le commandement d'Erneste, de tuer son Excell. Prince Maurice: Le Sieur Oldebarnevelt, Leonin, le Chancelier de Gelre, & le Sieur de St. Aldegonde, & qu'il avoit desia reçeu deux cent daelder, & qu'il trouveroit prest vingt & cincq mille escuz, quãd il acheveroit le faict: estant en le prison, il monstroit grand deuil d'avoir commencé un fait si estrange, qu'il estoit trompé par les plus fins du monde, pour hazarder sa vie, ayant prins d'argent pour tuer les hommes. Devant qu'il mourut il abjura le Pape du Rome, avec toutes ces Idolatries, & ceremonies, & print devant sa mort, au confort de son ame, la religion reformee. On a faict justice de son faict à la Haje, l'an 1594.

Quand

Quand cest povre Michel avoit failli en sa besoigne, le Prince Ernest n'estoit pas contenté (vrajement un grand deshonneur à ceux de la maison d'Austriche, depuis qu'on n'a jamais trouvé de meurtres en telle famille honorable.) Il va cercher un aultre assasinateur, appellé Pierre du Four, natif de Brabant: on a persuadé à luy de tuer Son Excellence : mais si tost qu'il arrivast à Berges zur le Zoom, a on enquesté (comma on examine les estrangiers sur les frontieres) de ses affaires: pourquoy il s'en alloit en Hollande ? par quel chemin il estoit venu? & de sa compagnie estant pres luy, un lieu de la ville?

Il confessa plus par peur, que par contrainête, qu'il estoit chargé de pistoles, qu'il estoit persuadé par le Secretaire, & aultres conseillers d'Erneste, de les servir en cest fait, à sçavoir, de tuer son Excellence, estant alors en la Haye. Et ayant accordé, avoit il mesmes parlé de ceste acte, avec l'Archiduc mesmes.

Ayant confessé librement cest messfaict, est il condamné à mort pour avoir conçeu l'assasinat contre un Prince libre, & il est puni comme apartient à un meurtrier, reçevant le pajement, ayant accusé ses maistres. *Pierre du Four fust condamné à mort.*

Vrajement c'estoit un faict de mespriser en un tel Archiducq, ayant un advis, qu'il feroit choses dignes d'un cœur noble.

Certes c'estoit un cœur ignoble d'un Archiducq, practisant de cercher gens sans entendement, & les persuader de massacrer les Princes, lequels il ne pouvoit surpasser en guerre & fit cela en faveur du Roy d'Espaigne, qui jamais donne bonnes recompenses à ses machinateurs de meschancetez.

l'Archiducq ne pouvant parvenir a son but, faisoit parler aux Estats de la paix, par Otto Hartius & Comans: vrayement une acte fort simple, & sans regard: on avoit un peu devant executé par justice l'assasinateurs envoiez par luy, & *Erneste presenta la Paix, aux Estats.*

aprés

apres parler de la paix, c'eſtoit ſottiſe: mais les Eſtats Generaulx cognurent qu'il eſtoit fort Eſpaignoliſé, & pourtant ilz rejetterent ſa demande.

Il mourut à Bruxelles. En telle ſorte aggravé d'une conſcience merveilleuſement aggravée, departit il de ce monde le 20. d'October l'an 1595.

l'Archiduc Albert eſtant Cardinal fit gouverneur. Incontinent un renvoia un aultre: à ſcavoir ſon frere Albert, eſtant Cardinal en Eſpaigne. Quand il eſtoit deſigné pour Gouverneur, ceux de Brabant & Flandres, & Provinces ſubjougez eſtoient fort joieux, qu'on envoiaſt à eux un Gouverneur n'eſtant pas du ſang d'Eſpaigne, comme auparavant, car ilz eſtoient contraincts de faire tout ſelon l'advis du Roy, mais ceſt homme icy ſeroit un Prince d'Allemagne, penſants qu'il ſeroit d'un autre cœur, & maniere de vivre.

Les autres regardants un peu pres, prindrent garde à ſes habillements, & ſon chapeau, eſtants d'un meſme coleur rouge: jugeant que ſon cœur deſireroit pareillement le ſang de ceux de pays bas.

Et à bon droict ces gens n'ont pas totalement failli, car es Provinces ſubjougez, demeurojent chargez avec la ſervitude grande, comme auparavant, & les Gouverneurs ont eſté touſiours eſtrangers, Eſpaignols. Le Conſeil conſiſta par Eſpaignols, & on donna les Offices, aux eſtrangers. On ſe mocqua de les ſubjects, & Nobles, comme auparavant: en ceſte ſorte demeuroient encore les Privileges violez, & le droict rejetté.

Toutesfois les Eſpaignols tiennent leur demeure dedans les chaſteaux, & forterſſes, comme ſi les inhabitans eſtoient leur Eſclaves: & ſi alavonture quelques un contredict à eux: ilz diſent incontinent. Voila un traiſtre du Roy, voila un Luthrien, voila un Villaco, c'eſt a dire: un meſchant. Et ilz ſont ſi inſolents quand il vient à point pillent ilz les plus belles,

belles villes, pour avoir leur pajement, quand le Roy n'a point dequoy.

Ceux d'Anvers n'ont pas encore oublié, que le magistrat a esté contrainct de prier mercy à ces meschants & coquins, pour appaiser leur insolence: & l'ont procuré de putaines ou concubines, aultrement ilz eussent pillé la Ville. Ie suis asseuré que ces gens d'honneur n'ont pas faict telle procuratiō avec bonne courage, car ilz ont faict par contrainte.

Le Cardinal combien qu'il en son arrivement estoit fort heureux, toutefois il n'espargna nullement ses souldarts, mais les chassa comme de chiens, par ceste affaire il consuma plus hommes en une siege, que Son Excellence en un Esté: pourquoy il estoit estimé cruel, entre ces gens mesmes.

Toutesfois a il aperçeu que Son Exellence, le Prince Maurice, compte de Nassau, luy empescha fort son honneur: & il trouva un moyen par le conseil du Diable à empescher le bon succes de victoires, par l'ayde & hardiesse d'un homme, appellé Pierre Panne, ayant voulu tuer le Prince Maurice: pour parfaire cest effect est il arrivé en ces Provinces, & s'en alla à Leyde, ou il confessa d'avoir conçeu ceste acte meschante, & que les Iesuistes l'avoient persuadé. *Pierre Panne veult tuer le Prince.*

Ce Meurtrier confessant librement son delict, est mis à mort, & executé le. 22. Iuillier, l'an. 1598.

Vrayement c'est une chose deplorable, que la troupe tonduc, laquelle au regard du monde, veut estre la plus saincte, tousiours ne fait que practiquer à meurtrier aultres hommes? Cōbien il y a il de Princes & Roys massacrez par eux? Il semble à eux, comme un jeu, de tuer, brusler & estrangler, principalement ceux qui sont contraires à leur religion, sont desia par eux condamnez, comme il est aperçeu en mille & mille hommes, car massacrer estrangler, brusler & fouir en terre, (comme ilz ont faict au Annette vanden Hove à Bruxelles) sont leur armes, avec lesquelles ilz disputent, car de la parolle *Le plaisir de les Religieux.*

S 3

Le Miror de la Tyrannie Espaignole

de Dieu, ilz ne font compte. Chafcun ne croyant, comme la Mere la fainĉte Eglife, c'eft à dire, leur faulfe religion, & idolatries, eſt condamné au feu, ou glaive, fans aulcune grace.

De la terrible Tyrannie, & meurtre commife par l'Archiducq Albert eſtant inſtigé par les Iefuiſtes, en une fille, laquelle par fon commandement eſt foſſoié toute vivante au terre, pour le fait de la Religion à Bruxelles: En prefence de mille hommes.

Annette van d'Hove: fut condamnee à mort.

L'Archiduc Albert a monſtré au commencement de fon Gouvernement, qu'il eſtoit fort adonné au l'Inquiſition, & deſira fort qu'elle fut exercee en fon pays: il a faiĉt une petite monſtre de fon intention, eſtant priſonniere une fille, confeſſant la Religion Reformee à Bruxelles.

Quand elle fut examinee, trouverent les Iefuiſtes qu'elle demeura toute ferme en la Religion Reformee, & qu'elle ne vouloit changer l'opinion ny par promeſſes, ny par contrainĉte, ny menaces: pource les Iefuiſtes, ont trouvé bon, que par le confent du l'Archiducq elle fut foſſoié, toute vivante en la terre: & il eſt faiĉt à Bruxelles.

Ceſte fille combien elle eſtoit fort fimple en chofes mondaines, toutesfois elle fcavoit raifonnablement parler de fa foy, & la retinir quand on vouloit la perfuader à un autre. Elle difoit: eſt il befoing de croire aultres chofes, que les douze articles du foy Chriſtienne, & la Priere de Iefu Chriſt: elle n'en trouvoit rien en le Teſtament, touchant le Pape du Rome, ny de la Meſſe, ny de Purgatoire, ny de l'invocation de fainĉts, ny de les lettres du Pape, ny de fes Pardons: & pource elle eſtima de n'avoir point merité la mort: mais elle pria de n'eſtre point enterree vivãte, cõbien qu'elle eſtoit tombee en une autre Religion, tout contraire à leur foy: &
elle

Perpetrees en le Pays-Bas.

Anneken utten Hove

Figure. Nombre 19.

O Quel mesfaict je vey, ô faict puant de crime,
Crime faisant horreur, au l'infernal abyme
D'ensevelir vivants, d'ou vient un tel fureur,
Les Femmes aggraver d'un si meschant mal-heur.
C'estoit le bon Albert d'un race favorable
Ne desira que paix, au peuple favorable,
Mais voila bonne paix, si tu sois socieux
De ton salut Flamen, gardé bien tes lieux.

Le Miroir de la Tyrannie Espaignolle

elle profita rien, en priant: elle eſtoit pleine de hereſies & digne d'eſtre foſſoié, car elle ne vouloit pas reçevoir la Religion Catholique, combien que ſa Tante, & les Ieſuiſtes donnerent grande peine.

Ceſt Prince deſbonnaire (comme on diſoit) natif du ſang d'Allemagne, aperçevant qu'il ne pouvoit rien effectuer par forçe, fineſſe, ou meurtres, & tous les aſſaſinateurs, faiſants toutesfois leur debvoir, ne troverent jamais bonne commodité d'achever leur meſchants concepts, car Dieu l'empeſcha, a il trouvé quelqu'autre moyen, en s'en alla de Bruxelles à Pragh, conſultant avec l'Empereur d'offrir aux Eſtats une paix faulſe, garnie de parolles belles, mais eſtants tant de fois trompez, ne reçeurent pas les conditions propoſees, & que plus eſt ilz conclurent enſemble, que jamais ilz ne parleroient avec l'ennemy touchant ceſte affaire, à fin que ne fuſſent trompez quelque jour, par le doulçeur des paroles: car ſi long temps que l'oyſeau ne prend garde de les chanſonnettes du l'oyſeleur il y a nul dangier, mais quand il commence à eſcouter, voila le bien toſt prins.

Cependant ſon Excellençe s'en va de de delivrer les Villes eſtants encore, ſoubs la Tyrannie Eſpaignole, comme la Ville de Berck, Oldenzeel, Brefort, & Linghe, & pluſieurs aultres, ayant gaigné les places, ilz fit ſortir l'ennemy, ſans aulcun empeſchement: mais un peu apres l'ennemy fit une levee de beaucoup gens d'armes, pour empeſcher les Victoires de Son Excellence. De ceſt Camp eſtoit le primier, *l'Admirant tient un grãd camp.* & Capitain Franciſco de Mendoza, l'Admirant d'Arragon: voila je commençeray à raconter tout ce qu'il a faict avec une armee ſi grande.

Vrayement il eſt une choſe pitoyable de lire & ſçavoir les horribles eſpandements du Sang, & actions cruelles perpetrees par les Souldarts Eſpaignols, en le pays bas, aucunefois avec la permiſſion de leur Capitaines, aucunefois auſſi maugre d'eux. A dire

A dire la verité ces gens circonvoisines ont bien enduré du mal pour l'amour de nous, ayants tousiours les grandes armees passantes par leur quartiers, & principalement en hyver les demeures du camp de l'ennemy, & pillements de Villes & bourgades, estants toutefois soubs la protection du l'Empereur.

Et combien on sçait assez seurement la cruaute des Espaignols, estants maistres, en quelle maniere ilz hantent en le monde, si sont amy, ou ennemis, toutesfois j'ay voulu conioindre icy, leur affaires commises es pays Impartial, estant pas subiects à eux, mais alliéz.

Quand le Roy d'Espaigne avoit fait la paix avec le Roy de France, tout le monde pensa, que l'Espaignol avoit changé sa nature, & qu'il estoit totalement adonné au paix, pour faire le fin de ces guerres sanglantes, & reduir tout le monde en repos: vrayement il eust esté une chose souhaitable avec pays unies, & troublez par un ennemiz furieux, & pour toute Allemaigne. Au commencement donnoit il bonne esperance, qu'il envoiast au pays bas les Gouverneurs estants du sang d'Allemaigne: & l'esperance estoit grande pource que le Roy defunct cela avoit promi. Mais lisant cest Historic., on verra qu'il y a beaucoup de gens d'honneur trompez en leur opinion, car ilz penserent que l'Espaignol n'avoit pas aucun droit de l'incorporer les places soubs la protection du l'Empereur, car elles estoyent impartiales, tousiours libres sans favoriser ny l'un ny l'autre: & vraiement les Princes gardoyent curiosement la neutralité, toutesfois sont ilz opprimez à l'emproveu, contre tout ¶ droict & justice, d'une armee tyrannicque & cruelle, avec les plus farouches hommes du monde, ayants ruiné & gasté les Villes, chasteaux, cloistres, jurisdictions, bourgades, & retraites de Gentil-hommes, par force, & menaces, tout occupants, apres bruslants, & amenants tout: & que plus

Le païs Impartial est incorporé & rayné.

T　　cst

est les paisans & Seigneurs de places esté contraincts de laisser leur maisons, & tout leur biens, & meubles, à fin que l'Espaignol fussét logé, & se mettoyent a la fuyte au millieu d'hyver, avec les femmes & enfans, pour sauver leur vie, a fin que ne fussent deschirez par les Harpyes. Ceux qui demeuroyent pres d'eux, ayants la patience d'endures tout, sont reiettez d'eux par force, hors de leur habitations, & apres miserablement tuez.

Cruauté extreme commise es pays libres.

Ilz menaçerent les Villes Evangelicques estants soubs la conduits du l'Empereur. Les Villes impartiales ont envoiez leur Ambassadeurs, mais ilz ont mocqué d'eux, & renvoiez avec un cour troublé, n'ayants point leur contentement.

Et pour dire en un mot, ilz sont par l'armee du Roy d'Espaigne, par les meurtres, tueries depopulations, pillements, violations, si extrement tyrannisez, que la plus cruelle Nation estante en cest monde ne pourroit faire plus pire : on ne peut raconter par escrit tout ce qu'est avenu la. Et pour juger clairement de toutes ces affaires, de raconteray en peu de paroles aucunes, a fin que tout le monde sache ce qu'il est commi la : & que ceux qui sont encore leur amis, comme les Papistes & aultres Libertins pourroient avoir peur d'eux, veu que ces Tyrans ne cerchent pas planter la Religion, mais totalement eux exstirper ceux qui ont quelque foy que ce soit, & se faire maistre par tout.

L'Admirant print le pais des Iuliers & Cleve.

Albert estoit allé en Italie, mais il avoit escrit un peu devant fort familierement aux Princes d'Alemaigne, principalement au Duc de Iuliers, mais quand l'hyver approcha, l'Admirant d'Arragon, appelle François de Mendoza, estant Maistre du Camp, accompagné de toute mille Soldarts, à pied, & cheval, pensa par le pais de Iuliers & Cleve, & incontinent chassé la navire de guerre, estant la pour guarde les pays neutrales, & print contre sa promesse la place ditte Orsoy,

Orsoy, avec le Chasteau, & les Soldats du Duc de Iuliers, estoient contraincts de s'en aller. Apres il s'en va prendre la place dicte Alphen, combien il avoit promi à la Dame Comtesse de Paltz vefve, par lettres, de ne faire aulcune outrage, ou dommage à ses places, & ditions.

A l'instant on amena ces gens à l'autre costé du Rhin, & bastit à Walsom tout droict contre Orsoy un grand fort, & fournit la place avec un grande nombre de Soldarts.

En ceste place y avoit guere à manger, pour ces loups gourmants, il estoit besoing aller plus avant, pource ilz s'en allerent vers le pais de Berghe, & le chasteau de Brouck, ou le noble gentil-homme Seigneur Ulryck de Daun, Compte de Valkensteyn, & Oversteyn se tenoit, estant soubs la protection du Duché de Berghe: Quand cest vaillant homme n'ouvrit pas son Chasteau, tout à la venue du l'Admirant, a il assiege la place, & bastit de coup de Canons, combien que le Compte estoit content de rendre le Chasteau, avec bonnes conditions, & promesses, devant qu'il approcha, mais qu'on ne feroit aucun mal à luy, ny à ses biens: aussi avoit il demandé la Sauvegarde de l'Admirant, pource qu'il estoit un Gentilhomme neutral, subject à personne si non qu'a son Duché. Toutefois si tost qu'il avoit prins la Chasteau, a il tué tous les Souldarts, rejettans toute la foy & promesse donnee auparavant. En fin le Compte mesme, quand il avoit esté long temps en prison, fut miserablement massacré par eux: son chasteau fut pillé, comme on lira cy apres.

Il va au Chasteau de Brouck.

Quand le Compte avoit entendu, que les Espaignols estoyent d'adviz de prendre son chasteau par force, incontinent fit il departir sa femme & enfans, & lendemain il pensoit oster tous ses meubles, mais l'approche de ses Souldarts l'empescha car le mesme jour ont ilz environné, & assiegé le chasteau, & l'ont mi aulcunes pieces devant la place, comme s'elle estoit ennemie, & faisoient grande force.

T 2 En

En fin quand n'estoit pas assez fort pour resister ces forces, a il donné aux Espaignols, à ceste condition, que le Compte & ses Soldarts s'en yroient librement, en seront accompagnez jusques au place seure.

On tue les Souldarts. Si tost que le Compte pensa de se retirer, est il prins & les quarante Souldarts estants pres de luy, sont amenez sur le champ labouré, ou ilz estoient contraincts tretous de laisser leur armes, & se desvestir à fin que les habillements ne soyent rompues en massacrant eux. Les Soldart font le commandement & incontinent sont il tuez, except un ou deux: A l'instant vouloit l'Admirant qu'on tua le Compte, mais un Capitaine le sauva, ayāt peut estre aultre ordre pour c'est temps.

Cependant on guarda estroictement le Compte en son Chasteau par la guarde, & personne parloit à luy, que son Oncle, le Sieur de Hardenberch, & son lacquay. Mais le dixiesme jour vient le Capitaine pres luy au Chasteau, & permetta au Compte de s'en aller s'il vouloit:

Il respondit à cela, qu'il desiroit de s'en aller, mais accompagné par le Capitaine, pour se retirer librement, & il fut accompagné par luy.

En pourmenant çà & là, voyoit il en passant le sang espandu par le chemin, & champs de ses Souldarts & il se contrista fort.

Venant pres le moulin d'eau, estant tout pres de la Reviere, le Roer, donnoit il charge de tirer les nasses.

On tue le Compte. Estants occupez en cest ouvrage, quelqu'un bastit le Compte d'un coup qu'il tomba au terre, & qu'il ne parla une parole, si non: *O mon Dieu*, & il mourut incontinent, & le laisserent la deux jours.

Ainsi se mourut le plus Noble Seigneur, lequel n'estoit pas seulement honoré de ses inhabitants, ou subiects, mais il estoit estimé de tous ceux qui vivent sur le Rhin, & principalement de ceux de pays bas: car on ne faisoit que parler de

fii

Perpetree en le Pays-Bas.

G. Vanden Broeck.   Heyrtocht inʼt Lant te Cleef.

Figure. Nombre 20.

IE chante point l'orgeul du Geant Briaree,
Ny du fier Rhodomont la fureur enivree,
Mais par les Espagnols l'amenee cohorte
En le pays de Cleef, & trop grand' & trop forte,
Pensants incontinent un heureuse victoire,
Et par leur cruaulte un immortelle gloire,
Mais Prince bien vaillant d'Orange se mocquoit
De nombre de ces gens, & tous les empeschoit.

T 3

Le Miroir de la Tyrannie Espaignole

sa dexterité, & probité.

Passé deux jours ont ilz jetté le corps defunct en une maisonnete, tout pres la place ou il estoit tué, & mirent le feu la dedans, ainsi le feu consuma tout, & on n'en trouve rien de luy.

Voicy le miroir en lequel tous les Princes d'Allemaigne se mireront facilement, quelle fin ilz aurront, quand l'Espaignol aura tout gaigné. Pourtant il feront cauteleusement si à bon heure le font ce que les Estats de les Provinces unies ont faict, cest, reietter le joug insupportable de son dos, devant que les Espaignols de viennent maistres par tout.

La Ville de Santen pillee.

Passé quelque jours devant qu'ilz perpetrerent cest mesfaict, ont ilz prins la Ville de Santen, apertenant au Duc de Cleve, & l'ont tué quasi tous les hommes & femmes, apres ilz pillerent tout sans empeschement.

Ayants acheve ceste belle besoigne n'estoient ilz pas contents de cest butin, mais ilz s'en vont plus oultre, & prindrent les Villes, Reez, Holst, Dinslaken, en Durich, avec les menaces de le vouloir tuer leur tout la mais les citoyens les contenterent, donnants toutes leur meubles.

Ilz demolirent toutes les Forteresses du pays, tuants & chassants les guardes estant la, & à bon droict, car le Seignor ne consentira jamais que les aultres Souldarts soyent, on luy est; estant maistre par tout.

La Ville de Wesel faict accord.

Ayant l'espoir de leur paiement s'en vont tout droict à Wesel, mais la siege fust empeschée, par l'accord faict avec l'Admirant, que les citoyens paieroyent cent mil daeldres, & mille vaisseaux de froument.

Les cruels & sanglants chiens apercevants qu'il n'estoit possible de opprimer le pays bas, & qu'il estoient deçeu en leur intention, estoient il fort courouçez, & misdirent à leur propres Capitaines & Chefs, disant estre traistres du Roy, & meschants en leur affaires.

Quand

Perpetree en le Pays-Bas. 76

Quand la moytie de cent mille Daelres estoit paiee, demanderent en le paiement du reste argent pesant, aultrement l'accord seroit rompu, & les Soldarts du Ville estoient bien contents, d'attendre un assault, ou deux, mais la Mareschal de le trouva bon, & en telle sorte se departirent les Soldarts de Berghe. Adonc le Secretaire du Ville trouva une belle practique, disant, qu'il estoit besoing de reçevoir l'argent & le ble: si ne voulurent pas, qu'ilz estoient prests de deffendre sa vie, & biens, mais Signor n'ayant pas le courage de batailler recevoit les deniers.

Ayant receu ceste bonne somme d'argent, ont ilz pillé tous les bourgades autour du Ville, car les paisans n'avoient pas les armes au defension. Et apres l'Admirant impetra de le Prince de Gulich, qu'il commanda au Magistrat, de faire sortir les Ministres d'Eglise & qu'il restaureroit la Papauté.

En ceste sorte il vouloit qu'on changea tout le Regiment de Villes à son appetit, car il estoit maistre par tout.

Ces Brigant essent volontiers passé la Reviere de Ysel, mais l'eau estoit trop haut monté, & pource ilz retourment à Emmerick, ou les citoyens les receurent amiablement, car ilz ne demanderent aultre chose que faire leur retraicte en la Ville: mais l'Admirant vouloit la fournir son armee, combien qu'il estoit impossible. *L'armee de l'ennemy entre en Emmerick.*

Adonc le Gouverneur de la Ville disoit: A ceste heure je voy qu'il est vray ce que les Geux disent, que les Espaignols sont infideles en leur promesses: Le Capiteine Espaignol respondit: que les choses touchant aux guerres se changent maintefois, en une heure: par ceste parolle, on paia ces povres citoyens: mais toutes ces tromperies & tyrannies ont guere profité à eux, car tout le mõde apercevoit leur cruaute, & gouvernement tout cruel.

Apres ilz s'en allerent vers Dotechem, une petite Ville, &
elle

elle devint incontinent en leur mains: mais pource que les eaux monterent fort hault, s'en allerent vers Westfale, comme à Munster, Boeckholt & aultres places, & les paisans estoient tretous en la fuyte, devant la venue de ces Harpyes. En telle forme ont ilz prins en la Duché de Cleeff, entre la reviere de Lippe, & Ysel trente places. Bellinghof est prins par force, & on tua tout la dedans, pource que les bourgeois faisoient resistence au Roy.

Impel apartenant au Sieur de Diepenbrock, ont ilz totalement ruinez & bruslez. La estoit une femme enceinte, & par le fureur de ces gens est elle tranchee en pieces, & l'infant reietté quelque part. Le Sieur mesme ne pouvant eschapper, est prins d'eux, & pajé grand rençon.

Pareillement ont ilz besoigné en les places entre le Lippe & le Roer, ou ilz ont destruict, bruslé, pillé quinze places fort plaisantes: ont osté toutes les meubles, joyaux & grains, laissants les inhabitans tout nuds, sans aulcune provision de vivre en l'hyver, & plusieurs morurent de famine.

La chasteau de Schulenborch est canonné & destruict: aussi le Diocese de Werden, & Essen, ou ilz abuserent fort les femmes & filles. La petite Ville est demandee par la Don Francisco Velasco, par lettres, donnees de l'Admirant. Le Bourgemaistres disoient, qu'ilz n'avoient pas congé d'ouvrir les portes de leur Prince, l'Evesque de Coloigne: aussi disoient il, qu'ilz n'avoient pas merité aucune oppression de Roy d'Espaigne, demandants seulement dilay pour trois jours. On conceda pas à eux une heure, & on commenca à canonner tout à l'heure, on a bastit les murailles, on faisoit une rue par les maisons, en fin ilz estoient contraincts de rendre la Ville, au grace de ces Tyrans: conservants à peine leur vie. Don Velasco entra en la Ville avec treize cent hommes.

Incontinent on envoia à Dortmont mille chevaulx,

feux de la Ville defoient, d'eftre une Ville d'Empire pas fub- **Les Efpaig-**
jects au Roy d'Eefpaigne: & à l'heure s'en alloient les Ef- **nols font**
paignols pour ceft temps, & pafferent par le Compté de **pais de**
Marck. **Marck.**

l'Evefque de Coloigne ayant entendu ces affaires de les Efpaignols, a il envoié fes deputez vers l'Admirant difants à luy, que fon affaire eftoit contraire au l'Empire, & qu'il feroit une honte à tous ceux de la maifon d'Auftriche: mais il ne fe foucia point.

Ilz avoient auffi des entreprinfes fur aulcunes villes, de les prendre par fineffe, devant les Portes fe logeants, mais ilz s'ont maintefois gaillaidement repouffez.

En fin font ilz devenu au telle hardieffe, qu'ilz marcherent vers Ottenfteyn, une place apertenante au l'Electeur de Coloigne, & il le voioit l'affaire mefme & n'ofoit l'empefcher.

Ilz demanderent la Ville d'Ofenbruge, pour delivrer à eux, ou ilz menaçerent piller la place, mais l'accord fit les s'en aller & departirent à Paderborn, & ceux de la Diocefe renconnerent la Ville, fe delivrants de leur Tyrannie efpovantable.

En les bourgades ont ilz prins tout le froument, & le paifan eftoit contrainct d'acheter d'autre, pour entretenir, tenir fes propres beftes.

Ilz demanderent par tout comme de couftume le pain **Ilz prennēt**
blanc, combien que le n'eftoit point. **les rençons**
de les vil-
Quand les paifans demandoient à quel droict ilz faifoient **les.**
telles outrages à eux, & pilleient tout? Ilz refpondirent, que tous les gens du pais eftoient contraincts de nourrir le Camp du Roy d'Efpaigne, contre les Rebelles.

Ilz menaçerent journellement le Compte de Lippe, & de Benthem: & ilz ont fort tormenté leur jurifdictions.

Quand on difoit au Barlotte, que les Superieurs en le

V Kreytz

Le Barlotte se mocque de les Kreytz.

Kreytz prennoit en mal part, ce mal gouvernement du Camp du Roy: luy foubriant respondit monstrant à son doigt sur une vache: qu'ilz se soucierent moins de ces Princes, que d'une vache.

Quand les Ambassadeurs de ces Princes se departirent de l'Admirant, à il mocqué d'eux, donnant la fique, & plusieurs choses deshonestes: criant apres eux: Lutherano, Lutherano.

Les Estats apercevans les outrages des Espagnols, ont trouvé bon de mettre la main à la glaive, & l'on a depesché le Prince Maurice leur guerrojer fidel pour aller vers l'abbaie de Elten, attendant son ennemy la.

Mais quand l'Admirant entendit que le gaillard homme de guerre, conducteur de l'armee de les Estats estoit au camp, & l'empescha le passage pour aller tout droit per le Ysel, & plus avant par la Veluwe, va il vers Deutechom, prennant la Ville, apres vers Doesburch, situé sur l'Ysel, mais son Excellence l'avoit environné avec son Camp, & pourtant il se detourna au chemin de Munster, ou il ne trouvoit pas des ennemiz, ny Souldarts pour batailler, comme apres à Flandres, & il monstra la sa tyrannie, chassants tous les paisants, pillant leur biens & bruslant les habitations, & les chasteaux de toute la Noblesse.

l'Admirant va à Munster.

Quand le grand Admirant s'en alla vers le pays libre, y avoit d'aucuns Espagnols prins, que les Souldarts de son Excellence, confessans comme il estoit vray, qu'il n'y avoit pas d'argent entre eux, & qu'ilz ne faisojent que brigander, & desrobber les possessions d'autruy: & un peu apres s'enfuirent beaucoup de leur gens sans estre pajez, & par saulte de vivres.

Cependant que les Mendoza s'en alla tout à l'entour, s'en alloit son Excellence vers Emmerick, à delivrer les povres citoyens soubjougez par les Espaignols, lesquels il chassa hors la la place, & la remit es mains du Ducq de Cleef.

Cest Admirant d'Arragon est devenu à telle hardiesse, qu'il ne soucia de personne, & que plus il se mocqua de l'Empereur mesmes: faisant scavoir sa volonte par le Charles Nutzel, son Ambassadeur, ces choses. Qu'il estoit emerveillé, qu'il osoit entreprendre si expressement defendu à luy, qu'il avoit contre son gre prins la ville d'Orsoy, & que les Espaignols assez cruellement & indignemeut comme apartient aux voleurs & brigants, & vrays enhemiz, avojent tué & ruiné tout le pays la à l'entour, estants reçeus à bonnes conditions comme amis & alliez : & qu'ilz avoient detenuz en leur main la ville d'Orsoy, promise d'estre rendue, quelque dix ou douze jours, & qu'apres la Ville de Berck fusset prinse, qu'on feroit departir à l'instant tous les Espaignols hors le pays libre & je le pense qu'on le feroit asseurement, mais je voy que je suis trompe par vous, & je n'ay veu qu'une promesse simple, & un hostil maniement des affaires : & apres tu mesme as faict un tour, & l'avez prins aucunes villes, ou par force ou finesse, chargeant le citoyens de donner le tribut, ou en argent ou de vivres, comme il venoit à poinct, comme j'ay mesmement veu, retournant au Iuliers, comment on a prins de villes par force comme s'ilz estoient ennemis, les aultres estoyent contraincts d'apporter de vivres, & fournissement de choses necessaires, mais auquel regard seront acceptez ces choses devant l'Empereur, & non seulement de les aulttes Princes d'Allemaigne, mais aussi de toute l'Europe, vraiement ces Seigneurs feront bien advisez qui ne desirent autre chose que deffendre leur Villes & jurisdictions contre tels brigants & voleurs.

On va conjoindre aujourdhui ces deux familles, de Kleve & de Lorraine par mariage. Quand ces Princes Catholiques, ayants si long temps vescu en la religion Catholique, verront les eglises en telle sorte pillez, les cloistres dissipez,

l'Ambassadeur de l'Empereur parle au l'Admirant

V 2 les

Le Miroir de la Tyrannie Espaignole

l'Ambassadeur parle de les Soldarts.

les Religieux meschantement traictez, les Nonnettes & fille honestes abusez, & les plus meschants du monde amenez en les pays libres, lequels ont tout dedié à l'honneur de Dieu, foulé avec les pieds: que feront ilz? principalement quand ilz entenderont qu'on a faict injure a leur Ambassadeurs, estants par tout libres, comme il est avenu à moy mesme, allant par le Rhin, vers la Ville de Cleve. On jugera asseurement que toutes ces affaires se font, au deshonneur de la religion, & la maison d'Austriche, ayant tousiours regné paisiblement, & non seulement s'opposé à l'encontre de ces ennemis, mais a deffendu ses alliez. Pource je craing, que Dieu punira non seulement le Roy d'Espaigne en peu de temps, mais tons ceux gens meurtriers, brigants, & voleurs, faisants ces outrages parmy les pays libres.

Et pour satisfaire mon Office, je suis d'intention cest nuisable & dolent Estat du l'Empire, signifier au l'Empereur, & luy raconter tout comme j'ay veu mesmes. Ie prie pour le dernier, vostre Dignité, de l'empescher serieusement d'oresnavant toutes les oppressions, & scandales, & de rendre au Ducq de Cleve les villes prinses, & chasteaux occupez: & qu'on amene l'armee autrepart, qu'on recompense le dommage donné, & qu'on n'en baille l'occasion au plus grand mal. Vrajement cest tout (combien que vostre Dignité ne seray qu'une chose honneste & louable, vous servira pour une renommee exoptable, & j'attendre de ceste chose remonstree, la responce bonne & honeste.

Telles & semblable plainctes font plusieurs fois faictes à cest Chef de l'armee, mais il n'a rien respondu, & ceux de Bruxelles n'ont rien dict, que seulement, il fauldroit avoir patience.

L'Admirant promettoit par paroles, qu'il deschargeroit le pays de ceste armee, mais il faisoit tout contraire, quand il ne sçavoit s'excuser, disoit il. La necessité rompe la loy: & à un autre autrefois: le service & necessité de Dieu, & le Roy d'Espaigne, demandent autant qu'il ne pouvoit tenir sa promesse. C'estoit vrajement une parole point agreable à un Alleman, qu'on cherçoit par la destruction & ruine du l'Empire, le profit, & que les Princes, & les Estats du l'Empire, estoient en peur de devenir en une extreme servitude du Roy d'Espaigne, & ceux du Court à Bruxelles.

 L'Intention principale de l'Espaignol s'estend à cela, & le Roy d'Espaigne adspire à cela, de constituer une Monarchie, & le desir insatiable est fondé sur la domination de toute l'Europe, a fin qu'il pourroit en les Provinces unies, & les aultres fouler soubs ses pieds tous les droiéts, & Privileges de noz ancestres. On a veu que l'Espaignol n'espargne à personne, & ne s'oblige point au foy donnee, ou promesses: & à ceste heure il les a ruiné lequels il estoit accoustume de conserver, estants de mesme Religion comme luy, & toutesfois ilz disent, qu'il font tout pour l'amour de le Religion Catholique. Chascun jugera facilement, si l'on traicte en telle sorte ceux de la Religion Catholicque, si l'on les ruine jusques au derniere haleine comment on traictera ceux qu'il ont prins les armes contre luy, aiants une Religion tout contraire à luy, & ses Soldarts. Chascun Chrestien, & amateur de sa liberté se mire en cest miroir, & cerche ce qu'il est besoing en ceste affaire: primierement de reconcilier avec le bon Dieu, faire penitence de ses pechez, & le prier qu'il luy plaise de delivrer les Provinces libres de ceste Tyrannie; apres faut il prendre un coeur ineffroiable, pour se deffendre avec les femmes & enfans & la patrie, à l'encontre de ces Tyrans, meurtres, & vastateurs de terres, ne souhaittans que nostre corps, biens, & provinces, & batailler contre un ennemy si cruel, jusques la derniere goutte du sang, comme on à faict nostre Prince, aymāt plus tost mourir avec l'honneur, que d'accorder avec eux, qui ne font compte ny du

l'Espaignol n'espargne à personne.

ment ou promeſſes, & ſe ſujetter en une perpetuelle ſervitutude, de plus pire que ſoubs le Turcq.

Et Depuis les Capitaines de l'armee Eſpaignole excuſent leur faict meſchant, & inexecuſable à l'encontre les pays, & juriſdictions apertenants au l'Empire, diſants, qu'il eſtoit ainſi conclu en le Conſeil à Bruxelles : & que le Mendoza avoit reçeu un courrier de la, expreſſemant donnant l'ordre de l'avancer incorporation de païs, & Duché de Gulick, & pas retourner ceſt hyver avec l'armee en Brabant & Flandres, a fin que les inhabitans ne ſoyent chargez de Soldats, & plaindroient de leur inſolence, & en fin ne ſeroient preſts de de donner les exactions & tributs accouſtumez : On peut juger qu'el Conſeil ſe tient à ceſte heure encore à Bruxelles. Il me ſemble qu'il y a la encore les gens de meſme intention que ceux, qui l'ont conſeillé au Duc de Albe la Tyrannie horrible, & les eſpandemens du ſang commiſes en pays bas ont avancez, qui n'ont pas autre intention que ce le conſeil criminel juge, de contraindre au l'obeiſſançe entiere, tous ceux qui ne ſont pas de leur humeurs, ou par fineſſe, ou par ſamblant du droict, par armes, ou ſans armes, pour ſtabilir en ceſte partie du monde, une Monarchie illuſtre: mais il n'eſt jamais parvenu encore à ſon but, car les Hollandois, & Zelandois avec les Provinces unies, ont delivré le païs de Geldre, & la Friſe avec la glaive, & l'ont empeſché qu'il n'eſt pas monté au le plus hault degré de ſon arrogançe. Dieu veuille que nous ne le voyons oncques, au ſalut de tous les inhabitants, & profection de la Religion Reformee, ſi long temps preſchee en les Provinces unies.

Diſ-

Perpetrée au Pays-Bas.

Discours loüable
Touchant le mort du Roy d'Espaigne
PHILIPPE deuxiesme,

Et comment il est chastie per la main de Dieu, devant qu'il mourut. Vn vray miroir pour les autres Tyrans, suivants le mesme faict.

L'Arragont Roy d'Espaigne, *Philippe* deuxiesme, ayant (comme je pense) tyrannisé à son aise, tant par les Gouverneurs tyrannicques, qu'autrement, a esté en la main de Dieu comme une vierge sur ces Pays bas, en fin à il pleu à Dieu d'oster hors le monde ceste vierge, non pas vistement, mais d'un doleur perpetuel, a fin qu'il sentiroit en quelle estat avoyent esté ceux la, qui ont esté bruslez d'un feu petit, & penduz par les pieds en haut, vivants encore deux ou trois jours maintefois, qui ont esté penduz au gibet, qui ont esté penduz au gibet simplement liez ou estranglez, qui ont esté noyez au sacs, qui ont esté en les prisons puants & obscurs plusieurs ans, & apres mourir miserablement, par faulte de vivres ou disette: qui par ses Gouverneurs, & Tigres sanglants sont chassez hors le pays, laissants tous leur biens, aux voleurs & brigants, par povrete avec les femmes & enfans sont evanouiz: A fin qu'il scauroir juger que c'estoit de douleurs & engoisses, quand on ne void aulcune remede, estant au dangier. *Les sortes de maladies du Roy d'Espaigne.*

On est asseuré qu'il est puni de la main de Dieu expressement, si bien comme Antioche ou Herode.

On trouve des Escrits de ceux qui ont veu ses douleurs & afflictions, & les ont noté, & nous font entendre, qu'ilz ont

ont esté sainctes tribulations en lesquelles il est tombé, par la main de Dieu, & qu'ilz sont avenuz à luy, comme à un amy du Dieu, & un Martir : & que plus est le Pape Clement le huictiesme, a confirmé que ces trouments estoient certaines signes, que le Roy d'Espaigne estoit le plus sainct Roy, vivant en terre.

Flaterie papistique.

Il y a un Autheur, escrivant une chose estrange, de laquelle il sçait autant que nous, que quand l'ame du Roy est sortie hors le corps, qu'elle s'en alla tout droict au ciel, que le fils de Dieu Iesu Christ le rencontra avec ses Anges saincts, parlant ces mots. Le benedit de Dieu venez au Royaume de mon Pere, possidez le Royaume eternel, lequel vous avez merité par les douleurs & tourments.

Ce n'est pas tout : il va plus avant : à sçavoir, que le Roy Philippe deuxiesme, est eleu pour un Advocat, & que ceux qui l'invoqueront, seront à ceste heure plus aidé, qu' auparavant quand il estoit vivant & qu' en peu de temps sentiront son assistance.

Ces aveugles Catholicques, qui veulent donner foy à ces inventions humaines, feront une fois la preuve, d'attendre son assistance, estants en peine, & si sont trompez pour rien. Ceus de la Religion Reformee ne croiront jamais, que les Tyrans ayants fait mourir tant de gens pour le faict de la Religion seulement, & ont desolé si belles provinces, & pays fleurissants per continuelles Tyrannies, qu'ilz prient pour nous au ciel. Ilz jugent, que tous ceux qui font meurtres, pillent, desolent les Royaumes, congregez par Dieu, & provinces ruinent qu'ilz reçeveront apres ceste vie leur recompense, en une place ou leur autorité vault rien, mais sont estimez malfacteurs & meschants, dignes de punition eternelle.

Ceux de la Religion jugent, que Dieu est un ennemi de Tyrans, & que luy donne la punition, à eux quand il veult, qu'il qu'il fait la guerre pour son Eglise, & qu'il retire les Tyrans hors le Gouvernement, quand il veult delivrer son peuple de la Tyrannie, donnant paix à son Eglise, apres guerres cruelles, & persecutions.

Combien que cest Flatteur a exalté fort les douleurs & passions du Roy, par ses merites, toutefois a il escrit la verité, qu'il ny avoit pas une place en le corps du Roy Philippe libre de douleurs, excepté les Espaules, autant qu'il ne se pouvoit remuer, ny changer sa place.

Les Apostumes avoient occupé les corps, de haut jusques à en bas ; A sa main droicte y avoit deux doigts jettans une boue continuelle : il ne permetta pas qu'on le manioit : En tel estat estoit il un an entier.

Les gouttes avoient travaillé les Corps six ans devant, dedans les parties interieures.

La fievre hectique le tourmenta tousiours, & apres la quartaine, & la double quartaine, consumants ensemble le Corps, qu'il estoit comme un escorce : apres le print le fleux du ventre, & changea en fin de sang, si miserablement, qu'en vingt & deux jours on ne changea pas son lit.

Ce fleux du sang donnoit un grand soif au Estomach, qu'il n'estoit pas à esteindre. Par ces continuelles evaporations, le douleur de la teste se continua par tout, & en les jeux une passion assiduelle, & l'halenie devint totalement puante.

En le Corps prindrent sa domination les hemeurs poignants, donnant une continuelle aspreté, & par ces tourments il dormoit jamais.

Le plus grand apostume estoit sur son genouil, les aultres ne pouvoient reduir en boüe par medicaments, & par necessité on les ouvrit par la lancette, en lesquels estoit grand nombre de poux, & grande quantité de boue : ne

X coulant

Le Miroir de la Tyrannie Espaignolle

coulant donna grande puantise, qu'il n'y avoit personne pres du luy, car luy mesme ne sentoit pas volontiers.

Par tous ces maulx, en fin, il mourut fort miserablement, en puanteur & l'ordure, reiettant son ame, tache de tant de meschancetez.

Il pense que luy estant en tels douleurs, a senty la main de Dieu, & qu'il y la haut un autre plus grand que luy, qui ne veult pas qu'on traite en telle sorte avec le sang humain, & le respandre comme si fust de l'eau de la Riviere, mais qu'il est besoing qu'on prie les hommes au foy, les amenant par leur doulceur & suavité de paroles, & pas avec le feu, & gibet.

Toutesfois j'espere qu'il a confessé ses pechez, & qu'il a prié de Dieu pardon, au salut de son ame.

Les Espaignols sont communement Ty. Tyrans. On sçait asseurement que la Tyrannie Espaignole à faict non seulement son debvoir en les royaumes estranges, mais principalement en ces dix sept Provinces unies : & que le Chef de ces Tyrannies, a merité d'estre nommé entre les plus grands tyrans du monde, & quasi le principal : il surpasse Neron, Caligule, & Diocletian : & pourtant est il avenu a luy, comme à les aultres, & il n'a rien faict de profit par ces meurtres & Tyrannies, & que pis est, il a perdu plus, qui n'avoit au paravant, & ainsi tout le monde se mocque de luy : d'avoir pensé gaigner, & il perd.

On sçait en quelle reputation aujourdhuy sont les Espaignols, par ses Tyrannies.

Pource qu'il ont haiz tout le monde, sont ilz haiz par tout : ilz ont attenté à subiger la grande partie du monde, pour establir un Monarchie, à ceste heure, il ny a personne, ny Roy, ny Prince qui donne foy à leur serments : & quand il est possible, on cherçe de les quiter par tout.

D'ou est ce que ces troubles s'elevent au l'Empire ? pource qu'on ne veult endurer la paix en le faict de la religion,

pour

pour avoir raison de faire la guerre contre eux, comme à bon droict, comme le meschant conseiller Granvelle conseilla au Roy, qu'il avoit bonne occasion pour contraindre le pays bas, à son obeissance, pource que ne voulojent obtemperer à luy, en le faict de la Religion. Par ce moyen cherçent ilz tousiours l'occasion de faire la guerre.

Mais que sera ce? il adviendra à eux, comme à aultres: les Chrestiens les rejetteront en fin, & leur nom ne sera pas nommé entre les hommes.

Il semble que la main de Dieu & son ire s'eleve à l'encontre la maison d'Austriche, & le Roy d'Espaigne, & qu'il veut changer les Royaumes au paix du monde, en lequel ilz ont machiné tant de guerres, & troubles, & agitent les Princes desbonnaires, estants ennemiz de toute ruine & desolation, ayant en horreur la contraincte de la conscience, pour laisser chascun en son opinion, & exercer sa Religion à son appetit.

La maison d'Austriche, & le Roy d'Espaigne se gastent peu à peu.

Ie prie Dieu, qu'il veuille permettre de les avancer en leur affaires, contre les ennemiz du repos, & mener ainsi leur guerres, que l'Empire cruel tombe d'en hault en bas: & que apres qui sont adonnez au paix & repos, obtiennent le gouvernement par l'Europe: car ilz ont esté contraincts à ceste geurre & l'Empereur avoit juré, en prennant l'Empire, de traicter en telle sorte avec tous les Princes d'Allemagne, qu'ilz seroyent tretous subiects à luy, tant en Relligion, qu'en le gouvernement: mais j'espere qu'il sera trompé en son dessein, & que Dieu donnera sa grace, qu'il changera son propos maugré tous les Catholiques, qui ne desirent autre chose que toute la Chrestienneté soit changee à leur appetit, & tretous autres soyent massacrez, ou chassez hors le pais.

Les Espaignols estoient de mesme intention, commencents les guerres civiles en pays bas, mais ilz sont à ceste heure encore reiettez hors les principales provinces deffendantes leur Privileges & Religion, & louent le bon Dieu de leur victoires, car il a faict meurir beaucoup des ces ennemiz en les guerres: je pense aussi qu'il n'est pas besoing au Roy de tenir à ceste heure le livre des comptes, pour sçavoir les despens ou ses souldarts, car il n'a pas quasi rien, ayant despandu tout, & changeant son argent en cuyvre.

Il est cognu à tout le monde, que le Roy Philippe le deuxiesme, est devenu par les guerres en telle debte, qu'il a fallu faillir deux fois, aux pajements: & ceux qu'il avoient presté a luy grandes sommes n'ont rien reçeu: & Philippe le troisiesme, a faict le failliffement trois fois. Pourtant il a esté contrainct, ne pouvant plus mener la guerre) de faire avec les Provinces unies la trefvé pour douze ans: avec l'adviz du Roy de France, Roy d'Angleterre, & de Denemarck, & plusieurs autres Princes confederez d'Allemaigne.

Le Roy d'Espaigne faict la Trefve.

Ceste Trefve est publice par tout en ces Provinces l'an 1609: en Avril & May, & elle est parvenu jusques au dernier an: mais il est apparu comment il a tenu ses promesses, & les articles jurez avec obligations fort fermes, car ilz ont desrobbez les biens des maistres de navires, les mettants au prison, tourmentants & menants aux Galeres : estants au court a plaindre les injures, & reçevoir leur marchandise & navires, a on mocque d'eux, sans expedier leur affaires : quand ilz avoyent chargez leur navires, ilz ne pajerent point la voiture : & ceste annee on a faict une catalogue de tous les dommages faicts aux inhabitants de ces Provinces unies, a fin que les ESTATS GENERAULX l'envojerent au Duc Albert, & Roy d'Espaigne, pour pajer la debte bien grande.

Mais on juge que tout sera de rien, & qu'il pajera comme auparavant. Le Roy a desia à faire son argent à ses propres affaires, car il par tout une guerre grande, & le Pape de Rome,
& l'Em-

& l'Empereur demandent une bonne somme, pour soustenir leur estat, & payer les Souldarts estants en leur service, en Italie, Savoye, Allemaigne, Boheme, Hongarie, & tous les quartiers du monde.

La raison dequoy la Roy d'Espaigne a faict la Trefve avec les Estats Generaulx, est celle (comme ie pense) le principale, qu'il scavoit estre disette grande d'argent en ses banques, & qu'il n'estoit possible d'endurer une guerre si longue, & consumants tant d'argent: & que navires des Estats estoient tousiours devant ses Revieres, & qu'a la fin les Caraques allants aux Indes Orientales & Occidentales, n'oseroyent faire leur courses, estant trop dangereux s'hazarder, en presence de tant ennemiz devant l'Espaigne. Et apres le vailliant guerroyer. Iacob Heemskerck natif d'Amsterdam, vient hardiment devant ses chasteaux, & ruina sa flote puissante & invincible, & on craigna qu'il monteroit jusques au SEVILLE ou LISBOA, ou quelque autre vaillant Capitaine apres luy. Pource estoit il besoing de faire la Trefve, ayant l'espoir, que les Provinces cependant deviendroient eu troubles, mais (grace à Dieu) il n'est pas avenu: ou qu'il empoigneroit les terres de Gulick & Cleve: car on a aperceu, si tost que la Trefve estoit faicte, voila le Duc de Iuliers mort: si tost que le Roy d'Espaigne entendit ces nouvelles, il prend en la main, le droict de Nieuwenburger, contre le Duc de Brandenbourgh, & le SPINOLA occupa le pays, & prennoit les villes comme ennemies.

Pourquoy le Roy a faict les Trefves.

Mais par la grace de Dieu les Estats Generaulx & Son Excellence Maurice, Prince de Nassau apercevants le train meschants de ceste guerre, s'en vont au champ, en empeschent la procedeure de Spinola, si n'eussent pas faict cela, il n'eust pas esté content avec BERCK, WESEL, & AIX, mais il eusset prins Emmerick, Docsborch, & la ville de Zutphen, avec les aultres.

Et quand il eust arrivé devant les Provinces unies, il n'eust pas pensé de la Tresve, voyant faire quelque profit par finesse.

An conseil à Bruxelles, & en l'Espaigne, on trouve de Renards vieux, sçachants faire tout cauteleusement, & tromper le monde : mais on trouve à ceste heure de jeusnes Renards, estants pas simples, combien qui sont apprentifs. Si tost qui son arrivez au camp, ont ilz faict leur forteresses dedans la Ville d'Emmerick, & voila l'ennemy s'avance rien.

Ie ne voy aulcun profit que l'ennemy tient tant de gens en garnison en pays de Cleef en Iulieurs, ilz y sont à grand despens du Roy d'Espaigne, ruinants les Villes : profitants rien à luy : car toute la benediction de Dieu est esvanouie en ces endroicts.

Les gens sages en les affaires du guerre, font compte, que le Roy despend autant en la tresve, en ces villes, comme il a despendu auparavant estant en guerre. Mais à ceste heure, a il trouve quelque finesse, pajant seulement le Capitaine & les aultres Officiers, mais il n'en donne riẽ a un povre & indigẽt Souldart, cherçant sa vie pres les bourgeois & paisans, ayants pitie principalement en l'hyver, de ces miserables hommes, n'ayants rien de se couvrir, & plus moins à manger. Ceux qui font les ausmones à eux sont tesmoings de ceste maniere à faire: en ceste sorte les bourgeois oppressez, & amaigriz en fin s'en vont mesmes à la guerre, n'ayants rien plus à vivre par desperation prennent ilz les armes, contre ces ennemiz de la paix. En telle maniere tout va en pire, & Dieu sçait le fin.

Il est certain que le Roy d'Espaigne ne practiquera autre chose, que par forme du paix nous decevoir, mais j'espere qu'il y a encore de gens aux Estats generaulx, ayants memoire

Perpetrée en le Pays-Bas.

moire du faict & trahison de Don Iean, commi l'1577. quand il print par finesse le Chasteau de Namur, tout droict contre le contract faict avec les Estats Generaulx, lequel il vouloit expliquer a sa fantasié, (comme il disoit) au confirmation de la Religion Catholique Romaine, & l'augmentation de la puissance du Roy d'Espaigne: & pource les Estats estoient à leur guarde, voyants qu'on ne faisoit rien selon les accords, mais tout par finesse.

Les Espaignols sont periures, quand l'opportunité se presente.

Les Estats Generaulx de ces Provinces unies, estants d'une mesme intention, n'oublieront jamais, le faict du Prince de Parme, comme l'an 1582. estant conclu de faire retirer hors les Provinces tous les gens d'armes estranges, toutesfois il les a detenu en Artois & Hainault, & les Estats de les Provinces, soubjougez luy remonstrerent, qu'il faisoit tout le contract, faict avec eux & autres: mais ilz respondit rien: ilz estoient contraincts de les recevoir dedans leur villes les loups ravissants, & le Prince de Parme faillit en sa promesse.

Le Don Iean à laissé une bonne exemple de sa legereté en les serments de Princes, & l'Evesque d'Arras dohna le conseil.

A Malines estoit prisonnier une homme simple, appellé Pierre Panis, estant entre les premiers Zelateurs comme messager, & signifia maintesfois à ceux de la Religion en quelle place ilz feroient leur assemblees, & conduisoit beaucoup de gens au presche: toutesfois est il mis en le prison apres la Pacification, & on pensa qu'il n'estoit pas besoing de donner quelque Requeste, à fin qu'il seroit delivre de la prison: A l'avonture Don Iean vient à Malines, & les Professeurs de l'Inquisition, estants en le mesme fureur de faire mourir les gens pour le faict de la religion, ont demandé Don Iean, comment ilz hanteroient avec cest homme Heretic estant au prison, Il respondit, qu'on seroit avec luy, comme de coustume,

Le Miroir de la Tyrannie Espaignole

stume, c'est à dire, qu'on feroit mourir : On disoit à luy, que c'estoit contre la Pacification : Il respondit : La pacification est faicte pour ceux qui estoyent banniz, ou enfuyz & point pour eux qui estoient demourez en le pays. Vraiement ceux qui estoient enfuy furent bien heureux, autrement le Don Iean avoyt diverses explications sur son accord : mais le peuple en croyoit point à son serment, ny a ses pacifications pleines de tromperie & faulseté, pour espandre le sang innocent, en faveur du Roy d'Espaigne.

Au temps de noz ancestres les serments du Roy, estoyent fermes, quand ilz firent un accord, il estoit irruptible, & chascun estoit asseuré sur le mot du Roy. Et à bon droict fault il qu'on le face en telle maniere. La parole du Roy, doibt estre si asseuree, que la parole de Dieu, mais ces Espaignols, & leur Roys, & l'Empereur de la maison d'Austriche, font à ceste heure leur affaires d'une autre sorte, & pensent guere de leur serment, acceptations, accords, quand ilz prennent la couronnent à Francfort : ilz promettent beaucoup, mais estants au gouvernement ilz laissent toutes les difficultez, & gouvernent les Royaumes à leur appetit.

Mais le bon Empereur Charles le cinquesme, a faict son debvoir aux serments, car quand les Moines luy conseillerent, qu'il prendroit le LUTHER, combien qu'il avoit donné saulf-conduit à l'assemblee Imperiale, & le tueroit, comme on avoit faict avec Iean Hus, & Ieronimo de Pragh. Adonc le juste Empereur respondit à eux. Combien que tout le monde ne prestoit son serment, l'Empereur estoit contraict de prester sa parole.

L'Empereur ne veut estre perjuré.

Il y a beaucoup des Princes, nayants point suivi ceste maniere à faire, quand ilz ont aperceu qu'il y avoit du profit de rompre les serments, comme ilz ont faict maintefois.

Le Roy Lysander a parlé au propos. Disant, que les Princes font un jeu de leur serments, comme les enfans.

Il

Il y en a faisants la Trefve avec leur ennemiz pour trente jours, toutesfois ilz les ont opprimé de nuict en cest temps, se mocquant de leur accord, disants qu'on avoit accordé au respect de jours, & pas de nuicts.

Le Roy Antioché est trompé par les Romains, sçachants aussi ceste meschanterie: quand ilz avoyent faict beaucoup de contracts avec luy: estoit un de le principal, qu'ilz delivreroy-ent la moytie de leur navires à luy. Les Romains que font ilz? font scier leur navires aux milieu, & l'envoyerent vers le Roy. Vrajement c'estoit mocquer de l'accord. *Le Roy Antioche fut trompé par les Romaius.*

Apres est il maintefois avenu, que le Roys ont trompé l'un l'autre: mais il est chose intolerable, que le Roy, promettant a ses subjects quelqu'accord (estants soubs sa protection tant du corps, que les biens, le rompe, & fait contraire à sa parole.

Il est encore en la memoire des hommes, que le Roy de Denemarck, appellé Christiern, tyrannisa sur ces subjects, & qu'ilz estojent contraincts de le rejetter & chasser hors le Royaume, cerchants leur liberté.

Estant en Hollande, avec sa femme Hollandoise, appellée Sybruch, a il impetré tant par les interlocutions des amiz, que par les Princes voisins, que les subjects l'ont ramé au gouvernement, & l'ont remi en sa place, à ceste condition, que tout seroit pardonné, & luy seroit un bon Roy, mais ilz ont esté bien trompez de luy, car tout à la revenue en le Royaume, il se monstra un loyal Prince, & dissimula quelque temps, mais quand les subiects penserēt du riē, a il appellé ses ennemiz au festin Royal, & ilz viendrēt, & les recevoit honorablement & courtoisement, & traictoit magnifiquement, mais devant qu'ilz departirent de la, a il decapité les autheurs de le chassement hors le Royaume, n'espargnant les enfans de deux ou trois ans: car les parents avoyent offensé le Roy. *Le Roy de Denemach est periure.*

Les successeurs jugeront de cest faict, & je craing qu'il y a desia de juges, ne prisants point tel faict, & disent, d'estre une acte d'un Tyran. Y Op

On a parlé aussi de la infidelité Royale en France, l'an 1572, mais tout le monde juge c'est faict tyrannicq & meschant, car le Roy fait samblant qu'il estoit adonné au guerre, grand ennemy du Roy d'Espaigne, pource qu'il avoit tué sa sœur estant sa femme, ayant parlé en faveur de Charles le fils du Roy, pareillement tué par le commandement du Roy : & que plus est, il fait samblant de vouloir aider ceux de pays bas, donnant de l'argent à la foule, par le Compte *Louys de Nassau*.

Mais il survint une chose notable, en la Court du Roy de France, quand la Ville de Mons en Hainault estoit prinse. La Noblesse doubtoit du Roy qu'il faisoit samblant, toutefois on ne sçavoit en quel façon ilz tiendroient leur mine en la veüe du Roy : ilz s'assemblent, & conjoindrent les testes: le bruit apportoit de nouvelles: Le Roy monstra une mine variable, & personne sçavoit asseurement son intention : le dissimuler envers cest temps estoit la plus belle artifice, mais quand il estoit besoing d'oster le masque, le Roy Monstra telle mine, que toute la France est en horreur pensante de cest temps, car le massacre suivoit. Et pour empescher telle cruauté que n'advienne point autrefois, le Roy Henry quatriesme a donné bon conseil, quand les Chatholiques commencent de celebrer la feste de Sainct Bartholome, c'est à dire, le massacre, que les aultres de la Religion commenceront la feste de Vulcan, c'est à dire, brusler & allumer toutes les maisons, & ainsi chascun aura asses à faire, & personne aura de profit.

Il semble au aucunes Roys, & Princes estre un faict magnanim & Royal, que quand ilz trouvent le moyen de se venger de ces subiects, de le faire, & mettre en effect.

l'Empereur Maximilian a donné la preuve, & il a merité un deshonneur perpetuel pres les Roys & Princes, qu'il a esté agité en sa vie, d'une tel appetit de vengeance, quand il avoit faict un accord ferme avec ceux de Flandres, par l'intercession des Electeurs, ayants seellez le concept, qu'il a vengé son despit

Le Roy Charles fait famblāt faulx.

Maximillian le prisonnier se végea deceux de Bruges.

pit contre ceux de Bruges meschantement, & comme un traistre: & les bourgeois n'oublieront jamais ceste acte: & l'ont encore le cœur bien courroucé contre ceux de sa race à ceste heure regnante.

Il est encore en nostre memoire, comment le Roy d'Espaine traicta les meschants Portugalois, lesquels par son conseil s'opposerent contre leur Roy, Don Antonio, & le chasserent hors son pays, a fin de gaigner un grand estat pres de Roy Espaigne, & recevoir une grande recompense: quand tout estoit achevé, le Roy hanta avec ces meschants meschantement, quand ilz demanderent recompense de leur labeur, disant, qu'il avoit l'occasion de faire mourir tout incontinent, pource qu'ilz avoient si meschantement hanté à l'encontre leur Roy, & si il ne faisoit pas, que c'estoit une acte de grace. Vraiement ilz estoient bien payez, & le Roy joua de bien, ayant un Royaume en la main, par traistres. Certes un mescognoissant Roy n'est pas digne de telle fortune de trouver tels meschants serviteurs, rejettans leur propre Roy, pour complaire à luy.

Le Roy d'Espagne paie les meschants.

Ce Roy Philippe a donné sa fille Isabeau, avec les dixsept Provinces par belles & excellentes conditions, a l'Archeduc Albert, & il a prins la fille en mariage, avec le dost, mais cest bonne homme estoit fort courroucé quand il entendit que son beau-pere avoit dit a son fils quand il estoit en peine du mort, plaingnãt que par ceste mariage luy estoit eschappé une bonne condition, & que le pere avoit respondu, qu'il l'avoit donné le pays bas en mariage, mais qu'il y avoir beaucoup d'eceptions de le changer a son appetit contre euz.

C'estoit vrayement une belle instruction d'un pere à son fils, contre sa propre fille.

Vrayement le bon Albert a fait un bon mariage, avec sa femme, n'ayant rien quand il plaist au Roy.

Si le Roy hante avec sa fille, que sera ce de nous, qand il

se fait maistre de nous: Il paieroit premiere debte, avec le seconde, & il feroit si bien le compte, qu'il ne resteroit rien à nous, si non que le gibet, ou le feu.

Albert traicte fort mal ses soldarts.

Cest Albert menant la guerre a fort povrement paié les soldarts, aulcunes ont esté nullemēt paiez, & n'ont jamais receu leur gagie: pourtant ilz ont esté contraincts faire les mutinations, mais voyant que tout le pays de Brabant estoit chargé de ces gens, car ilz prindrent tout ce qu'ilz trouverent, au paiement de leur gagies, estoit il contrainct en fin de les paier, ou contenter raisonnablement, à ceste condition, que la faulte, (s'il estot faulte) par eux commise seroit totalement pardonnee: Il envoie leur argent: mais incontinent il fit proclamer en leur camp, qu'apres vingt & quater heures, chascun avoit la licence de les tuer, ou chasser hors le pays, & sans dissimulation, ou connivement: & a fin tous les Souldarts ou païsans seroyent prests au telle besoigne, a il ordonné, que la teste de ces Soldarts mutinez vauldroit vingt & cincq escus.

Vrayement il a faict comme un ignorāt, car s'il avoit donné autant d'argent au surplus à ces Soldarts, il eust eu de soldats, fort prest à sa service, ilz eussent bataille pour luy avec bonne courage car l'argent fait les Soldarts fort animeux: mais il ne fit pas cela: en demandant argent ont ilz esté chassez hors le pays: & quand ilz se departirent, sont ilz prins d'aulcuns, & penduz pres la Ville de Diest & Tongre: l'an 1607.

Si l'Archiducq a hanté si periurement, & deloyalement avec ses Soldarts, estants ses serviteurs, & devoit a eux leur pajements, ayants servy à luy long temps sans estre paiez, que pense vous comment il traitteroit nous estants tousiours cōtre luy en guerre? pense vous si paravonture il gaigneroit noz Villes, qu'il nous serions puni plus doulcement: Nullement, nullement: je vous promette qu'il nous chastieroit autrement, que ses Soldarts, car comme on dit à Brabant, nous avons merité autre punition. Je vous asseure si quelque

que jour il devient maiftre, qu'il non feulément chaſ-
feroit hors le gouvernement ceux qui font a cefte heure les Eftats des Provinces, mais qu'il les feroit executer
tretous, & il ofteroit totalement la langue Flamende,
a fin que ne refteroit une petite racine de ces Rebelles.

Ceux de Brabant, Flandres, & aultres provinces fentiroient
le mefme malheur, combien ilz font à cefte heure en paix, &
preffez fur le joug Efpaigniol: mais apres on donneroit la
mefme fentençe fur eux, laquelle eft donnee, fur ceux de la
religion reformee au commencement des troubles: ou Albert
donneroit la fentençe, donnee à Annette vanden Hove, à
fcavoir: La terre fur la bouche: & en telle forte il ruine-
roit toute la nation, ou tranfporteroit aux Indes Occidentales.

Il eft certain que leur cruaute eft plus grande que celle de *Le Roy*
Nero, ayant voulu couper à un coup la gorge de ceux du *d'Efpaigne*
Confeil à Rome: pour tuer en telle forte, les principaulx de *eft plus*
l'Empire. *cruel que*
  Nero.

Que penfé vous fi les Eftats du pays bas, n'avoyent qu'une
gorge, & fi les Efpaignols avoyent la commodité de la couper en un coup, qu'ilz ne couperoient pas: vrayement ilz ne
tarderojēt pas long temps: fi ne trouveroient pas de Borreaux
ilz cherçeroient les bouchiers, (comment on a veu en le maffacre de Paris ez Rouan, & aultres villes de France, ou les borreaux, (comme à Lion) difoient, de n'eftre point conftituez,
de maffacrer les hommes en le prifon, comme de chiens, mais
feulement les condamnez par droict du Iuftice; & dignes d'e-
ftre punizen exemple des aultres.

En telle maniere parlerent auffi les Souldarts, eftants
au fervice du Roy, quand on commanda a eux de tuer en le
prifon les prifonniers pour le faict de la Religion, de
n'eftre point au fervice du Roy, pour maffacrer les prifonniers, mais qu'ilz empefcherojent les feditions,

Y.3 & ou-

& outrages de gens infensees, estants tousiours prests à ceste service, & point aux meurtres.

Ces Souldarts n'estoient pas du cœur Espaignols, car les Espaignols ont grand plaisir au massacres, & violements de femmes, combien ilz sont entre les amiz ou ennemiz, entre ceux qui ont offensé, ou qui l'ont rien commi, quand il trouvent la commodité, ou l'occasion suffisante, ou non, font ilz leur affaires : comme qu'il fussent entre les Catholiques, il est profitable à l'ame : comme ceux de pays bas, ont experimenté maintefois, à leur grand regret.

Mais le bon Dieu protecteur de ceux de le Religion reformee, & gens de bien, ne permettra jamais, que la Tynannie domine tousiours, ou que les Tyrans ruineroient ces fleurissants Provinces, en lesquelles, sa lumiere luit clairement, par sa parole annoncee à tous les inhabitants, la suivants d'une bonne Zele : vraiement ce seroit une chose pitoyable qu'ameneroit hors de cest pays, un si grand nombre de gens, avec leur enfans, à servir la servitude perpetuelle soubs un joug intolerable, & Tyrans immisericordieux.

La Tyrannyesse cessera, quend nous faisons nostre debvoir.

Pour avertir de nous & nous enfans, & successeurs, ceste infortume est il necessaire, que nous soyons envers nostre bon Dieu comme enfans obeissants, ne donnants jamais l'occasion de se courroucer, eviter toutes sortes de pechez, & retenir fermemēt la vraye religion reformee, laquelle est fort tourmētee ces annees passez: faisants ainsi demoureron nous tousiours soubs la conducte de Dieu, & faire comme Achior quand il vouloit faire la guerre contre un peuple, il enquesta premierement si les gens avoient offensez leur Dieu, & s'il estoit ainsi il les gaigneroit facilement, mais s'ilz estoient accords avec leur Dieu, il seroit peine perdue de faire la guerre contre eux qui sont en la main de leur deffenseur.

Le mesme respondit un Anglois à un François demandant quand ilz retourneroyent en France, il responda, quand vouz (c'est a dire Francoix) offencez vostre Dieu, adonc nouz retournerons pour vous punir.

Quasi

Quasi le mesme disoit le Mendoza, l'Admiral d'Arragon estant prisonnier en la bataille, voyant le bonne courage de noz soldarts, ayants obtenu sa victoire. Que pensé vous que ceste victoire est avenu à vous par vostre vaillantise & force, nullement, nullement, mesavonture est avenue, à nous pour noz peschez, & quand nous sommes restituez, en la grace de Dieu, par noz prieres, & l'intercession de saincts, nous pajerons nostre debte à vous.

Pource est il besoing que nous prions nostre Dieu misericordieus, pour avertir ceste infortune, & que demeurions en la vraje religion avec concorde, a fin que nous ne soions donnez aux mains de noz ennemiz, estants tousiours prests avec leur dents à nous deschirer, ou par finesse, ou par droict, comme il viendra à poinct.

Ceux qui sont aujourdhuy au gouvernement regarderont cautelesement aux contracts, ou les affaires avec l'ennemy: car quand il trouvera la commodité de nous tromper, il ne laissera jamais. Les Iesuistes, & les Prestres enseignent les Roys, qu'ilz ne sont pas obligez à leur serments & contracts faicts avec ses subjects Rebelles, car ilz ne sont pas vrais ennemiz, mais traistres de leur Roy, & a bon droict les Princes sont pas contraincts de satisfaire à eux, combien ilz sont obligez d'accords fermes. *Les Iesuistes donnent l'Instruction aux Roys.*

On a veu comment le Roy a deceu, & ruiné ses subjects en Arragon: vrajement il estoit bien heureux d'avoir trouvé si bonne occasion de les priver de toutes leur Privileges, & droicts, & il tua tous les principaux du Pays.

Ie craing que cela aviendra pareillement icy, que quelque jour le Roy pour nous tromper presentera à nous une Trefve de plusieurs ans, ou quelque jour eternelle, sans aucune feintise, & on ne pourra juger autrement que tout sera à bône foy, il dônera pleiges sufficâtes, & que plus est, il faira samblant de nous vouloir laisser, ne pensants de nous, si long temps que sa tyrannie est en nous amortie, & que successeurs ont oubliez leur cruauté: mais en fin il commencera retraicter ses droicts, & occuper le pays bas comme son patrimone, & heritage.

C'est la cause pourquoy il nous a presenté une Trefve, suivant le Conseil de Iuste Lipsius, pensant que nous serions plus discords au temps de paix, qu'é la guerre, mais loué soit Dieu, le Prophete a failli en sa prophetie.

Et combien aulcuns gens estants d'un cœur querrelleus (sans faulte ses creatures) ont commencé de troubler nostre Estat du republicque, sont ilz toutefois par la grace de Dieu, & generosité des Estats Generaulx, & Son Excellence Prince Maurice aneantiz, que à ceste heure l'Eglise est en repos (par la Synode de Dort) & la republique est ferme. Dieu vuelle donner que par le Gouvernement des Estats nous vivions long temps en paix, au salut du temps present & avenant: & qu'il tiennent continuellement les armes en les mains, côme font les Suisses, deffendants sa liberté à ceste heure plusiurs annees leur liberté contre les Espaignols estants leur ennemiz jurez.

C'estoit aussi le Conseil d'Henry le grand, le quatriesme Roy de France & Navarre donné aux Estats, au commencement de nostre Trefve, quand ilz estoient en peine pour avoir quelque asseurance en leur contract, faict *Le Conseil du Roy Henry le grand.*

avec

[...] Roy d'Espaigne l'an 1609: & comment ilz pourroient deffendre leur liberté; adonc disoit il: qu'il estoit besoing d'avoir tousiours les armes en les mains, combien qu'il estoit Trefve, & estre tousiours a la guarde, comme on est au temps de guerre.

Vrayement ce Roy sage & prudent a donné bon conseil aux Estats, & il a [...] la nature des Espaignols: sçachant qu'ilz ne desisteront iamais [...] Monarchie, & ilz monstrent journellement qu'ilz ne seront [...] quand ilz auront tout gaigné.

Combien le Roy d'Espaigne trouve, d'estre à ceste heure guere d'esperance de parvenir à son but, toutefois ses fidels serviteurs sont tousious occupé de mesler pour achever un œvre si sainct: & les principaux en ceste besoigne sont les Iesuites, faisants tout leur debvoir à troubler tout le monde par leur secretes practiques: mais j'espere qu'ilz seront quelque jour passez comme les Templiers, qui par le commandement du Pape de Rome & l'Empereur, & tous les autres Princes du monde sont tuez en une nuict.

Les Templiers sont tuez tres tous en une nuict.

J'espere que leur ruine est preparee: On les reiette par tout, Ceux de Venise les ont chassé hors leur iurisdictiõs, guardants toutefois la Rel. Cathol. A ceste heure sont ilz aussi pour leur seditions chassez hors Boheme, Hongarie, Silese, Moravie, & Sevenberghe, & tous les autres pays. Pource nous esperons qu'ilz tomberont bien en l'extreme ruine, avec leur Chef le Pape de Rome, avec tous ses compaignons, & sodalitez: apres les Prophetes ayants prophetisé leur cheute, combien qu'on mocque d'eux à ceste heure, seront en reputation, car il sur viendra plus tost qu'on pense: & apres quand Babylon sera tombé, nous aurons le fin de toute Tyrannie, & tout le monde vivra en paix.

Le Pape de Rome tombera bien tost.

Les vrays amateurs de la Religion Reformee, & tous les Zelateurs du patrie, desirent fort ceste iournee, pource que l'ennemy ne fait que practiquer jour & nuict nostre ruine, mais nous esperons à Dieu qui nous guardera benignement: si quelque jour retourment à leur souhait, ou à la gouvernement, il ne profiteront rien à ceux de la Religion Catholique, car ilz diront, comme tousiurs on a experiente, ilz sera bon pour ton ame. Toutefois les Prestres ont une artifice de enchanter les hommes par une Religion feinte, & ceremonies faulses, que ne desirent autre chose, sinon que les Espaignols retourment à establir leur Religion, estimants celle la plus ferme & asseuree, mais l'Escriture saincts parle autrement, la quelle jamais est en leur main, car il est defendu par le Pape de Rome en les Prestres: mais ilz ont leur livrets pleins de leur sottises, & miracles faulx.

L'Espaignol n'a point regard au religion.

C'est à nous tretous icy vivants en ces Provinces Vnies, prier le bon Dieu journellement qu'il luy plaise de nous conserver en bon Estat, tant en les Politiques, que les Ecclesiastiques gouvernements. En qu'il donne aux Estats de Provinces, & à Son Excellence, un cœur vaillant à l'encontre des ennemiz cruels: qu'ilz tousiours soyent à leur guarde, quand il est besoing de faire avec eux contracts, Trefves, ou paix: ne fier point eux, mais desfier, ayants tousiours les armes en la main, bien fournir avec les gendarmes les frontieres, avoir tousiours les navires de guerre aux Indes Orientales & Occidentales: & bien manier la guerre: Si le font en telle sorte tout ira bien, & nous, & nous successeurs serons delivrez de la Tyrannie Espaignole, estants un joug insupportable: Pource entretenons entre nous la vraie parole de Dieu & la concorde, par ces deux l'Estat du pays sera sans changement, à l'honneur de Dieu. AMEN.

LA VRAYE
ENARRATION
De la destruction des
INDES OCCIDENTALES.

Le Chapitre Primier.

Uand les INDES OCCIDENTA- l'Isle Es-
LES estoyent descoverts au l'an 1492. pagnole
l'année suivante sont venuz la les contient en
Chrestiens pour instruir, former, & po- rondeur
puler les terres : a sçavoir les Espagnols 600. lieux.
ainsi sont passez 49. ans, que y sont arrivez les Espagnols en grand nombre,
& ils sont abbordez au l'Isle Espagnio-
la, grande, & fort heureuse, contenante en rondeur 600. lieux:
il y a la plusieurs autres grandes & riches, lesquels nous aper-
ceumes de loing, estants fort habitees de gës naturels, Indiës.
On descouvre aujourd'huy le pays ferme, & on a descouvert
plus que dix mil lieux de terre, distante de la plus que 250
lieux, pleine de gens, comme une ruche à miel, pleine de
mouches à miel : Le descouvertement dernier a esté au l'an
1531 : il semble que Dieu a respandu par ce terres une bende,
ou tas des hommes, des toutes les races innumerables.

Dieu a creé çes hommes innumerables, fort simples, sans Les natu-
finesse, ou doublesse, fort obedients, fidels au Princes naturels, res des In-
& aux Chrestiens, lesquels ils servent fort humbles, patients, des.
paisibles, & modestes, sans tanser, troubler, & redire, non mo-
lests,

A 2

lests, non mesdisants, sans rancune, sans haine, sans vengeance : Aussi ils sont plus delicats, plus tendres de complexion, pas si fort adonnées aux labeurs, & fort facilement precipitez au mort par les maladies du corps. Les Enfans des Princes, & Seigneurs, nouriz en toutes les delicatesses, ne sont pas ci delicats que eux, combien qu'il travaillent maintefois fort & sont devenuz d'une race laboureuse. Ils sont aussi fort povres, possidants rien du bien terrestre, & pourtant esloignes de la superbité, de l'ambiçe, rien souhaitans, menants une vie si dure, comme les Peres Saincts ont menez aux deserts, fort courageux, moins poures. Ils sont point habillez, couvrants seulement les parties honteuses, avec un pieçe du drap de cotton, de deux aulnes en quarré : ilz se couchent sur une filet, lequel ils appellent en l'isle Espannola, Hamacas. Ils ont aussi un engin pur, naturel, fort adonnez aux enseignements bonnes, fort habil pour comprendre les Religions, & s'exorner des vertuz honorables, nullement empeschez, comme les autres hommes faictes au monde : & quand ils ont aucune cognoissance de la Religion, ils sont exagitez d'une si grande Zele de s'exercer, & user les Sacrements, & aller au presche, ou servir à Dieu, que le Religieuses deveroyent prendre un exemple d'eux, & les preserver de si grande tyrannie des Espaignols. Les Espagnols mesmes gens rudes & mondaines, m'ont dict maintefois qu'il sé emerveilloient de la bonte des natures des Indies. Vraiement ces hommes miserables seroyent les heureuses du monde, s'ils avoient la vraie cognoissance de Dieu.

La patience, & humilité du peuple.

Si tost que les Espaignols scavoyent que ces gens estoient hommes de basse condition, & nature simple comme les brebis, & faictes de Dieu en povre qualité, les ont ils assaillez comme les chiens enragez, loups gourmands, Tigres & Lions : & depuis quarants ans ils n'ont faicts autre chose, & auiourhduy encore ils font le mesme, de deschirer pieces, tuer, angoisser, opprimer, affliger, tormenter, & ruiner, per

La finesse des Espagnols.

estran-

De la Tyrannie aux Indes. 3

estranges, & cruelles sortes de cruautes, lesquelles nous reciterons d'aucunes: En maniere qu'en ceste *Isle Espaignolle* il 'y avoyent plus que trois Milions des hommes, que à ceste heure il n'y a point 200. hommes: l'isle Cuba, est si long, que Valledolid de Rome, & auiourdhuy est elle totalement destruicte. L'isle de S. Iean, & de Iamaica, sont isles fort grandes & plaisantes, auiourdhuy sont totalement desolez. Les isles Lucayos, voisins des les Isles de Espagnolle & Cuba, tirants vers le Nord, plus que soixante, avec eux de Gigants, & plusieurs autres grandes & petites Isles, fort fertiles & beaux, surpassantes la Cour du Roy de Seville, & regions plus sains du monde, contenoyent plus que cincq cent mille hommes, & aujourdhuy on n'y void pas un la: il les ont massacrez tretous, quand ils departoyent de la, & les amenoyent en l'isle d'Espagnolla, qnand avoyent tué quasi tous les inhabitans de l'Isle d'Espagnolla. Passé trois ans on envoya une navire vers là, pour trouver la reste du peuple, & les convertir s'il estoit possible, on y trouvoit onze inhabitans restantes. Les autres Isles arconvoisins trente sont desertz. Toutes ces Isles comptent plus que deux mille lieux totalement desolez. *Le nombre des citoyens.*

De le grand pays ferme nous sommes asseurez que les Espagnols par sa cruauté, & meschants faicts, ont exterminez & demeurent ruinez, tant de terres, qui surpasseroyent dix Royaumes d'Espagne, plus des hommes rationales; comprennants plus que deux mille lieux. *Les païs ruinez surpassents en grandeur dix fois Espaigne.*

Nous donnerons compte vraye & asseurée qu'il sont morts en ces quarante ans, par ceste susdicte tyrannie, & actes furieuses des Chrestiens iniustement, & cruellement plus que douze milions des hommes: & j'asseure qu'il sont plus que quinze milions, sans mentir. Les 12. milions, sont douze fois, dix cent mille. Les quinze milions, font cent fois cent mille & cinquante fois cent mille.

Deux manieres ou sortes principales ont eu ces gens qu'ils s'ap-

La vraye Enarration

s'appelloyent Chrestiens, pour extirper & ruiner ceste miserable Nation : la primiere estoit, par iniuste, cruelle & sanguinolente guerre: l'autre, quand ils ont tuez tous ces gens qui pouroyent aucunement esperer la liberté, ou eschapper hors les tormens, ont ilz massacré toutes les Princes, & hommes, car en la guerre ils tuent toutes les hommes, mais les femmes & enfans ils laisent en vie : la reste oppressent par la plus inhumaine servitude du monde. En ceste sorte ils traittent les autres pour extirper totalement la race innombrable.

Les Espaignols massacrent toutes les hômes en la guerre.

La cause de ceste exstirpation principale, que les Chrestiens ont tuez & massacrez autant d'ames, a esté le principal but l'OR, & se remplir en peu de temps de richesses, & s'exalter en estat grand, sans respect de leur condition, car ils estoyent insatiablement avaritieux, & ambitieux, surpassants tous les gens du monde : Ce pays estoit le plus heureus & riche, & le peuple fort adonné au subjection, patience, & service : Ces gens ont ilz point respecté, & ils n'ont point faict compte d'eux (je dy la verité, comme je sçay & j'ay veu maintefois estant la) moins que des Bestes : Dieu veuille qu'ils eussent estimez cõme de Bestes: mais plus moins que fange & l'ordure par les rues : En telle sorte ont ils porté soing pour les ames & corps de povres gens, & les ont massacrez, sans foy, & Sacrements. Ie deray une chose veritable & cognue à toutes les hommes, & les Tyrans, & Meurtriers mesmes le confesseront, les Indiẽs n'ont jamais donnez aulcun mal, ou outrage aux Chrestiens, car ils pensoyẽt estre devenuz de Ciel, devant qu'ils avoyent tourmentéz affligéz, massacrez, outragéz les voysins, ou eux mesmes.

Les hommes estimez cõme les bestes.

De la Tyrannie aux Indes.

Le deuxiesme Chapitre.

De l'Isle Espannole, située à la costé de Nord, de *Ligne Equinoctiale* sur le 20. degré.

EN l'Isle Espagnolle laquelle estoit la primiere trovée par les Christiens, on a commencé primierement la Tyrannie, destruction & miseres du peuple. Les Espagnols prennoyent les femmes & enfans des Indiens pour servir à eux & abuser, mangants les viandes acquises d'eux par labeur & sueur, non contants d'une viande commune, & facilement acquise, & tousiours petite : Car ces gens sont accoustumez de vivre sobrement, & preparent leur vivres en peu de peine: Mais les Christiens Espaignols pas contents de ceste petitesse gastoyent en une heure, tout cela ce qu'on avoit preparé pour trente hommes pour un mois: & par apres ils tourmentoyent encore cruellement les inhabitans : En maniere que les Indiens commencerent d'entendre, que ces gens n'estoyent pas venuz de Ciel : d'aucunes cacherent leur viandes, les aultres leur femmes & enfans, les aultres s'enfuirent aux montaignes, à fin que puissent eschapper la furie des Espagnols, & une conversation horrende comme celle estoit. Les Christiens souffrirent le coups de soufflets, & les battoyent de coups de bastons, sans avoir respect de Princes & Seigneurs : en fin ils sont devenuz en telle temerité & inpudence qu'un Capitaine Christien efforça la femme du plus grand Roy, Seigneur de toute l'isle.

La sobrieté des Indiens.

Le grand Capitaine efforça une Royne.

Les Indiens voyants les outrages, penserent chasser les Espagnols hors le pays : ils prennoyent les armes, fort tendres, pas suffisantes aux defensions: car leur guerres ne sont que les batailles des garsons de cest pays: mais les Chrestiens usants les chevaux, glaives, & lances, commencerent, à meurtrier & user

La Vraye Enarration

Les Chrestiens ulent les chevaux aux guerres.

user toutes sortes de cruauté. Ils se mettoyent aux Vilels, & bourgades, & massacrerent tretous, & jeusnes & vieulx, & enceintes, n'y celles qu'en la couche d'enfants: aussi ils coupoyent en ouvrants les ventres de femmes, & ils enduroyent comme de brebis povres: Ces meschants Meurtriers faisoyent gageure de couper un homme par milieu, d'un coup: ou oster la teste, ou descouvrir les entrailles. Ils prennoyent les petits enfans de les tetins de leur meres par les pieds, & les jettoyent contre les Roches; les aultres, les jettoyent en la Riviere par

Ils tuent les enfans.

le teste, & quand ils noyoyent, parlerent à haulte voix, retournez retournez: Cuerpo de tal: plusieurs furēt tuez de glaive, avec les meres, & toute la famille presente.

Ilz font des Gibets.

Ils faisoyent aucunes Gibet, si bas que les pieds toucherent quasi la terre, & pendoyent treize, a l'honneur & reverence de nostre Sauveur Iesu Christ, & les douze Apostres; mettants du boys & feu soubs eux, les bruslerent tout vifs: les aultres lioyent tout à l'entour d'estrain sec, & les bruslerent: à les aultres ils couperent les deux mains, & les lierent au corps mocquants d'eux, disants: Allez vers eux qui sont aux montagnes avec ces lettres. La maniere de massacrer les Princes & Nobles estoyt telle. Ils faisoyent de grilles sur les bastons

Le massacre des Princes.

hautes, & les lioyent la dessus, & en bas ils faisoyent un petit feu, à fin que en cris & lamentations miserables, & torments desperables perdissent les ames tristes & dolentes, en grand peine & douleurs.

Vn histoire cruelle, d'un Borreau.

J'ay veu rostir aux grilles quatre ou cincq Gentilhommes, criants à haulte voix, empeschants le sommeil du Capitaine grād, incontinnēt il māda de les estrāgler, mais le borreau qui estoit plus meschāt que le Capitaine ne les vouloit pas estrangler, mais remplit leur bouches de boys, a fin que sonnassent pas mot, & allumoit le feu, a fin que les rostasse peu a peu, comme il vouloit j'ay veu toutes ces actions, & plusieurs aultres fort horribles, & toutes les inhabitans trouvants

moyen

De la Tyrannie aux Indes.

Les Espagnols cruels, arrivants en ces terres,
Trouvent un peuple bon, benin, loyal sans guerres,
Vn pays fort plaisant du celeste faueur,
Car le Tout-puissant benit tout le labeur:
En terres enrichiz, tuerent tout le monde
Par cruautez, vuydants toute la terre ronde,
Le treize sont penduz, en belle memoire
D'Apostres & le Christ, pour auoir de gloire.

moyen d'eschapper se cachoyent aux montagnes, fuyants une telle meschante compagnie, & Tigres cruelles, ennemis du genre humain.

 Aulcunes Espagnols enseignoyent chiens au chasse, & autres pour plaisir, ce voyant un Indien est deschiré en pièce d'eux & mangé, comme s'il avoyent une beste sauvage en grande furie, & vehemence: Il survint aucunefois que les Indiens tuoyent un Chrestien par Iustice, ou raison juste, pourtant les Espagnols ont faict une ordonnance que pour un Indien tué, ils tueroyent cent Indiens.

Les cheins de chasse deschirent un homme.

De la Tyrannie aux Indes

Les Gentils-hommes tous eschappants hors les Villes,
Pour se sauver, Tyrans les mettent sur les grilles,
Bruslants les poures corps, d'un feu a longue main,
Faisants (helas au gens) un massacre inhumain,
Aux Femmes sont coupez aussi les mains, cruelle
Tragedie au peuple fort mauvaise novelle,
C'estoit pour le bassin de l'Or & de l'argent,
Mais Dieu les punira, les meurtres rejettant.

La Vraye Ennaration

Le Chapitre trosiesme.

De les Royaumes au l'Isle ESPAGNOLLE.

En l'Isle Espagnolle cincq Royaumes & Roys.

EN cest temps estoyent en l'isle d'Espagnolla cincq grands & principaulx Royaumes, & cincq Roys fort puissants, dominants quasi aux plusiers Princes en les autres Provinces circomvoisins, sans nombre, ne cognoissant aulcun Superieur. Le Royaume principal estoit appellé MAGUA, c'est a dire, le Royaume du Champ : ou de la Vega. Le champ est le plus plaisant & Fleurissant du monde en longeur comprend quatre vingt lieux de la mer, en largeur cincq lieux, & contient dix huict montaignes grandes à toutes les costez, trente mille Revieres, & douze si grandes comme Hebro, Duero, & Guadalquevir : & ces Revieres tombent d'une montaigne tirant vers le West : & sont en nombre vingt ou vingt cincq mille, pleins de l'or : En ceste montaigne on comprend

En Cuba l'Or fort excellent.

aussi la Province de Cuba, pourtant on dit les Mines de Cubao, d'ou vient l'or, fort prisé & estimé par tout le Monde.

Le Prince & dominateur en ceste Provence est surnommé Guarionex, les Vasalles de luy estoyent Seigneurs de telle

La force du Roy.

puisance, qu'ils avoyent en sa service chascun en seize mille hommes de guerre, pour servir à leur grand Roy Guarionex : & je l'ay cognu d'aulcunes d'iceux. Le Roy estoit un homme vertueux, pacificq du nature, obedient, fort adonné aux Roys de Castile, & chascun son subiect donna pour tribut tous les ans une clochette pleine de l'or, mais quand il ne pouvoit remplir la clochette, il payoit la moytie : car les Indiens de ceste pays ont peu de science de tirer l'or hors les Mines.

C'est

De la Tyrannie aux Indes.

Ceſt CACIQUE diſoit & preſentoit ſervir au Roys de Caſtile, & commenceroit une agriculture, en l'iſle Iſabella, juſques au Ville S. Dominicq: (la primiere ſiege de Chriſ- tiens) contenante cincquante grands lieux, à ceſte conditi- on que ne demanderoyent pas de l'or, diſant en verité, que les ſubiects n'avoyent pas la cognoiſſance de le tirer hors les Mines : l'Agriculture laquelle il vouloit commencer, eſtoit une affaire convenable à ces gens, & qu'il profiteroit au Roy d'Eſpaigne trois milions, car il euſſent eſté en ceſte Iſle cinquante Villes ſi grandes que SEVILLE. Le paiement & l'honneur de ceſte preſentation du Grand Roy eſtoit, qu'un Capitain Grand viola ſa femme, vraiement c'eſtoit un mauvais Chriſtien. Ceſt Roy n'a pas voulu prendre la commodité de ſe venger, ny aſſembler ſes gen- dermes, mais il ſe depart tout ſeul, voulant mourir ſans Empire, & Eſtat comme un banni, en une Provence nom- meé Los Siguayons, ou preſidoit un des ces Vaſſales : Si toſt qu'il eſtoit departy, on le deſcovrit bien toſt, on com- mença la guerre contre le Vaſſal du Grand Roy, que le tenoyt, & gaignants la bataille, ont maſſacrez tous les in- habitans, & prindrent. Le GRAND ROY, lequel ils mettoyent en une Caracque bien lié, & enchainé pour envoyer en Caſtile, mais une tempeſte la mettoit au fond, avec un grand nombre des Eſpaignols, & grand quan- tité de l'or, & le grand grain peſant 3600. CASTI- LIANS: ainſi Dieu vengea l'iniure, & l'horrende Tyran- nie.

Le Roy preſente ſa ſer- vice.

Vn Capi- tain Viola la Royne.

Les Tyrans noyez, avec l'or.

L'autre Royaume eſt appellé DEL DARIEN, ou à ceſte heure le port Royal, Cabo de la Vela, tirant vers Nord, eſt plus grand pays que Portugal, & plus digne d'e- ſtre habité, & plus heureux, ayant force Montaignes, & MINES d'OR, & cuyvre, fort abondant, le Roy eſt appellé GUACANAGARI, il tenoit ſoubs ſa

Le deuſieſ- me Royau- me.

B 3 domine

La vraye Enarration

dominé beaucoup des Princes,& Seigneurs, lesquels iay cognu quasi tretous. En ceste terre arriva primierement l'Ammiral qui descovrit le pays des Indes, & cest Roy estoit le primier, qui a receu l'Ammiral, & toutes les Chrestiens qui estoyët avec luy, fort honestement & courtoisement, avec grande humanité, principalement estant en naufrage, car l'Ammiral il pendoit la sa navire mais il estoit reçeu de luy, comme en sa propre maison, & patrie, comme j'ay entendu mesme de la Bouche de l'Ammiral. Ce Roy benin & clement fuyant la meurtre, & tyrannie des les Chrestiens, tout ruiné & privé de son estat, & totalement perdu mourut en les montaignes, mais toutes les subiects, Princes, & Seigneurs du pays ont esprouvez la cruaute & servitude donnée par les Espaignols: comme on dira apres.

Affabilité Du Roy Guacanaga ri.

Le troisiesme Royaume estoit appellé la Magnana, un pays merveilleusement sain, & fertil : on faict à ceste heure la le meilleure sucre du pays. Le Roy estoit appellé Canonabo, il surpassoit les autres en estat & gravité, & Ceremonies de se faire servir. Les ennemis le prennoyent en finesse & mauvaistié, estant sans aulcune soupçon en sa maison Royale, estant en leur mains, le mettoyent en un bateau, & l'envoyerent en Castile: mais quand 6 navires estoyent preparez pour aller à monstré Dieu sa puissance, & venga l'injure faict à ces povres gens, & envoya en nuict une horrible tempeste, que se perdirent les navires, avec toutes les Chrestiens & prisonniers estants la: aussi se perdit ce Grand Roy CANONABO fort lié de chaines, & pieges. Le Roy avoit trois ou quater Freres, hommes justes & bonnes, voyants ceste iniquite & tyrannie, & la captivité de leur Frere Roy, & principalement la horrible meurtre, & massacre par tout le Royaume, & scachants que luer frere estoit perdu en la Mer, prendrent les armes contre les Chrestiens Espaignols : mais si tost qu'ils entendirent cela les Ennemis Chrestiens prennent les chevaux

Le Royaume troisiesme.

Le Roy prisonnier se perdit.

De la Tyrannie aux Indes. 8

L'Appetit de l'argent, par ces peuples diverses
Fit les changer la foy, & devenir perverses.
L'Espagnol assembla, le peuple par tout doux,
Et le brusla bien tost, desloyal en corroux :
Car oncques le Renard ne change sa nature,
Et de garder sa foy l'homme Tyran n'a cure.
Anacoana fut pendue sans raison,
Et ruiné par tout la ville & sa maison.

La vraye Enarration

vaux & vont à l'encontre d'eux, & ruinent la moytie de ceste Royaume fort cruellement, sans misericorde.

Le Royau-me quatriesme. Le quatriesme Royaume, est appellé Xaragua, estant la moëlle du pays: la langue du peuple estoit plus exquise, les gens bien instituez, & maniez, surpassants les autres en Gentilhommes, bien genereux, & vaillants (car il y avoit force noblesse) aussi en beauté & pureté gaignants les autres circonvoysins. Le Roy se nommoit Behechio, il avoit sa sœur Anacaona: & un frere: & faisoyent grand proufit au Roys *Le Roy Behechio, & son frere grands amis de Chrestiens.* de Castile, & l'honneur au Chrestiens, les delivrants maintefois de grands dangiers du mort: il survint que le Roy Behechio deceda, & sa sœur Anacaona demeura Royne regnante. En cest temps un Gouverneur regnant en l'Isle mesme, vient accompagné des soixante chevaulx, & trois cents hommes à pied, les gens à cheval estoyent suffisants pour ruiner entierement ceste Isle, & il fait assembler plus que trois cent Gentilhommes, & les fait amener par finesse en une maison faicte d'estrain, & la fit mestre en feu, & brusler tretous, la reste du *La cruauté des Espaignolles.* peuple est tuée par la glaive, & lances. Incontinent apres il fist pendre la Roye Anacoana: Il survint qu' aucunes Espaignols Chrestien ont gardez (ou par compassion, ou d'estre serviz d'eux) les petits enfans, & jeunes garsons, les mettants d'arriere d'eux chevaux: mais un Espagnol voyant ceste acte, prend sa lance & tua d'aucunes: un autre voyant tomber les petits d'en haut en bas, coupa les pieds cruellement d'eux. D'aucunes de ces gens, voyants l'intolerable tyrannie prindrent la fuyte sur un Isle petite, au milieu du mer, huict lieux de la, le Gouverneur scachant la fuyte, condemna toutes les fugitifs au service des esclaves, pour travailler la jusques au mort.

Le cinquiesme Royaume, ou la Royne fust pendue. Le Royaume cincquiesme estoit appellé HEGUY, & la Royne vieille HIGUANAMA, fust pendue par eux: j'ay veu maintefois force gens brusler, & deschirer en ceste Royau-

Royaume, en diverses manieres de torments : les vivants, sont faicts esclaves : il n'est point possible de reciter tant de diversitez des afflictions, & tourments donnez à ceste miserable peuple. Ie reconteray seulement les choses servenues en faict de guerre, & ie dy, & affirme devant Dieu & ma conscience, que ie scay asseurement que pour endurer telle iniustice & cruaute les povres inhabitans Indiens n'ont pas donnez aulcun occasion, car il vivoyent ensemble comme de Religieux en un convent, en paix, & douçeur ; & les Espaignols les ont tuez, massacrez, miz en servage, & prison eternelle: Aussi en verite ie dis & confesse asseurement que touchant si grande destruction & dissipation de ceste Isle les inhabitans n'ont jamais offensez les Espagnols, n'y donnez aulcune occasion d'un peché mortel, pour estre dignes d'executions, & tourments : & combien ils eussent commiz enormes quelque fautes, la vengeance d'icelles apartenoit a Dieu, mais ils n'ont jamais porté quelque haine ou ranceur envers eux, dignes d'estre estimez principaux ennemis du genre humain, combien qu'ils fussent Chrestiens: je croy quil y avoit d'aulcunes fort offensez, toutefois il ne monstreroyent qu'une petite cholere, comme les enfans de dix ou douze ans (comme j'ay veu maintefois par experience) & j'affirme en verité que les Indiens ont tousiours mené la guerre juste contre les Espaignols meurtriers, tormentants les inhabitans comme les Diables, fort iniustement, & plus qu'on pourroit dire des Tyrans du monde : & tout le mesme j'ay veu faire les autres dominants aux Indes. *La bonté des gens du pays. Ils ont faict la guerre juste.*

Il est digne de noter : quand on avoyt faict fin à la guerre, & tué toutes les hommes, ne estoyent que les femmes & enfans : que faict on? on divise la reste du peuple miserable entre les Espaignols, on donne à un, trente, à l'autre quarante, à aulcunes cent, & deux cent : comme le plus grand Tyran, appellé d'eux Gouverneur commandoit, & principalement *On divise la reste du peuple.*

C soubs

soubs telle pretexte, qu'ils enseigneroyent en la vraye foy Catholicque, fort peu cognue de les Chrestiens mesmes, estants gens fort cruels, avaricieux, luxurieux, & n'ayants autre soing de ces povres inhabitans, que de les envoyer aux Mines pour tirer l'or en grand peine, & labeur, & les femmes exercer aux metairies, & cultivements, & vrayement elles travaillent comme les hommes; mais il donnent rien à manger que des herbes, & choses de nulle substance : les femmes devenoyent totalement en seicheresse, ainsi mourroyent toutes les enfans en peu de temps: les hommes estoyent segregez de femmes, la generation esvanouit, & mouroyent du travail & faim en les Mines, & les femmes en labeur des terres : ainsi se perdoit entierement l'Isle en peu de temps. C'estoit la vraye mode d'extirper le genre humian par tout l'univers.

<small>Les femmes travaillent aux terres.</small>

<small>Ils gastent les hommes & femmes par tout.</small>

Ie suis d'intention du raconter les charges imposées aux Indiens miserables : ils ont miz sur eux trois ou quater Acovas (une Acova pese 25. libres) & les portoyent cent & deux cent lieux, en Hamacas, comme s'ils estoyent mulets, car du peine & travail ils gaignerent des calles aux dos, & les espaules, comme on void aux jumens & bestes, estants en ceste charge ils les bastoient, fouettoyent, tormentoyent en mille & mille manieres : à dire la verité il n'est pas possible de mettre tout en escrit & si on le sçauroit tout il estoit de s'espouvanter & esbahir. Il est digne de noter quand on commença la destruction de ceste terre & l'Isle, apres qu'on avoit mis au gibet la Royne Isabeau. l'an 1504. Car jusques à ceste temps on par l'avoit une injuste geurre seulemet destruit aucunes Provinçes en c'este Isle, mais non pas totalement, & la Royne ne le sçavoit pas, les affaires de ces meschants, combien qu'elle portoit grand soing & cure pour la conservation & prosperité du pays (car je le sçay bien, & j'ay la veu maintefois estant la) mais puis apres les Espaignols ont destruict, ruiné,

<small>La charge de povres Indiens.</small>

<small>Quand on commença la destruction du pays.</small>

ruine, exstirpe le païs plus noble & fleurissant du monde: Et plus encore les Chrestiens depuis qu'ils sont arrivez en ces terres, ils ont tousiours practisé, & trouvé nouvelles manieres de cruautez, oppressions, outrages, & charges pour donner travail au peuple miserable & innocent, car Dieu les a laissé tomber en un cœur pervers & obstination abominable sans misericorde.

Le quatriesme Chapitre.

De les Isles de S. IVAN & IAMAYCA.

LEs Espagnols sont arrivez en les Isles de S. Iuan, & Iamayca, pleins de beaux gardins, & ruches à miel, l'an 1509: à ceste intention comme au l'Isle Espagnola: ils aborderent les Isles d'une outrage, & oppression, & cruauté, tuants, bruslants, mettants aux grilles, tormētants, & vexants les donnants pour deschirer aux chiens: si long temps qu'ils ont totalement exstirpez la povre & miserable race des Indiens; Ces deux Isles contenoyent plus que six cent mille ames, & je croy plus qu'un milion; mais aujourd'huy vous ne trouverez pas deux cent personnes en chascune Isle, les autres sont totalement perdues sans foy & Sacrements,

L'arrivement de les Espaignols en ceste Isle.

Nombre du peuple en 2. Isles.

La Vraye Enarration

Le cinquiesme Chapitre.

De l'Isle CVBA.

La venue de les Espaignols.

L'An 1511. sont venuz les Espaignols en l'Isle de Cuba, (si longe comme de Valledolid jusques jusques au Rome) pleine de provinces & peuples, ils ont commēcé, & absolu en telle sorte & maniere comme auparavant & d'avantage, ils s'augmentoyent tousiours en cruauté: ainsi ils ont monstré beaucoup des meschants faicts.

Miserable histoire d'un grand Casique.

Un Casique, estant un grand Prince, nommé HATVEY, estoyt eschappé de leur mains, hors l'Isle Espaignolla, avec un belle troupe de gens de son pays, pour eviter les calamitéz, & torments des Chrestiens: & estant la, il a entendu que les Chrestiens aussi arriverent en cette Isle, incontinent il fait assembler tout son peuple, & parla à eux en telle sorte. Mes amis, & freres, on dit que les Chrestiens arrivent icy, & vous l'avez experimenté la cruaute & tyrannie des Espaignols, & sçavez comment ilz ont tyrannisé les autres Princes, & le peuple de Hayti, (c'est à dire Espagnolla) tout le mesme ils feront icy. Sçavez vous dit il pourquoy ils le font? ils respondirent tretous, Non: mais nous sçavons qu'ils sont mauvaix & meschants du nature: Le Prince Hatvey disoit, ils sont vrayement fort cruels, mais ils ont un Dieu qui est pres d'eux en en grande reputation, & le l'ayment fort, & pour acquerir le Dieu, pour faire le service à luy, & l'adorer ils nous prosuivent, tormentent, & massacrent: il avoit pres de soy un coffre plein de l'or, & pierres pretieuses, & monstroit, disant: Voila le Dieu de Chrestiens, faisons devaut luy de dansee, s'il vous plaist, peut estre qu'il sera agreable a luy, & il mandera à eux, qu'ils ne faisent quelque mal à nous: ils crioyent tretous, d'estre bon: & commencerent à danser en grandes troupes

De la Tyrannie aux Indes.

Cacique de Cuba, prennoit de grand courage,
Tout son Or & l'Argent, & jettoit au rivage,
Pensant sauver le corps, son peuple & son Estat,
Mais il fust bien trompé venant au le desbat.
Estant Hatvey la mis au milieu de la flame,
Ouit mystere grand, pour bien sauver son ame,
Mais l'Evesque disant, la place du repos,
Demandoit l'Infer, sans Espagnol & los.

La vraye Enarration

Le Prince jette a la reviere l'Or & pierres pretieuses.

pes autour de luy, si long temps qu'ils estoyent lassez : Apres dit il : Si nous gardons c'est Dieu de Chrestiens, pour l'acquerir, il nous tueront en fin, pourtant je le jetteray à la Reviere : tout le peuple estoyt contant : incontinent il jetta au milieu de la reviere.

Et fust brusle tout vif.

Cest Cacique grand Prince fuyoit tousiours les Chrestiens, depuis leur arrivement en CUBA, car il sçavoit leur Tyrannie & cruauté, & principalement quand il les rencontroit, tousiours se defendoit par armes : En fin il fit prisonnier, estant en prison ils ont condamné d'estre bruslé vif, pourtant qu'il se defendoit tousiours contre ceste mauvaise race, & ne vouloit pas estre oppressé de ces borreaux Chrestiens : quand il estoyt lié au pal, un homme Religieus de l'ordre S. François, vient pres de luy, & parla aulcunes choses de Dieu, & noster foy, (de laquelle il n'avoit jamais ouy dire) & s'il le vouloit croire qu'asseurement il deviendroit au ciel, en eternelle gloire, & repos, & s'il ne vouloit pas, qu'asseurement il deviendroit au l'infern, & l'endureroit eternelles douleurs & torments : Cest poure Indien pensa un peu de temps : apres demanda ou les Chrestiens deviennent, le Religieus respondit, au Ciel, mais les bonnes : Le Cacique Indien replicqua incontinent sans penser plus outre, qu'il ne vouloit estre au Ciel ou les Chrestiens sont, & seront, ny voire un peuple si cruel & malicieus eternellement. Voila le fruict de ces bonnes Chrestiens devenuz en une terre incognue pour planter la coignossance de Dieu, & la vraye foy.

Extreme tyrannie.

Apres il survint qu'une grande troupe des Indiens nous rencontroyent amiablement formiz de viandes fort friandes, dix lieux d'une bourgade, prensentant du poisson, pain, & tout ce qu'il estoit convenable à manger en abondance. Le Diable entra aux cœur de Chrestiens, & tuerent plus que trois mille ames, sans aulcune raison, en ma presence, tant les hom-

De la Tyrannie aux Indes. 12

hommes, que les femmes, & enfans, avec telle cruauté que je ne le puys raconter.

Peu de temps apres, je fay sçavoir avec grande asseurance aux Princes de la Province de La Havana qu'ils ne craindroyent point (car ils avoyent ouy dire de mon credit) & qu'ils n'absenteroyent point, mais qu'ils renconteroyent à nous sans aulcune peur & crainte : car tout le monde craignoit le meurtre, & les torments de les Chrestiens : & je le faisoye par commendement du Capitaine : quand nous approchames, voila vingt & un : Princes, Caciques : Capitaine les print incontinent tretous, faussant son serment donné, & les vouloit le jour suivant brusler tout vifs : disant à moy. Il vauldroit mieux de ler brusler a l'heure, car je crains quelque mal d'eux : vrayement je me trouva bien en peine de les sauver; en fin, je gaigna le cœur du Tyran, & on les laissa en liberté. *En Havana nostre grád Capitaine se faict parjure.*

Apres que toutes les Indiens du pays estoyent miz en servitude, & calamité, par les Espaignols de l'isle d'Espaignolla, les autres, voyants que les povres prisonniers mouroyent tretous, s'en fuyrent en les montaignes, d'aucunes se pendirent mesmes, tant des hommes que le femmes, & enfans : la cause estoit un Grand Tyran, qui tyrannisa fort en ceste place, & plus que 200. Indiens se s'ont penduz mesmes, ainsi se perdit le monde. *Les Indiens pendent soy mesme.*

En ceste isle estoit un Officier du Roy, & l'on donna à luy en la partition trois cents Indiens, mais quand les trois mois estoyent passez, voila desia morts en le travail de Mines deux cent, & soixante, & luy resta encore trente: apres l'on donna à luy six cent, mais il les fit mourir aux Mines, a la mesme mode, apres l'on augmenta le nombre, & il ura aussi ceste troupe, en fin il mourut, & le Diable emporta son ame en son regne. *L'extreme cruauté d'un Capitaine.*

J'estoye en ceste Isle trois ou quatre mois, & icy morurent

La Vraye Enarration

<small>Sept mille enfās morts de faim.</small> rent de faim, (car les parents estoient aux Mines) plus que sept mille enfans.

<small>Les Chrestiens vont à la chasse.</small> Ie raconteray ce que j'ay veu: les Christiens s'assemblerent, & s'en allerent aux montaignes, pour les tuer comme à la chasse, faysant un terrible meurtre : en telle sorte on destrua cest beau l'isle, florissant en abondance, mais uu peu apres totalement ruiné & desolé.

Le sixiesme Chapitre.

De le Pays ferme d'Americque.

<small>Quand les Tyrans arriverent en Americque</small> L'An. 1514. est venu un Gouverneur fort meschant, plein de tout vices, un grand Tyran sans aucune pieté & misericorde, au pays d'Americque, comme une verge de Dieu, il estoyt un homme fort habil pour populer pays avec les Espaignols : combien que les autres Tyrans avoyent esté en ceste terre ferme, & massacré beaucoup des gens, & ruine les nations habitans au costé du mer, mais ceste-ci faisoit ces affaires d'un autre maniere, & plus cruellement que les autres qui avoient esté devant luy en les Isles : en ceste sorte par sa cruauté il gaigna non seulement la coste du mer, mais aussi le Royaumes riches & grandes: il jetta par sa inhu-

<small>Vn Tyran desola un grand pays.</small> manité beaucoup de millions de ames aux infers, il desola beaucoup de lieux outre *Del Darien*, jusques au Royaume & Province de *Nicaragua*, contenant plus que cincq cent lieux, le pays plus fertil & abondant du monde, remply de Princes & Seigneurs, plein de bourgades petits grand, riches en l'or, car en cest temps la n'estoyt pas une place si abondante de l'or que este-cy: car combien l'isle Espaignola avoit quasi remply toute l'Espaigne de l'or, toutesfois les Indiens l'avoyent

De la Tyrannie en l'Amerique. 13

l'avoyent tirez avec grand peine & travail hors le ventre du terre, mais icy on le trouvoit par terre sans labeur. *En pays fermé on trouve par tout l'or.*

Cest Gouverneur, avec sa compagnie, trouvoit une aultre sorte de tormenter, & exercer sa cruauté, envers les inhabitans, pour descouvrir l'or, & le donner aux Chrestiens. Il y avoit un de ses Capitaines qui au commencement (par le commendement du General Gouverneur pour librement desrober, & exstirper la nation) tua plus que 40000. hommes, par le glaive, par le feu bruslant tout vifs, deschirant par les chiens, & tormentant en diverses sortes: le tesmoin sera un frere Mineur de S. Roman, estant avec luy en ceste place, voyant les massacres contre son gre. *Vn Capitain à meurtry 40000. ames.*

Le Roy d'Espaigne envoya les Gouverneurs aux Indes pour convertir les Indes aveugles au foy Catholicque, & les preserver en bon estat, mais le meschant aveuglement a pris les Gouverneur mesmes, qu'ils n'ont jamais donnez la peine en effect, d'achever un œvre si Chrestien & salutair: ilz ont commandé maintefois qu'ilz estoyent contraints de prendre la foy, & promettre L'obedience au Roy de Castile, & s'il ne faisoient pas que seroyent tretous ruiné par guerre, feu, & terribles cruautez: Comme si le fils de Dieu, qui est mort pour chascun, avoit commandé en sa parole, disant: Enseignez toutes les nations: qu'on debvoit aux peuples Payens, pacifiques, prescher la vraye foy, & sa parole, & s'il ne vouloient pas croire par une telle simple predication, n'y se soubjetter au Roy d'Espaigne, de qui ilz n'ont jamais ouy dire, & duquel les Ambassadeurs & Capitaines estoyent les plus cruels, & immesericordieux Tyrans du monde, qu'il estoyent contraincts de perdre l'Or, la terre, sa liberté, les femmes & enfans, & la vie: ce qu'estoit une chose sotte & sans raison, digne d'estre mocquée chastiée, & reprins. *Les Gouverneurs sont envoyez pour convertir les Payens. Mais ils tuent les povres gens.*

Cest Gouverneur Atheiste, & blasphemateur de Dieu, avoit l'instruction de faire ceste requeste, pour se justifier *L'instruction du Gouverneur meurtrier,*

D en

en sa petition, totalement irresonable & iniuste, & il commenda a ses Ambassadeurs meurtriers, qui s'en allerent de l'aviser au peuple sa intention: Ces Meschants trouvants l'occasion de piller & ruiner les bourgades, ou villages pleins d'Or, vont jusques à la, pres d'une demy lieu, & lirent entre eux mesmes la demande, ou l'instruction du Gouverneur: disants en ceste sorte. O CASICQUE ou vous Indiens du pays ferme ou de ceste village, nous vous faisons sçavoir, qu'il y a un Dieu, un Pape, un Roy de Castile, qui est Roy de ceste Provence, venez incontinent pour donner l'obedience a luy, si vous ne le faictez pas, nous vous prosuivrons par la guerre, par prison, & par le mort. Au l'aube du jour quand les inhabitans du village dormoyent sans aucune crainte, avec leur femmes & l'enfans, voila les Espaignols qui prendrent par force le bourgade, mettent le feu au maisons faites d'estrain, & bruflent les femmes & enfans tout vifs, les autres ils massacrerent estants en sommeil: les restants l'ont ilz tourmentez jusques à la mort, pour sçavoir les autres places ou l'or estoyt caché : ilz amenoyent d'auculnes en servitude: quand les povres Payens estoyent bruslez, & leur maisons, voila les Espaignols vont chercher la richesse du pays, & ilz trouverent en grand nombre. Voicy les besoignes de ces gens Atheistes, & exstirpateurs du monde depuis l'an 1514: jusques au l'an 1521. & 1522. En telle entree il envoia cinq ou six Serviteurs, participants chascun sa portion en le ravissement, & luy mesme comme Capitaine general print non moins sa eguale portion, du l'or, des perles, & joyaux en grand nombre, & de les esclaves. Les Officiers du Roy l'envoyerent ses serviteurs, à fin que despouillassent une belle portion : Le primier Evesque l'envoya aussi ses disciples, pour trouver sa part en ceste marchandise, ilz desrobberent la (à mon jugement) plus qu'un million d'or : & je pense que je dy trop peu : & on trouvera

La cruauté en les villages.

Chascun departit le butin en les villages pleins d'Or & richesse.

De la Tyrannie en l'Americque. 14

CEst Cazique bening ayant de benefice:
Presté aux Espagnols, receut de malefices,
On le metta (helas) & pieds cruellement
Devant le petit feu, rotissant par tourment.
Desrobbant tout son bien, & tuant toutes les femmes,
Et vierges tout par tout, n'espargant pas les Dames,
O faict horrible & grand, donner au bienfacteurs,
Un mort cruel, & dur, par mil & mil douleurs.

La Vraye Enarration.

trouvera qu'ilz ont envoyé au Roy si non que trois mille Castillans du tout ce qu'ilz ont saccagé, & l'avoient tué plus que huict cent mille hommes. Les autres Tyrans & Gouverneurs qui sont venuz apres, jusques au l'an trente trois, ont permi qu'on tua per servage tyrannicque, laquelle est tousiours conioincte avec la guerre : ainsi on ruina la reste du peuple.

Vn horrible faict d'un Gouverneur.

Entre les innumerables horribles faicts je raconteray un, fort meschant & horrible. Un Cazique estant un grand Prince presenta au Gouverneur, voluntairement, ou de peur comme je pense, neuf mille Castillans, luy n'estoit pas contant de cest somme a mis en prison cest grand Seigneur, un peu apres, il a mandé de le mettre au un pal, & s'asseoir à terre, avec les pieds estenduz, lesquels il manda mettre au feu, à fin que donnasse plus d'Or : cest povre Cazique envoja en son logis, & manda qu'apporteroit encore trois mille Castilians, & l'on tormenta encore, mais cest povre Prince, avoit donné tout son bien, & richesse endura les torments, jusques a ce que la moelle couloit hors de jambes, & mourut miserablement au milieu de ses douleurs, & angoisses.

C'estoit la continuelle maniere de tourmenter les Seigneurs du pays, pour tirer l'argent d'eux par force.

Les Espagnols tuent les femmes & filles.

Un peu apres une grande compaignie des Espaignols, aloit pour brigander & massacrer, & venant pres d'une montaigne en laquelle estoyent beaucoup des Indiens, fugitifs, pour eviter l'extreme Tyrannie des Espaignols, ces povres Payens sont trouvez d'eux, & tuerent d'aulcunes, mais ils ont priz septante ou quater vingt filles ou femmes, lesquelles ils menerent avec eux: en la mesme bataille sont tuez beaucoup des Indiens. Lendemain s'assemblerent les inhabitans, & s'en vont aux Chrestiens, bataillans pour reçevoir leur femmes & filles, Les Chrestiens voyants la force des Indiens, & vaincuz d'eux, ne voulants laisser le butin, tuerent les fem-

femmes & filles, sans laisser une vivante. Les Indiens voyants Les Indiens
cela, pleins de l'ire & orgueil, & tristesse, crierent à haute voix. font grand
O Les meschants, & cruels Chrestiens: a las yras matays? C'est cas de la
à dire: Tuez vous les femmes: comme s'il vouloyent dire, meurtre des
c'est vrayement un acte cruel, & abominable tuer les fem- femmes.
mes, & vous monstrez d'estre hommes pleins de brutalité,
& cruauté.

 Dix ou quinze lieux de Panama demuroit un Grand Seig- Le Prince
neur, nommé PARIS, riche en l'or: les Chrestiens allerent Paris fust
vers luy, & luy receut tretous, comme ses freres, & donna au pillé de ses
Capitaine plus que 50000. Castillans: Les Chrestiens fai- biens: mais
soyent ceste compte, quand un Prince baille une si grande il les regai-
somme de bon gre, qu'il a grande richesse sans doubte: les gna.
Espaignols font le semblant du departement, mais à l'aube
du jour ilz retournent, & se mettent en la bourgade à la foule,
que les Indiens penserent de rien, ilz massacrent, & mettent
à mort plusieurs inhabitans, & prindrent un butin de 50000.
Castillans, & le Cazique s'enfuya. Incontinent le Grand
Seigneur assembla force gẽs, & en trois jours il a attaindu les
Chrestiens, portants le grand butin de quarante mille Castill-
lans, & tua cinquante Chrestiens, & reprint tout son Or, les
autres fort blessées prindrent la fuyte.

 Un peu apres beaucoup de Chrestiens retournent, & La ven-
mettent à neant le village, le Cazique, & tous les inhabitans, geance de
sont massacrez, la reste est mise en servage. Aujourd'huy on la perte des
n'y trouve pas la un homme, ny la place du village, ny en Chrestiens.
trente lieux par de la: & c'estoit un pays fourmillant des
hommes puissants, & dominations: & toutefois les Espaignols ils ne faisoyent pas compte d'un si petit saccage, combien
que mettoyent un entier pays en destruction, & ruine: la
principale cause estoit cest Capitaine grand Atheiste.

D 3.

La Vraye Enarration

Le septiesme Chapitre.

De la Provence Nicaragua.

La bonté du pays de Nicaragua.

L'An. 1522. vient cest Tyran à la mauvaise heure, au ceste Province Nicaragua, oppressant les inhabitans fort heureux, & benins : il n'est pas possible à rancourer, la fortune, santé, plaisance, prosperité de ceste Province, ny la frequence, ny population de ces gens. C'estoit chose admirable de voir un pays plein du monde & villages de trois ou quatre lieux, villes bien fornies des gens, pleins de gardins plaisants. Ces gens tenoyent un pays plat & esgal, sans montaignes pas convenable pour se cacher, & fuyr, à ceste raison ilz estoyent exposez à la tyrannie des Espaignols, & l'ont perduré si long temps qu'il estoit possible, la cruaute des Chrestiens : Et a cause de leur bonté, & bien vueillance cest

Les Chrestiens destruirent le bon pays.

Tyran, avec ses compaignons gens sans pitie, & crainte de Dieu, a destruit, depopulé, & extirpé cest pais, le plus noble de tretous. Il envoia cinquante chevaulx, & les commenda aller tout à l'entour (une espace si grande que le Compté de Rossellon) pour tuer & massacrer les hommes, les femmes, & les enfans, la raison estoyt fort petite : a sçavoir, qu'ilz ne sont pas venu incontinent quand il les manda venir: & qu'ils n'apporterent pas tant de charges de Mayz, quand il avoyt commendé: & qu'ils ne se donnerent incontinent, en sa service, ou a la servitude de ces compagnons. Et depuis, que le pais estoit plain & esgual, il n'y avoit moyen de fuir les chevaulx, n'y sa cruaute infernelle, & Diabolicque. Ayant

Il gaste encore autres Provences.

ruine en ceste sorte un païs fleurissant, il envoia ces compaignons Tyrans cruels, & inhumains, en un autre Provence, & commenda amener autant des Indiens qu'ils vouloyent, lesquels

De la Tyrannie en Nicaragua. 16

quels ils mettent en prison, & chaines, a fin que ne laissassent la charge de trois Arovas (une Arova contient 25. livres) laquelle ils estoyent contraincts de porter : Cest Tyran a commendé maintefois telle tyrannie, que de quater mille Indiens pas retournerent en ses maisons six vivants, & les morts il laissa par le chemin, sans ensevelir, il survenoit maintefois que le povres hommes sont devenuz las & debilitez soubs les fardeaux trop grandes, & malades du faim, labeur & foiblesse du corps, pour gaigner le temps, les Espagnols couperent à eux les testes, tombants à une costé, & les corps à l'autre : ainsi ils delierent facilement les chaines autour du col. Vrayement c'estoit un horrible spectable pour les autres qui estoyent en telle peine & labeur. Les inhabitans aussi departants de ses villages, dirent adieu a ses femmes, & amis, scachants asseurement de ne retourner jamais : disants, cest le chemin trist & dur pour servir au Christiens ; auparavant nous allames per icy, & retournames à la maison, prez nous enfans & femmes, mais a ceste heure nous allons, sans retourner jamais, ny les veoir d'avantage, ny plus vivre. *Les povres Indiens sont tuez soubs les fardeaux.*

Exclamations des povres Indiens, allåts aux Chrestiens.

Il survint que le Gouverneur borreau du genre humain, vouloit faire nouvelle division des Indiens a son plaisir (on disoit que c'estoit pour exstirper lesquels il hainoit, & les donner a eux qui l'aymoit) fust cause que les Indiens ne semoyent pas temps de semaille : & il faulloit du pain : incontinent les Christiens prennent toute la provision de les Indiens, gardée pour ses enfans mais y morurent plus que 30000. ames : & par faulte du pain une Mere mangea son propre Enfant. *Vne femme mangea son fils par la famine.*

Quand les villages des Indiens estoyent comme les gardins faites à plaisir, les Christiens voyants les belles places y viennent se leger la, & attirent à eux l'agriculture du pays, vivants en bien, & terres des Indiens, se faisants maistres & possesseurs du tout. En sorte que les Indiens, les Princes, les

Les Peres, Meres & les enfans, demeurerent avec les Chrestiens, contrainćts de les servir du jour & nuićt, sans cesse; aussi les petits enfans si tost qu'ilz pouvoyent faire quelque petite besoigne, ilz les metterent à l'ouvrage, & plus qu'ilz ne pouvoyent, ainsi ilz consumerent les Payens, & la race entiere, qu'à ceste heure il reste fort peu: n'ayants rien propre, ny maisons, ny terres: Vrayement ces Tyrans estoyent plus cruels que ceux de l'isle Espaignola.

Les payens n'ont rien à eux.

Ilz ont beaucoup des gens oppressé & ruiné en ceste Province, & donné au mort, baillants à porter les bois jusques à le havre, trente lieux, pour faire des navires: & cherçer aux montaignes le miel, & la cire: mais à ceste heure ilz sont plus cruels, chargants les femmes Enceintes du bois, comme on faićt en Espaigne les bestes.

Les femmes enceinćtes portent les bois.

La horrible Tyrannie en ceste Province estoit que le Gouverneur permetta que les Espaignolz demanderent de les *Caziques* & Princes du pays les Esclaves: chascun demanda en quatre ou cincq mois, ou tant de fois que le Gouverneur permetta, cinequante Esclaves par contrainćte, & si ne le faisoyent pas, ilz estoyent en peril d'estre brulez, ou jettez devant les chiens furieux: Et puis que les Indiens n'ont pas des Esclaves, (car un Cazique n'a que trois ou quatre) les Princes du pays prindrent primierement les orphelins, apres ilz demanderent à eux qu'il avoyent deux fils, un: qu'il avoyent trois, deux: ainsi le CAZIQUE accomplit le nombre lequel le Tyran demanda, avec des pleurs & l'armes, en ceste sorte il ruina depuis l'An 1523, jusques à l'an 1532. toute la terre: car en six ou sept ans, il envoia cincq ou six navires, a telle marchandise, tirant & vuydant en ceste sorte la provence, & vendirent les hommes, pour estre Esclaves en Panama & Peru, ou ilz sont perduz tretous: & j'ay veu maintefois que les Indiens tirez hors de sa patrie, moururent incontinēt, car ilz ne donnent pas à manger, & les

Le Gouverneur Tyran demande les Esclaves.

On donne les orphelins.

Aussi les fils propres.

De la Tyrannie en Nicaragua. 17

chargent avec les intolerables labeurs : car ilz les achettent pour travailler, & ils les vendent pour laborer. En telle mode ilz ont tirez hors cest pays plus que cincq cent mille hommes, & les ont miz en servitude, gens libres & francx comme moy. Par les furieuses guerres, & horrible servage ont ilz tuez à ceste heure plus que six & sept cent mille hommes, & en telle sorte ilz le font encore aujourdhuy. Depuis quarante ans ilz ont traictez c'este affaire, & à ceste heure, il n'y a point en toute la provence de Nicaragua quatre ou cincq mille personnes, lesquels ilz gastēt aussi encore par continuelles afflictions & exstirpations : & devant la venue des Espaignols elle estoit une provence populée en tous les endroicts, & la plus fertile du monde.

Vn peuple libre en servage.

La provence de Nicaragua est totalemnt privée des hommes.

Le huictiesme Chapitre.

De l'Espaigne Nouvelle.

L'An 1517. on descouvrit l'Espaigne nouvelle : & les Chrestiens qui la descouvrirent, ont furieusement & horriblement meurtriz. L'an 1518. s'en allerent pour populer, & occuper les places, & villages, & ilz ne faisoyent que massacrer & ruiner le peuple : ainsi que depuis l'an 1518 jusques au l'an 1542. la Tyrannie est devenue au sommet, rejettans totalement la crainte de Dieu, & du Roy, & s'oublierent eux mesmes, car les outrages, cruautez, meurtres, destructions, dissipations, ravissements, vilainies & tyrannies, perpetrées en ceste terre, ne sont pas à dire, ou escrire : & ils surpassent les predictes.

Quand les Chrestiens arriverent en l'Espaigne nouvelle.

Leur cruautez.

Car combien nous disions tout, laissans beaucoup sans reciter, il n'est pas à comparer avec cela, ce qu'on a faict depuis l'an

On faict encore le mesme.

E

La vraye Enarration

l'an 1518 jusques à present l'an 1542: & à ceste heure encore en le mois de Decembre, on faict le mesme, comme j'ay dit auparavant: ainsi que du commencement s'a tousiours augmenté la meschanceté des Chrstiens.

En maniere que depuis l'entree des Espaignols en l'Espaigne nouvelle, environ l'an 1518: à la 18. d'Avril: jusques a present 1530: ce sont douze ans que les meurtres, & oppressions du peuple ont esté exercées par les sanglans, & furieux mains, & couteaux des Espaignols: ruinants quater cent & cincquante lieux, tout à l'entour de Mexico; & par deça: ou estoyent quatre ou cincq Royaumes, si grands que l'Espaigne mesme, & si bons. Les villes estoyent pleines du monde, & plus qu'en Toledo, Sevilla, Valadolid, & Saragossa, ou Barcelona: le rondeur de ces Royaumes comprend mille huict cent lieux.

Au pays de Mexico.

Dedans ces douze Ans, & en ces mille huict cent lieux, l'ont tuez avec le glaive, des lances, bruslants tout vifs les femmes & enfans, vieux & jeusnes, plus que quatre milions des ames: durant leur Conqueste comme ilz disent, mais il sont invasions abominables, sanglants & cruels: dignes non seulement d'estre condamnéz de Dieu, mais aussi par les droicts Imperiales & civils (estants plus rigoureux que le Turc prosuyvant les Chrstiens) & auiourdhuy ilz ne cessent pas encore d'user telles extremitez, & tyrannies, oppressions, & continuelles vexations: Il n'y a pas un homme, au monde, si sage, ou eloquent qui pourra mettre en escrit ou dire les horribles actes, & Tragedies survenues en les places icy a l'entour, & plus moins tous les circonstances des faicts perpetrées par les vrays ennemis du peuple Payen, & du genre humain. En verité je confesse, & je le confesseray, & diray tousiours qu'il m'est impossible de parler & raconter tous les actes abominables avenues en ma presence, estant avec eux: toutesfois j'en diray & racontray d'aucunes, lesquels

On ne peut n'y dire n'y escrire les cruautez des Espaignols.

L'Autheur mesme se defie de le raconter tout.

De la Tyrannie en l'Espagne nouvelle. 18

L'Espagnol en prennant plaisir en meurtrerie,
Faisoit un meschant faict, & plain de vilainie,
Quand le peuple fort doux, & simple s'en fuyoit
Au temple de salut, & sa vie cherçoit
Il brusle les Seigneurs : O triste Tragedie
Faire mourir les gens, bien loing de maladie,
Mais il prend son plaisir au feu, comme meschant
NERO, mettant le feu au Rome fort plaisant.

E 2

quels j'ay veu de mes propres yeux, soubs protestation, & serment qu'ils ont estez plus que je diray, comme vous jugerez par apres.

En la ville de Cholula nombrante trente mille citoyens, ilz ont perpetrez un grand Meutre. Incontinent a l'arrivement des Espagnols, les Chrestiens sont ilz venu en la ville, & les Seigneurs de la ville viennent au devant eux, & introduisent primierement les Prestres, avec l'Archevesque en procession, avec obedience & reverence, & les amenerent au milieu du ville, & les logerent la, en les maisons des principaux Seigneurs. Les Espaignols practiquerent la un massacre bien cruel, à fin que puissent estre craignez par tout le pays: & que les povres brebis fussent tousiours en crainte d'eux. En sorte qu'ilz firent assembler pour commencement les Siegneurs & Princes de la Ville, & les principaux bourgeois, & quand ilz parlerent au Capitaine grand sont detenuz tretous la, sans qu'on sçavoit porter nouvelles d'eux: & sont my en prison. On demanda d'eux 5. ou six mille esclaves, pour porter leur fardeaux, ilz viennent incontinent, & les on amy en quelque place de la maison. C'estoyt une chose digne de pitie & misericorde de voir les Indiens s'apprester pour porter les charges & fardeaux de les Espagnols, tout nuds, couvrants seulement les parties honteuses: & pourtant sur le dos un filé tenant la vyande, ils se couchant genouillants, cōme les brebis: estantz ainsi assemblez à la cour du Palais, avec d'aulcunes autre gens tout à l'entour d'eux: Voicy une terrible acte.

Les Espagnolz estantz bien Armez, munient la porte de gendarmes, les aultres vont tout droict au milieu de ces povres gens, avec les glaives & lances, & les tuent tretous, qu'il ne restoit personne. Lendemain d'aulcunes Indiens tout soigneux qui se l'avoyent occultez soubs les massacrez, comparoyent, criants miserablement, & pleurants devant les Es-

Massacre en Cholula.

Les Espagnols demandent cincq ou six mille Esclaves.

Et ilz massacrent tretous en un moment.

De la Tyrannie en l'Espagne nouvelle. 19

Espagnols pour estre sauvez, & priants mercy, mais ils estoy-ent comme auparavant immisericordieux, sans pitie, & les tuerent en pieçes. Le Grand Capitain manda, qu'on mettait tous les Seigneurs & Princes liez au feu; le nombre d'eux estoit plus que cent. Paravanture un de les Principaux, & Roy du pays, trouva le moyen de se desnouer, & s'enfuya avec autres vingt, ou trente, au Temple de la ville, estant comme un Fort, appellé d'eux *Ouu*, & se defendirent la bien long temps, mais les Espagnols, qui ne cessent jamais de cruauté, ny espaignent les gens, principalement desarmées, mettent le feu au temple, & les bruslerent tretous. Ces povres Payens & miserables crierent à haulte voix: O meschants & traistres pourquoy vous tuez nous? ditez en quoy nous vous l'avons offensez: Allez, Allez en Mexico, vous trouverez la nostre grand Roy Motencuma, & il vangera nostre mort.

On dit que quand ils faisoyent cest meurtre, & l'on brus-la l'Eglise, qu'il disoit: en sa langue Espaignolle. *Mira Nero de Tarpeia a Roma come se ardia, gritos dan ninos y vielos, y el de nase dolia*, c'est à dire. Nero voyoit de son Paleys la ville de Rome en feu, les enfans & les parens se plurerent, & il n'estoit pas trist, n'y deplorerent les citoyens. L'ayant dit ces paroles, voila la main de Dieu, & la punition: la terre se fendit, & desgloustit ce Tyran tout vif, devant les yeux de tout le monde.

Toutesfois sa compagnie n'estoit pas content, & commence un autre massacre en la ville de TAPEACA, fort grande & bien populée, avec une grande cruauté, & effusion du sang, coulant par les rues à tous les endroicts, sans esparger les femmes & enfans, estants encore en la creiche. En ceste sorte ils destruirent le vray Paradis du monde, un pays fleurissant en fruicts & hommes.

Et les Seigneurs sont miz au feu.

l'Execution du peuple bruslant.

Le Capitain va tout vif au l'infern.

Ils massacrent en la ville Tapeaca.

E 3

La vraye Enarration

Le neufiesme Chapitre.

L'atrivement de les Espaignolz en
MEXICO.

Le Roy de cest Royaume envoya les presents. LEs Tyrans ayants ruiné la ville de Cholula, pour achever sa tyrannie s'en vont en Mexico. Le grand Roy de Motencuma aperçevant la venue de les Espaignols, envoye mille presents, ses Signeurs, ses gens, & solemnitez a l'encontre d'eux en chemin: & en l'entree de la cassie de Mexico, deux lieux de la, il envoya son propre frere accompagné des Grands Seigneurs, & avec eux beaucoup des presents, de l'or, l'argent & habillements: mais tout droict devant l'entree du Ville

Le Roy rencontre mesmes les Espaignols. il mesme se presenta, en un litier d'Or, avec tous les Princes de sa court, & conduysoit les Espaignols jusques au palais, ou le Roy avoyt commandé de les recevoir, & loger. Au mesme jour sans aulcune raison, on soubçon (comme

Et l'ont mizen prison. m'ont dict ceux qui ont esté present en la mesme place) ont ilz prizle Grand Roy MOTENCUMA, & autour de luy une garde de quater vingt hommes, bien chainé, & pieghé. Cependant en ceste place ilz ont perpetrez force tyrannies, lesquelles je ne raconteray pas icy, mais seulement une notable acte, avenue en cest endroict.

l'Histoire d'une grande tyrannie. Le Grand Capitain de les Espaignols, qui avoit mis en prison le Roy Montencuma, estoit allé vers le port du Mer, pour rencontrer un autre Capitain, qni venoit pour le visiter, & il avoit donné la garde de cest Roy, à un autre Capitain, de sa compaignie, avec cent hommes: ces gens ensemble resolurent une notable acte, bien cruelle, à fin que puissent estre redoubtez en tout le pays: C'est une practique fort usée

par

De la Tyrannie en Mexico.

L'Espagnol fort ingrat, n'a point de benefices
Memoire, mais repend toufiours par maleficés:
Si vous preftez à luy l'honneur favorable,
Il vous donnera tort, fort infupportable:
Fy peuple trop vilain, ne cherçant que richeffes,
Perdant le principal, les eternels lieffes:
Acheve les labeurs, & fay felon defirs,
Ne vous contente point en dix-milles plaifirs.

par eux, en toutes les provinces ou ilz sont devenuz. Tous les Indiens, & Signeurs, & Princes du court du Roy Montencuma, & toute sa famille, ne pensoyent autre chose que faire plaisir au Roy prisonnier, & entre les autres festes à l'honneur du Roy, c'estoit telle qu'envers le soir parmy les rues de la Ville ilz danserent à la foule (les danses ilz appellent Mitotes, comme aussi en l'isles d'Areitos) & au milieu de la rue ilz se mettent tretous, bien ornez, & c'est la maniere de faire la feste: les Nobles chevaliers de sang royal saulterent tous pres de la place, ou le Roy estoit en prison selon sa qualité & estat: le nombre estoit plus que deux mille fils des Seigneurs, le fleur du gentilesse de ceste pays & Royaume florissante. Le traistre Capitain va la, avec une compaignie des Espaignols, & l'envoia à l'autre costé de la Ville un aultre Capitain, avec ses troupes, ou les gens estoyent assemblez pour faire la feste, faisant le semblant d'y venir à leur plaisir, & commanda à les compagnons de les tuer tretous à une certaine heure. Estants tous les inhabitans enyvrez, & dansants sans aulcune soupçon, le Capitain donne le mot, & crie à haute voix. S. IAGO, & A Ellos: c'est à dire. S. Iaques, & à eux: Voila, ilz commencent une horrible Tragedie: ilz se mettent furieusement avec les espées desgainées au milieu de ces gens adonnez à plaisir & joye, & tuent les hommes toutes nues sans armes, & respandent le noble sang de Gentil hommes, & ne laisserent pas un en vif. Tout le mesme font les autres en les places ou les povres gens faiserent la feste. Ceste acte abominable donna grande tristesse au monde, & les autres Royaumes à l'entour: aussi l'ensiella toutes les inhabitans du pays: & encore aujourdhuy en leur danses ordinaires ilz chantent, les chansonettes composées d'eux en ce temps la, de ceste extraordinaire cruauté perpetrée envers les Gentil-hommes, & toute la Noblesse du Royaume, de laquelle ilz se vantent encore fort. Les Indiens

Les Indiens font plaisir au Roy captif.

Aussi tous les Gentilshommes.

Voicy une triste Tragedie.

De la Tyrannie en Mexico. 21

AV milieu de plaisirs, au milieu de la joye,
L'Espagnol fort cruel desiroit grande proye,
Quand le peuple d'estat, caresseroit le Roy,
Estant bien enchainé, fia en bonne foy,
Bien exorné de l'Or, & beaucoup de richesses,
Danser publiquement, de chanter en liesses.
L'ennemi empescha le coup de coutelas
Tretous trenchoit bien tost, & les mettoit en tas.

E

diens voyants un forfaict si meschant & cruel, faict à sa pouvre nation sans raison, aussi qu'on gardoit iniustement leur

Les Payens prennent les Armes.

Roy en la prison, qui ne vouloit pas, qu'on donnerent aulcune outrage aux Chrestiens, ny feroyent la guerre contre
eux, prennent les armes comme desesperez, & se vangent de
les Espaignols, & tuent d'auculnes d'eux, en telle furie,
comme insensées: Les Espaignols contraincts prendre la
fuyte, vont au Roy en la prison mettent la dague sur sa poictrine, mandants qu'il monteroyt au galerie & parleroyt
aux Indiens de ne faire aulcune outrage à eux, le Roy monta & parla à ses gens pour desister de la guerre, mais ilz ne
voulerent pas obeïr, & parlerent entre eux d'elire un autre
Seigneur ou Capitain, pour decerter avec les armes contre
les ennemis, & estre conduiz a la guerre. Cependant le

Le retour du grand Capitain cesse la guerre.

Grand Capitain qui estoyt auparavant departy, avec les autres gendarmes, revient, & amena avec soy beaucoup des
Chrestiens: pource les Payens desisterent de sa furie, trois
ou quatre jours, jusques a ce qu'il estoit en la Ville, mais un
peu de temps apres s'en retournent aux armes ayants assemblez force gens, & batillerent si gallardement que les Espaignols estoyent en peur d'estre tretous miz à mort: & consulterent de sortir tretous hors la Ville, de nuict; quand les

Les Indiens massacrent les Espaignols.

inhabitans le cogneurent, s'assemblerent & massacrerent be-
aucoups des Espaignols sur le pont passant la reviere, car
ilz avoyent juste raison de se vanger de l'iniure faicte à eux,
& tous les hommes point adonnez au tyrannie diront le mesme, qu'ilz se vangerent d'une juste, & saincte guerre, defen-
dants sa liberté & vie. Mais apres les Espaignols reprennent
les forces, & donnent un assaut fort violent, que par force ilz

Les Espaignolz regaignerent la bataille.

gaignerent la bataille, adonc il se vangea de les Indiens, & tuerent tous les estants en armes, d'aulcunes ont esté mis au feu,
& principalement les grands Seigneurs, & Princes du
Pays.

Apres

De la Tyrannie en Mexico.

Apres ceste cruelle & abominable Tyrannie en la Ville de Mexico, & les aultres places tout a l'entour, & aux circonvoisins dix, quinze, vingt lieux de la, ont ils tuez grand nombre de gens: & s'avancerent plus outre, tyrannisants en la Provençe de Panuco, c'estoit une chose digne de veoir, tant de gens assemblez en une place, & chose abominable de veoir la cruaute, & massacre perpetrée. En la mesme sorte ilz ont travaillez en la Prouvēce Tutique, apres en la Prouvence de Spilcingo, aussi en Colima: pays plus grands que Leon, ou Castile. Sās faute il seroit une chose impossible à dire, & penible d'ouïr le massacre, les outrages & tourments, faictes en toutes ces terres & Provences: & la luxure ne domina moins: car ilz sont fort adonnez au ceste meschante faute. *La cruaute en Panuco. Le pretext du cruaute & Tyrannie.*

Il est digne de noter soubs quel pretexte ilz vindrent en les Provences, & tuerent les habitants point armez, & destruirent tous les pays: (vrayement les vrays Chrestiens se deussent resiouyr d'une comble de tant de Villes & villages, fleurissants en hommes) ilz commanderent de venir pres d'eux, & se subietter au Roy d'Espaigne, & si ne venoyent pas, qui les tueroyent, ou mettroyent au servage, pour vray c'estoit un meschant message, de se mettre es mains de plus cruels & bestials hommes du monde, appellants les povres Indiens pour rebelles, & eslevez contre le Roy leur Seigneur: pour certain, l'aveuglement de ceux qui estoyent en ces terres comme Gouverneurs estoyt tel, ce que tout le monde sçait, & leur droicts les enseignent, qu'il n'y à personne rebelle, ou contrebandant, qui n'a jamais esté subiect. *Les Espaignols disont que les Indiens sont rebeles.*

Si les Chrestiens ayants cognoissance de Dieu, sçavants le droict & justice, considererent, comment le cœurs estoyent troublez, d'un nation estant en son pays propre, tout libre, sans subiection si non aux Princes naturels, oyants un Edict si estrange, & cruel. Soubiettè vous soubs un Roy estrange, jamais veu de vous: si vous ne le faictez pas, vous serez incon- *L'edict de les Espaignols aux Indiens.*

F 2

incontinent taillez en pieces, & l'experience les enseigna, qu'ilz faysoyent en telle sorte, & que ceux qui venoyent, estoyent miz en servage plus extreme; ou avec leur femmes, enfans, & generation totale, en un intolerable peine & labeur se perdirent apres: ainsi les massacrez estoyent plus heureux, que ceux qui sont contraincts de servir, un peuple extremement furieux, & haineux. L'aveuglement aussi de les Espaignols tyrannisants, est si grand, qu'ilz non considerent, combien ilz contraindent un povre peuple se rendre totalement à eux, & de les obeïr, que toutesfois ilz n'ont point le droict de le faire: car de se soubietter par force, est avenu à les plus forts couragieux & vaillants du monde, mais le faict n'accorde pas, avec le droict naturel, ny humain, ny divin de troubler & ruiner un pays estant en pais, & rendre esclaves les-inhabitans. Pour dire la verité ce sont mal-faicts inexcusables, & dignes d'estre expurgez à la gehenne, ou ils feront tormentez a cause de tants massacres. Voila le grand profit faict au Roy d'Espaigne, & tout le mesme ilz font encore auiourdhuy.

Vn edict tout contre le droict naturel, & divin.

Avec ceste juste & droicte tiltre, envoya le grãd Capitain tyran 2 autres Capitaines plus cruels, meschants, mauvaix, & de moindre pitie que luy mesme, envers les grands & fleurissants Royaumes, pleins du peuple, & habitées: à sçavoir a Guatimala: situe a la mer du Zur: & envers les autre: NACO, HONDURAS, & Guaymura: a la mer du Nort, vis à vis l'un de l'autre: en le Royaume de Mexico estoyt au milieu d'eux: separez l'un de l'autre trois cent lieux. Il envoya l'un par terre, l'autre par Mer: & avec luy gens à pied & à cheval. Ie dis la verite, si je vouloye mettre en escrit tout ce qu'ilz ont perpetré, & principalement cest homme qui alloit vers Guatimala, (car les aultres qui allerent vers le Nort sont tretous tuez en chemin d'un mort estrange) on ne pourroit assembler tant de cruautéz, massacres, destructions, tant des

Les deux Capitains envoyez au Royaumes riches.

iniu-

De la Tyrannie en Mar del Zur.

iniuſtices, que le preſent livre, combien qu'il fuſt bien grand pourroit cōprēdre: car il ſurpaſſoit tous les autres qui ont eſté devant luy, & qu'il eſtoyent aujourdhuy, faiſant choſes plus abominables, deſtruant entieres provences, & peuples, ſans nombre. Il alloit au Mer, & pilla fort les navires, & faiſoit grand outrage au coſté du Mer: toutesfois ceux du Royaume de Iucatan, en milieu du chemin envers Naco & Guaymura offrirent à luy grands preſents. Quand il eſtoyt arrivé, il envoya ſes lieutenants parmy le pays, qui raviſſerent, deſtruirent, à tous les endroicts: & principalement un qui ſe eleva avec 300. hommes, entrant le pays juſques au Guatimala gaſtant & bruſlant toutes les Villages, raviſſant, & maſſacrant les gens, fort induſtrieuſement, & finiment, juſques au le vintieſme lieu, à fin que ceux qui ſeroyent envoyez apres luy, trouveroyent le pays en troubles, & que les Indiens exagicez par luy, ſe vangeroyent a l'encontre d'eux qui viendroyent apres luy: en ceſte ſorte ilz pourroyent avoir d'occaſion faire la guerre au povres gens. *Le Capitaine a Guatimala fort cruel.*

Un petit apres ils tuerent le Capitaine principal, lequel eſtoit envoyé de ceſt Tyran: & s'eleverent contre luy. Apres ſont ſurvenuz d'autres fort cruels Tyrans, faiſants non autre choſe, que cruautez extremes en meurtrerie & violence: mettant en ſervitude les inhabitans, & vendants ſur les navires, contraincts porter le vin, habillemens & autres hardes; a la couſtume: en telle maniere depuis l'an 1524. juſques au l'an 1535. ils ruinerent toutes les Provençes, & Royaumes Naco & Honduras, ſi beaux comme le Paradis meſme, en plaiſirs, & abondance du peuple comme au Royaume du monde eſt à ceſte heure: mais apres paſſant par la, je n'ay veu pas un homme la: ceſte acte donna triſteſſe & pitié à tous les preſents, car ilz avoyent tuez la entre onze ans plus que deux millions d'hommes, & n'ont laiſſez que deux mille perſonnes, en le quartier de cent lieux; *Ils tuent un Capitain general.*

Les Eſpaignols ont tuéz plus que deux milions d'ames,

F 3 mais

La vraye Enarration

mais aujourdhuy ils se gastent encore en le travail continuel.

Le dixiesme Chapitre.

L'entree de les Espaignolz en
GUATIMALA.

Vn Tyran entra en le Royaume de Guatimala.

REtournans au Grand Capitaine, le grand Tyran: il alla en le Royaume de Guatimala, & surpassa tous les autres en meurtre, tyrannie par le feu & destruction ruinant tout, du commencement de la Province, tout joingte au Mexico, & il gaigna plus que quater-cent lieux, soubs cest pretexte, que les inhabitans estoyent contraincts se soubietter aux Espaignols & le Roy d'Espaigne, dequel ilz jamais n'avoyent ouy dire,

Il manda obeir au Roy d'Espaigne.

ou parler: sans donner aulcun espace de temps d'y penser, mais a l'heure de sa venue il commença a brusler, massacrer, & opresser les gens.

Toutesfois le peuple estant benin & doux, venoit à l'encontre de luy, avec les principaux & Seigneurs de la Ville Ultatlan, le chef du l'Empire, avec de trompets, & festes, & le servoyent du tout, en baillerent à manger a leur coustume.

La faulsete du Capitaine.

Les Espaignolz logerent de nuict hors la Ville, car ilz penserent quelle estoit forte, & que dedans ilz seroyent en dangier: Lendemain le Tyran fist assembler les Principaulx, & autres Gentil-hommes, ilz viennent comme de brebis, & il les prend tretous, & demanda quelques charges d'Or: ilz respondirent qu'ilz n'avoyent pas, car il n'y avoit pas la: ceste homme fort courroucé commanda incontinent sans autre raison, sans proces, sans jugement des les mettre au feu. Les

autres

De la Tyrannie en Guatimala. 24

O Peuple insensé, pensant de sa vengeance,
Pensant aux ennemiz de faire resistance,
Vous estez transportez d'une fallace ardeur;
Combien a vous tretous ne manquet point de cœur?
Toutesfois vous verrez au fond de la vallee
Tomber incontinent vostre troupe melee.
L'Espagnol est fourny de boucliers & poignars,
Et vous n'avez que bois de picques & de dars;

autres Seigneurs de les Provences circonvoisines sçachants que les Princes estoyent bruslez sans autre occasion, que ne presenterent pas de l'Or, s'enfuyent tretous aux montaignes, & commanderent aux subiects d'aller vers les Espaignolles, & les servir comme grand maistres, mais qu'ilz ne parleroyent de leur departement, & tretous s'en allerent de servir à eux, comme au Prinçes.

Les Seigneurs du pays voisins s'enfuyent.

Cest Capitaine immisericord respondit, qu'il ne les vouloit reçevoir, mais qu'il massacreroit tous, s'ilz ne disoyent pas, ou les Seigneurs estoyēt. Les Indiēs ne respōdirent autre chose, que qu'ilz ne sçavoyent pas, mais qu'ilz estoyē prestes, avec ses femmes & enfans de les servir & que desia estoyent en ses maisons, si les voulerent tuer, qu'ilz estoyent la: ilz parlerent maintesfois cestes parolles, & se presenterent maintefois a leur service: Voila une cruelle Tragedie: Les Espainols vont tout à loiser a la place ou ses povres gens estoyent assemblez, avec les femmes & enfans, sans soubçon travaillants en leur besoignes, & les tuerent avec leur lances, & taillerent en pieçes.

Le Capitaine fort cruel.

Les Payens presentent leur service & sont tuez.

Ayants achevez ceste belle besoigne, ilz viennent en un autre plaçe, ou les povres Payens penserent rien d'eux, & fort asseurez par leur innocence, voila, en deux heures ilz tuerent tretous, & font passer par les lances les hommes, femmes, & enfans: aussi les bien agées, d'aulcunes craignants la mort s'enfuyrent aux montaignes.

La cruaute en un autre place.

Les Indiens voyants que les Espaignols n'estoyent pas à addouçir, comme le plus cruels & furieuses bestes, principalement qu'ilz les tuerent sans raison, ou aulcune apparençe les taillerent en pieçes: & que sans faute ilz seroyent tretous miz quelque jour à la mort, font une assemblee, conclurent entre eux, de se vanger par armes, & mourir en ceste sorte par guerre, contre les plus inhumains & farouches bestes leur ennemis: sachants qu'ilz estoyent tretous sans armes, & nuds,

Les Indiens font une merveilleuse practique.

nuds, à pieds, & point assez puissants contre ces gens furieux à cheval, & si bien armees, qu'il n'estoyt pas possible de les gaigner, mais en fin perir tretous. En fin ilz practiquerent une belle practique, & firent en milieu du chemin, fosses profondes, en lesquelles les chevaux tomberent au les bastons fort aguz, & dessus estoyent couverts des herbes, & paillé : en sorte qu'il ne semblerent d'y estre aulcune faulseté : il survint d'eux fois que les Espaignols estoyent trompez, & tomberent d'en hault en bas, car ilz ne sçavoyent pas ceste practicque, mais ilz font un accord entre eux, d'un meschant conseil, qu'ilz metteroyent tous les prisonniers de quelle sexe, estat, ou condition ilz fussent en ceste fosse : selon cest accord ilz mettent les Seigneurs, les bourgeois, les femmes, les enfans, aussi les agées, & femmes estantes en la couche, en ceste fossée : vrayement c'estoyt un petye de veoir un si grand nombre de gens, les petits & grands ensemble en telle extremité criants & pleurants à haute voix : quant à moy je me departy de la : toutesfois en les autres places ne cesseret leur cruauté, car ilz tuerent les fugitifs avec les lances, & l'espées : & les jetterent devant les chiens, qui les arracherent en pieces : mais les Seigneurs fugitifs estant priz, ilz mettent au feu. Ceste maniere de faire, dura quasi sept ans, sans cesse, au commencement de l'an. 1524 jusques au l'an. 1530. & l'an. 1531. A ceste heure on jugera facilement le nombre du peuple ruiné, & les mesfaicts de cest Grand Capitain, & son frere : car les pays sont extrememcnt ruinez, & tous les bien du terre sont gastez, car il n'y avoit pas du monde pour la cultiver. Apres il s'en alloit au pays, & Provence de CUZCATAN, ou pour à ceste heure est la ville de S. Salvador, un pays fort heureux & plaisant ; & toute la contrée, pres la Mer del Zur, & plus que quarante ou cinquante lieux s'estend. Ceux de la ville de Cuzcatan, la principale ville du Provence, faisoisent grand feste à luy : & plus que vingt ou trente mille Indiens l'attendirent avec les

Les Espaignols se vangent de les inhabitants.

Ilz bruslent les Seigneurs du Pays.

Le Tyran va en un autre Provence.

G pou-

poulets, & viandes, ayant reçeu les presens, il commanda à les autres Espagnols d'elire les plus forts & puissants hors la troupe, pour estre servy d'eux, & l'apporteroyent tout ce qu'il estoit necessaire: chascun d'eux prennoit pour sa compte, cent ou cincquante, ou aultant qu'ilz voulerent, pour estre bien servy, & ses povres brebis estoyent contans d'estre ainsi separez l'un de l'autre, & servirent comme il apertenoit, il ne resta que de les adorer.

Le Capitain demanda l'or.
En fin cest grand Tyran demanda les Seigneurs de la ville une bonne somme d'Or, car c'estoit la cause de sa venue, les Indiēs respondirent qu'ils estoyent contens de donner toute la quantité d'Or, laquelle estoit prez d'eux, & incontinent ilz donnerent une grande quantité, de haches d'orées de cuyvre, vrayement ilz semblerent estre d'or, car ilz ont aulcunement de l'or: & faisoit la preuve: trouvant d'estre cuyvre, disoit à les Espagnols: Donnez telle ville au Diable: allons à ceste heure ou qu'il y a du l'or, & chascun mette en chaines les esclaves des Indiens, lesquels il a pour servir à soy: & je le feray noter pour esclaves, & chascun face le mesme, incontinent ilz font le mesme, & notent les esclaves avec la note du Roy, lequels ilz pourrerent trouver.

l'Executiō du Capitaine.

Voicy un tesmoing de la cruauté.
Quant à moy, j'ay veu tous les affaires de ces gens, aussi le fils du Roy enchainé (toutesfois les inhabitans consulterent de se delier, & se vanger de tantes outrages) cependant les Indiens voyans les trahisons s'assemblerent, & se mettent en armes: incontinent les Espagnols les assaillirent, & les manierent fort cruellement, & piteusement, & retournerent a Guatimala, ou ilz trouverent une ville à ceste heure punie de trois Diluves, l'une de les eaux, l'autre de la terre, la derniere de pierres, plus grand qu'un bocage, laquelle estoit punie de Dieu. En telle sorte les Seigneurs du païs, & principaulx de la ville, estans massacrez, & exterminez, la reste est mise en servage cruelle, & les inhabitās donnerent leur fils, & fil-

Vne ville enveloppée de pierres.

& filles pour tribut, & peage; car ilz n'ont autres Esclaves, & chargent les navires avec eux, les envoyerent a vendre en PERU, & faysant plusieurs autres massacres, & abominables actions, ilz ruinerent, & desolerent un pays s'estendant plus que cent lieux, & plus habité que un au monde: Le Tyran mesme escrivoit que cest Royaume estoit plus populé que le Mexico mesme, & il disoit la verité. Car luy, & ses freres ont tuez en quinze ou seize années, depuis l'an 1524. jusques au l'an. 1540. plus que cincq millions des ames, & aujourdhuy ilz ne font autre chose que exterminer le peuple restant, & ainsi feront tous les autres qui suivront les Tyrans qui sont aujourdhuy la: mais j'espere que Dieu par sa grace pitoyable eveillera un peuple belliceux, bien fourny des navires, pour delivrer les povres Indiens hors de la servitude insupportable. Car le sang espandu appelle le Dieu pour vanger la cruaute faicte.

Le Tytan est tesmoing de sa cruaute.

Dieu vangera bien tost le sang espandu, par gens belliceux.

Le Chapitre unziesme.

De la Tyrannie faicte en les

Pays circonvoisins.

LE grand Tyran ayant ruiné Guatimala, passa les Pays circonvoisins, & il mettoit tous les Indiens en servage, car il changa son opinion, & mena avec soy quand il alloit faire la guerre au quelque Provence les Indiens prisonniers, ou comme esclaves, a fin que combatissent l'un contre l'autre: ayant avec soy dix ou quinze mille hommes usa il une grande tyrannie envers eux, les ne donnant pas à manger, mais il permettoit qu'ilz mangassent les prisonniers Indiens

Vne autre finesse du Tyran.

G 2

en telle sorte qu'en son champ estoit un deschirement publicq du chair humain, & en sa presence on rostit les petits enfans, & tuerent les hommes pour avoir les mains & pieds, comme estants de le meilleur saveur. Quand les Indiens en les pays circonvoisins entendirent ceste cruaute, estoyent en grand peur d'estre traictez en la mesme sorte.

Les Indiens mangent l'un l'autre

Il meurtrit force gens en les ouvrages des navires. Il chargea les Indiens avec des ancres, les faisant porter de la Mer de Nort, jusques au Mer del Zur, plus que trente lieux, & les ancres peserent plus que trois ou quatre cent livres; lesquels ilz mettoyent sur les dos, & espaules de ces povres gens: aussi l'artillerie pour servir à la guerre. Ie les ay veu maintefois gemir & souspirer, & tomber sur les fardeaux grands.

Les Paiens travaillent jusques à la mort.

Il segrega les mariez, prennant les femmes & filles, & les donna aux Maistres de navires, & soldats, pour les contenter: & les laissa aller au Mer.

Il remplit les navires de Indiens, sans manger & boire, je dy la verité, je l'ay veu maintefois. Si j'estoye contrainct en particulier reciter la cruaute faicte par luy, je compliroy un livre entier, & le monde s'esbahiroit. Il s'assemblit deux armees, chascune avoit beaucoup des navires, avec lesquelles il brusla toutes les Villes, comme le feu tombant de ciel.

Le Capitaine transporte les femmes & filles.

Il n'est point a dire cõbien des orphelins il faisoit, combiẽ il segregoit de leur femmes, cõbien de femmes il laissa sãs maris. Vrayemẽt on ne cessa de faire les adulteres, & violer des filles & vefves: il priva tous les gens de sa liberte: il donna un comble de tristesses & angoisses: il dõna le pleurs & l'armes, gemissements, tristesses, orbitez, & eternelles condemnations, non seulement de les povres Indiens, mais aussi qu'il permetta ses soldats vivre en telle luxure, & petulance, & grandes fautes. I'espere que Dieu luy a donné la grace de sçavoir ses pechés, & prier le pardon, en le mauvais fin de sa vie: car il mourut fort

Il estoit la cause de plusieurs maux.

mise-

De la Tyrannie en Guatimala

Voicy Flamand loyal un spectacle estrange
Dequel l'Espagnol dur demandera loüange,
De vendre chair humain publiquement a fait,
La contraindre a manger, o fort cruel mesfait
Il fallut de nouveau recommencer le dueil,
Et le corps decedé mettre dans le cercueil:
La reste il emploioit aux les plus grands exploits,
Et on choisit par tout les plus forts, & adroits.

G. 3

La Vraye Enarration

miserablement en ma presence, & il me sembloit qu'il estoit desia en les angoisses de l'infern.

Le douziesme Chapitre.

De la Provence de PANVCO, & XALISCO.

<small>L'arrivement de les Espaignols en Panuco.</small>

LEs Espainols ayants achevez leur Tyrannie en l'Espaigne neuve, succeda en la Provence de Panuco un Tyran fort immisericordieux, & cruel, au l'an 1525 : il perpetra beaucoup de meschancetez, & cruautez, & mena les Indiens au servitude, gens libres, obligez à personne si non que a leur Roy, & les envoya au Cuba, & Espainolla, ou il les vendiret, & ne cessa point devant qu'il ruina toute la Provence, tirant de la tous les inhabitans.

<small>Il vend les Indiens pour un cheval.</small>

Il survint que luy faloit un cheval, il l'acheta pour quatre vingt Indiens: un peu apres il est esleu d'estre Gouverneur en la ville de Mexico, & l'Espaigne neufve, incontinent il fit elire un conseil de Tyrans, & luy seroyt President. Vrayement ces bonnes gens surpasserent tretous en cruaute, & exstirpations du pays, en pechez, en enchantements, & abominations, qu'il ne seroit a croire : ainsi faisants ilz mettoyent les pays en un extreme desolation & ruine: & si Dieu ne les avoit

<small>Dieu empesche la tyrannie.</small>

resisté, par la grace, & faveur de ceux de l'ordre S. François & ceux de la Court du Roy, qui estoyent gens raisonnables, ilz eussent dissipez, & desolez le pays entre deux ans, comme il survint en Espaignola.

Il y avoit entre eux un grand Seigneur qui bastoit un grand gardin, & pour le munir, il mettoit à l'entour un mur, mais il usa le labeur de povres Indiens estants en nombre
huict

De la Tyrannie en Panuco.

huict mille, ces gens fort soigneux au travail n'estoient pas nourriz de luy, & pource ilz moururent incontinent du faim, & le Signeur ne soigna pas d'eux, car il estoit immisericordieux. *Huict mille Indiens morts au travail.*

Si tost que cest Grand Tyran qui l'avoit ruiné quasi la Provence Panuco, scavoit que la Court du Roy ne permetta pas telles insolences, & severitez, a il cherche un autre moyen de ce vāger du tout, & entra au milieu du pays, pour tyrānifer a son contentement, & par force il tira hors le pays de Mexico cinquante ou soixante mille hommes, pour porter la bagagie de ses compagnons, & des Soldarts, mais ilz morurent quasi tretous en chemin, & n'estoyent de retour que deux cent: Et Vrayement cest Tyran estoit la cause du perdition de si grand nombre de gens. *Le Tyran va plus oultre, & quasi fist mourir 60000. hommes.*

Il venoit en la Provence de MECHEOCAN, quarante lieux de Mexico, si bien populee, & fertile comme Mexico mesme. Le Roy avec son Conseil vient à l'encontre de luy, force gens de la ville: ilz se presenterent incontinent, devant luy, avec l'honneur & obedience. Tout a la venue il fit prendre le Roy, pource qu'on disoit qu'il estoit riche en l'or & argent, & le Tyran espera de luy un grand tresor, & pour l'extorquer la somme, il le mit a la torture, comme s'ensuyt. Il fit lier les pieds, & estendre le corps, & nouer les mains en hault au un bois, les pieds mettre sur le feu, un meschant garçon avec un guespilon, en l'huyle, baptiza les pieds, à fin qu'il rostiroit le peau: à l'autre costé se tenoit un homme cruel tenant en sa main un arc bandé, tenant la fleche tout droict devant son cœur, la derriere se tenoit un autre Ministre du borreau, avec un chien farouche, lequel fut exagite contre cest miserable Roy, faisant semblant de le vouler deschirer, à fin que monstrasse son Or & argent par le torment & angoisses: mais un Religieux Cordelier, le delivra de ceste torture, mais toutefois il morut de douleurs, *Le Tyran arrive en Mecheocā. Voila une terrible histoire. Il tormenta le Roy jusques à la mort.*

& la

& la carnificine. En ceste sorte il tourmenta beaucoup des Seigneurs & Princes de ceste terre à fin que puisse recevoir les tresoirs du pays.

Vn Tyran prend les idoles, & les vend. Un hôme cruel estoit envoié pour visiter le pays, pour convertir les Indiens, mais il ne faisoit que piller les biens de povres gens, & pas prescher la Religion Catholique : en fin il trouva que les inhabitans cacherēt leur idoles, car ilz ne scavoyent pas d'un autre Religion, n'y d'un autre Dieu : Cest Tyran prend les Seigneurs, & les tenoit en la prison si long temps qu'ilz donnerent les idoles, & il pensa qu'ilz estoyent faicts de l'or, & de l'argent, mais voyant qu'il estoit trompé, il les chastia fort & rigoureusement : & a fin que ne fust frustré de son espoir, de trouver de l'argēt, il contrainct les Caciques de les acheter de luy, & ilz faisoyent, donnants l'Or & l'argent en abondance pour recevoir leur idoles, & les adorer

Il laisse les Payens en idololatrie. pour le Dieu. Voicy la Religion & plantation de la Chrestiente plantée par les Espaignols, pour argent lessants l'idololatrie en les mains des Pajens, sans les instruir la vraye Profession du foy, & la cognoissance de Iesu Christ.

Le

De la Tyrannie en Panuco.

Voyez, voyez icy qui te dis Catholique
Des Espagnols meschants le faict assez Tragique:
Voicy un libre Roy, par tout bien attaché,
D'un triple mort (helas) à mourir menacé.
L'Arc est fort estendu, & sans misericorde,
Le chien veult deschirer, devant qu'on se recorde
Le feu bruslant les pieds, les faira tost mourir,
Aux actes si cruels l'Espagnol prend plaisir.

H

La vraye Enarration

Le Chapitre treiziefme.
De la Provence en XALISCO.

L'arrivement de les Espaignolz en Xalifco.

VN Capitaine eftant un homme fort inhumain fortit de Mecheocan, & le paffa, jufques au Provence Xalifco: le pays eftoit comme une Ruche de miel, remplie des hommes, bien habité & fertil: car eftoit la plus abondante, & merveilleufe terre aux Indes. Il y avoit la un bourgade plein du peuple, en longeur fept lieux. En l'arrivee de ceft Seigneur,

Les Indiens apportent les prefents.

les inhabitans avec leur Magiftrat viennent à l'encontre de luy, chargez de prefents, monftrants la joye, comme la couftume. Incontinent il monftra fa cruauté & merveilleufe malignité, comme avoyent faict auffi les autres pour parvenir à fon but, c'eft l'Or, lequel ilz cherchent comme le Dieu. Il brufla beaucoup des villages, il mettoit les Caciques en prifon, il les tourmenta, il les envoya en fervage, il amena avec foy force monde enchainé. Les femmes portants les enfans, eftoyent contraincts de prendre les fardeaux, & rejetter les petits en chemin: j'ay les ay veu mourir beaucoup de faim en paffant par tout.

La cruauté d'un Efpaignol.

Il furvint qu' mauvais Chreftien vouloit violer une fille, la Mere le voyoit, & ne vouloit pas confentir l'efforcement de fa fille, incontinent l'Efpagnol tire fon efpée & coupa la main, à la Mere & la fille, a fin que elle ne vouloit pas confentir en la petulance, & violente acte.

Il mettet en fervage les Indiens.

Le Tyran ne ceffa pas en mesfaicts, principalement en la liberté du nation, car ilz eftoyent trétous libres, il fit noter quater cents hommes & femmes pour efclaves: & les enfans d'un an, alleftants encore les meres, auffi ceux de deux, trois, quater ans. C'eftoit la recompenfe pour le bon traitement faict à luy, a fa venue,

Ayant

De la Tyrannie en Xalisco. 30

TYran duquel l'Esprit jamais point se repose,
A prendre son quartier tout son peuple dispose,
Et ceux la qu'il cognoit a la course legers,
Il les fut essayers les terrestres dangiers,
A porter ses fardeaux, voila tost la vangeance,
S'ilz ne peuvent porter encore par l'instançe
Il tuet les petits & femmes sans raison,
Et plusieurs sont perduz en ceste occasion.

La Vraye Enarration

Ayant achevé tous les injustices, & tueries Diabolicques, il met tout le pays en une extreme, & perpetuelle servitude, comme apres luy ont faict tous les autres Gouverneurs & Tyrans, tirant d'eux par forme du tribut, une grande somme d'argent, & tous ceux de son conseil le priserent, combien que fust une chose jamais auparavant ouye, de tirer en ceste sorte les moyens de ces Indiens. Il permetta à son Maistre d'hostel de Tyranniser parmy ces gens, en bruslant, pendant, deschirant pour les chiens, coupant les pieds & bras, & testes, detrenchant les langues, combien les Indiens estoyent paisibles, & ne donnerent pas aucune occasion de l'offenser les Chrestiens : mais il exerça telle Tyrannie a fin que donna le peur parmy le peuple, & que vouloit estre servy, & amasser grande somme d'or & d'argent. Ie ne raconte pas les fouettes, bastonnades, soufflets, & autres tribulation, données au povres peuple : Vrayement ilz ne cessoyent pas un jour n'y heure des les outrager.

Le Maistre d'hostel fort cruel.

I'ay veu qu'il brusla huict cent villages en la Provence de Xalisco, les Indiens voyants tout le bien ruiné, tomberent en une extreme desperation, car il n'y avoit pas aulcune misericorde : pourtant ilz s'enfuyrent tretous aux montagnes, & tuerent justement un Espaignol : estants la tretous se fortificrent, a fin que puissent se mettre a l'encontre des Espaignols, qui voudrent apres venir pour descovrir les terres, (car ainsi ilz appellent la maniere de Tyranniser) mais les Espaignolles voyants les forces assemblees, s'en vont a l'encontre d'eux, & gaignerent le fort faict de les Indiens : estants en corroux ilz massacrent tretous que ne resta pas un, a fin que les inhabitans ne s'assemblerent pas apres, & se vangeroyent de la tyrannie perpetrée par eux. Les Espaignolles savoyent les intentions du peuple, qu'ilz voulerēt se defendre contre eux, & s'il avoyent la puissance de se totalemēt delivrer de la tyrannie, car instruicts de la loy naturelle, les ensei-

Il brusla 800 villages.

Les Espaignols gaignent le fort.

De la Tyrannie en Xalisco.

enseigna, de se venger de la tyrannie perpetée en ses terres, par armes en finesse s'il estoit possible, & les chasser hors les provinces : & qu'il estoit une chose pleine de iniquité, condānée de tous les droicts humaines en telle sorte, tyranniser, meurtrir, dissiper les biens, & vies des hōmes: viole les fēmes & filles d'autruy. Et pour vray cest une chose digne d'admirer que les Christiens envoyez par de la, & qui l'ont exercez toutes ces meschancetez, ont une hardiesse bien grande, & s'ont bien aveugles, disants, que Dieu a donné à eux les victoires de ces povres Indiens, & que, par la grace de Dieu ilz ont descoverts si belles & fleurissants places, pour y prescher la Religion Catholicque, & convertir les hommes à la cognoissance de Dieu. Er encore remerciants Dieu de sa tyrannie si bellement achevée faisants comme les Tyrans de lesquels parle le Prophete Zacharias, en la chapitre onziesme. Pasturez les bestes de tuerie, car ceux qui les ont tuez, ilz n'ont pas eu de duel, mais ilz disoyent, Dieu soit benit car nous sommes enrichiz.

Les Indiens se veulent venger par le droict naturel.

La mauvaise interpretation de sa Tyrannie.

Le Chapitre quatorziesme.

De le Royaume IVCATAN.

L'An 1526. arriva un Gouverneur fort inhumain, en le Gouvernement du Royaume de Iucatan, plein de toutes les iniquitez & meschancetez : tout à l'entrée il fist promesses grandes & croiables, comme les autres Tyrans avoyent de coustume jusques à ceste heure, a fin que puissent envoler au l'Empire, & piller les biens de tous les inhabitans.

L'Arrivement de Espaignols en Iucatan.

Le Royaume estoit plein des hommes innombrables, car le

La vraye Enarration

Description du Royaume de Iucatan.
le pays est fort sain, & y on trouve en l'abondance à manger & boire : aussi les fruicts en grand nombre, & plus qu'en le pays Mexico : principalement on y trouve force miel, & la cire plus que en toutes les Indes. Il contient en rondeur trois cent lieux, une terre plus noble en polices, & gouvernements :

Les inhabitans de Iucatan sont fort doulx.
les inhabitans sont fort industrieux & moins adonnez au vices, ou peschez que les circonvoisins, fort convenables, & prests pour recevoir l'Evangile, & la cognoissance de Dieu : On y trouve la commodité à bastir villes grandes & puissantes pour les Espaignolles, car y est une place si plaisante que le Paradis mesme : vrayement les Espaignolles sont pas dignes habiter telles places, par leur cruauté & tyrannie : il y sont encore autres places pleins de richesses & plaisances mais Dieu n'a pas voulu les ouvrir pour l'impieté de les Espaignolles.

Le Tyran commença la guerre.
Cest Tyran accompagné de trois cents hommes, commença faire un horrible guerre contre un peuple innocent, estant en ses villes & bourgades à sa besoigne sans penser aulcune chose : & depuis que la terre ne donna point de l'or (s'il eut trouvé de l'or, il eut consumé tout la nation en le travail de Mines) il trouva un autre moyen de combler un grand thresor : toutes les inhabitans point massacrez en la guerre, ilz ont esté venduz pour esclaves, & les envoya au bateaux,

Il vend les Indiens au servage.
ou atriverent beaucoup de marschants de les acheter, & changer, pour le vin, l'huyle, le vinaigre, le lard, les habillements, & toutes choses necessaires à eux, qui estoyent fort elongez de la Mer : il consentoit d'elire hors cincquante & cent filles, une pour un aroba (un aroba vaille huict pots du vin ou vinaigre) ou pour un pourceau fumé, & pareillement un amas de deux cent ou trois cent jeunes hommes bien

Vn fils du Prince vendu pour un formage.
dispos il faisoit : j'ay veu qu'un fils d'un Prince fut vendu pour d'un formage, & cent hommes pour un cheval : Il faisoit ceste marchandise depuis l'an 1526. jusques au l'an 1533.
c'estoyt

De la Tyrannie en Iucatan.

c'estoit sept ans, gastant & extirpant les terres, & tuant les hommes sans pitié, jusques à ce qu'il entendiret de la richesse de Peru, & l'envoya ses compagnons par de là, cependant les inhabitans estoyent en repos, mais un peu apres les Espaignoles retournent, & l'acheverent de nouveau sa meschancete, les ravissements, trahisons, & grands peschez contre Dieu, & l'hommes, & continuerent journellement en telles affaires.

En ceste sorte de besoigne le Tyran ruina & desola plus que trois cent lieux de terre, fort peuplee, car le monde n'estoit pas à compter, plus moins la tyrannie perpetrée en ces endroicts, tant en les villes, qu'en les villages. Ie veux raconter seulement deux ou trois pour servir d'exemple. *Le Tyran à ruiné trois cent lieux.*

Il survint en un jour que les Espaignols s'en allerent a chercher les Indiens, accompagnez des chiens, comme on faict à la chasse: une femme malade, voyante qu'elle ne pouvoit pas eschapper sans estre deschirée (comme ilz faisoyent à les autres) print une corde, & lia son enfant de deux ans à sa jambe, & s'estrangla mesme au l'architrabe, un Moine à l'aventure survint & baptiza l'enfant devant que mourut: tout à faict les chiens deschiroyent l'enfant. *La chasse de les Espaignols.*

En cest mesme temps, quand les Espaignols departirent de la, voila un Espaignol commanda au fils d'un Prince, estant un petit garçon, qu'il s'en allassa avec luy: le garçon estant fils naturel de ceste Provence respondit, qu'il ne voulust pas aller, avec un homme si cruel, mais qu'il voulust demeurer en sa patrie: l'Espaignol disoit, si tu n'allez point, je te trancheray les oreilles, les petit garçon toutesfois n'alloit point : incontinent l'Espaignol prend son cousteau, & luy coupa une oreille, & apres l'autre aussi: toutesfois le garçon il demoura en la mesme intention, & l'Espaignol trencha le nez du garson en riant, comme s'il donnoit a luy une chiquenaude. Cest homme cruel prisa soy mesme, & se vantoit de *La merveilleuse constance, d'un garzón, fils d'un Prince.*

La Vraye Enarration

de ceste acte en la presence d'un Religieus: & encore il disoit qu'il besoignoit journellement à engrossir les femmes pource que les femmes enceinctes sont en plus grand pris, que les aultres, quand on les vend.

Les enfans sont l'appast de chiens.

Il survint en ceste Provence, qu'un Gentil-hommes Espaignol alla au chasse, pour attrapper de bestes souvages, ou lievres, ou conins: quelque temps estant au chasse il ne trouva rien pour ses chiens, & ilz avoyent faim: par aventure il en trouva en chemin une femme Indienne avec son enfant, & tira par force le petit hors le bras de sa mere, & trencha avec son espee au milieu en pieces, donnant à chascun chien sa portion, les pieds & mains, mais n'estant encore saouls, il donna la reste du corps à eux à deschirer: ainsi ilz mangerent l'enfant.

Les Espaignols font pas de cas de l'homme.

Par telles actions & mesfaicts on void la grande & insupportable tyrannie de les Espaignolles, & comment ilz sont tombez en une intention perverse & cruelle d'estimer si peu les hommes faictes a l'image de Dieu, & dilivrez aussi par le sang de nostre Seigneur: mais en fin Dieu vangera le sang espandu en si grande quantite, sans aulcune raison.

Les Tyrans vont a Peru.

Il m'est impossible de raconter toutes les cruautez perpetrées en ses terres, & toutesfois ilz s'appellent Chrestiens pourtant je passeray plus outre, disant ce qu'ilz ont hanté puis apres quand j'estoye avec eux: seulement je le diray, quand les fils du Diable estoyent departiz, ayants entendu la richesse de *Peru*. Le *Pere Iaques*, avec quatre Cordeliers allerent vers cest pays, pour appaiser la reste du peuple & prescher a eux le Iesu Christ, mais ilz trouverent fort guere d'hommes, car ilz avoyent quasi perduz tout en sept ans. Les Religieux y allerent envers l'an 1534. mais ilz envoyerent aulcunes Indiens devant eux, estants de la Provence de Mexico, pour admonester les inhabitants s'il trouverent bon que les

Les Rligieux entrent en cest pays.

De la Tyrannie en Iucatan

Qvand le Tyran cruel s'en alloit par le champagne
Et sonne du cornet sur chascune montagne,
Prennant du rien en fin, les Villes abordans,
Il trouve des Enfans, & les va regardant
La Mere tout couper, & baille par courage
Aux chiens (helas!) les grands parties au pillage:
Garde vous Hollandois à ceux icy te rendre,
A ce dernier besoin pensez de te defendre.

La vraye Enarration

les Religieux vindrent dedans leur pays, pour les enseigner le vray Dieu, Seigneur du monde, ilz consulterent ensemble maintefois, & s'assemblerent, & prindrent beaucoup des informations, pour sçavoir que gens ilz estoyent qui les appellerent Peres & freres, & leur demande & en quelle chose ilz estoyent differents de les Chrestiens qui l'avoyent tant tormentez le pays : Enfin on accorda qu'ilz entrerent le pays, sans Espaignols, & les Religieux promettoyent, le mesme, car le Vice-Roy d'Espaigne avoit accordé, & donné la commission, qui n'entrasse pas un Espaignol, mais seulement les Religieux, en sorte qu'il n'y avoit plus de peur de les Espaignols. Vrayement les Religieux font leur debvoir soigneusement, & precherent l'Evangile, & aussi ilz annoncerent la bonne volonte du Roy d'Espaigne. Ces povres Indiens, bons, prindrent un sauveur & amour envers la Religion, par les bonnes exemples donnees par les Religieux, & se resiouirent fort de nouvelles d'un Roy d'Espaigne, de lequel les Espaignols n'avoient jamais faict aulcune mention en sept ans qu'ilz avoyent esté avec eux, & ne disoyent pas qu'il y avoit un autre Roy, si non que luy qui les tyrannisa & tourmenta : ainsi est il survenu qu'en quarante jours, que les Religieux furent la, que les Princes & Seigneurs du pays apporterent leur Idoles pour publicquement brusler: apres ilz amenerent leur fils pour estre instruicts d'eux: & ilz aymerent les Religieux plus que leur yeux, ilz bastirent les Temples, & maisons pour demeurer avec eux, aussi ilz appellerent les gens hors les autres Provences a fin que l'ouyssent prescher les Religieux la parole de Dieu.

Ainsi persuadez en tout par les Religieux, ilz sont devenuz Chrestiens, & ilz ont faict ce que jamais est avenu aux Indes, (car les autres Tyrans qui ont esté auparavant, n'ont jamais parlé de la Religion, n'y d'un Roy d'Espaigne, mais tousiours tyrannisé, massacré, & meurtri sans fin les Provençes

Les Païens prennent la Chrestieneté, par la predication de Religieux.

Et bruslent leur Idoles.

Les Païens instruitz font serment au Roy d'Espaigne.

&

De la Tyrannie en Iucatan. 34

& Terres) Douze, ou quinze Princes firent assembler le peuple, & demanderent la volonte d'eux si librement & franchement se vouloyent soubietter soubs la puissance du Roy d'Espaigne: ilz respondirent tretous : Ouy, & donnerent une signature de sa foy, & loyauté, laquelle je tien prez de moy encore, avec le tesmoignage de les Religieux qui estoyent la, estants fort resiouys d'avoir amené les aveugles Paiens au Christiennete: & ilz espererent en peu de temps gaigner tout le pays, & les inhabitans restants de la derniere carnificine faicte la par tout.

Quand l'estat du pays estoit en bonne condition, voicy bien tost un terrible changement: dixhuict Espaignols Tyrans à cheval, & douze à pied: & porterent avec eux beaucoup Idoles, lesquels ilz avoyent desrobbez en les aultres provinces, le Capitaine de ceste troupe, appellé un Seigneur de ceste place, par laquelle ilz prindrent leur entrée au pays, disoit à luy, qu'il prendroit les Idoles, & qu'il les partiroit par tout le pays, vendant chascune image pour un homme ou femme pour mettre en servage: & la menaça fort, s'il ne faisoit pas, qu'il luy feroyt la guerre: Le Seigneur contrainct par force, distribua les images pour toute la terre, & commanda à tous les subiects, qu'ilz prenderoyẽt pour les adorer, & qu'on luy donnerent les Indiens, hommes & femmes, pour servir aux Espaignols. Les Indiens estants en peur, donnerent leur enfans: Un homme ayant deux enfans, donna un, qui avoit trois donna deux, en ceste sorte ilz paierent la sacrilege, & les Caciques contenterent les Chrestiens (j'ay ne sçay ma foy si sont dignes d'estre nommez Chrestiens,) & s'allerent.

Les Espaignols chagent tout.

Ilz distribuent images par la terre, une fois abolies.

Voicy un execrable histoire, entre ces gens estoyt un homme fort avaricieuz, nommé Iuan Guartia, estant malade, & quasi au dernier point de sa vie, avoit il soubs son lict deux fardeaux pliens d'Idoles, & commanda à une femme Indienne,

Vn Tyran Iuan Guartia se mourut.

I 2

ne, laquel servoit à luy, quelle prendroit soigneusemēt garde, qu'on ne changeroit pas les Idoles pour poulets, car ilz estoyent fort bonnes, & que chascune vailloit un Esclave, en fin, avec cest Testament, & cruaute mourut cest Tyran : voila les affaires des Espaignols aux Indes, comment ilz ont cherchez leur propre profit, pensant rien moins que l'honneur de Dieu, & la propagation de l'Evangile, & la conservation, des povres ames. Vrayement ilz ont faict le mesme, ce que ceux de Ieroboam, qui fit pescher Israel : faisants deux veaux d'or, a fin que le peuple les adorasse: vrayement ilz sont dignes d'estre comparez avec Iudas qui ne chercha que son profit per sa Religion ainsi les Espaignols ont usez une vraye Simonie, & donnerent grande scandale : Et encore aujourdhuy ilz font leur voyages par tout, seulement pour l'or, & l'argent : & ne pensent point de planter la foy, & ne parlent point de Iesu Christ : achetants les hommes, & femmes, & les vendants sans cesse.

<small>Les Espaignols ont faict leur affaires aux Indes.</small>

Les Indiens ayants receux la Religion Catholicque, estoient deceux par les Religieux, car ilz avoyent promiz, que les Espaignols n'entreroyent pas en le pays & qu'ilz avoyent importez les Idoles, apres qu'ilz bruslerent leur images, & contraincts de les acheter, & qu'ils prierent à ceste heure le vray Dieu habitant en Ciel, avec le sauveur Iesu Christ, & le S. Esprit : en ceste sorte tous les inhabitans s'eleverent contre les Religieux, & estants en corroux, disent, pourquoy vous l'avez menty, trompants & promettans que les Chrestiens ne viendroyent pas icy? pourquoy l'avons nous bruslez nos ymages, puis que les Chrestiens nous apportent autres Dieux à vendre, & nous sommes contraincts de les acheter peut estre que noz Dieux n'estoyent pas si bonnes que ceux d'autre part. Les Religieux les appaiserent raysonnablement, mais ilz n'avoyent rien à redire: & ilz vont parler à les Espaignols, estants à trente, & raconterent à eux le dommage

<small>Les Indiens font protestatiōs à l'encontre les Religieux.</small>

faict

De la Tyrnnie en Iuactan.

faict par eux, touchant la religion, & prierent à eux de departir de la, mais ilz ne voulerent pas, & firent fcavoir aux Indiens, que le Moines mefmes les avoyent appellez : c'eſtoit une parfaicte meſchancete : en fin les Payens reſoudererent de tuer les Religieux : neantmoyns il y avoit un Indien qui annonca à eux le concept du peuple, & a l'heure ilz s'enfuyrēt tretous : mais apres qu'ilz eſtoyent departiz, & l'entendirent la tromperie de les Eſpaignols, ilz s'en vont cincquante lieux pour les ramener s'excuſants de le mesfaict envers eux. Les Religieux comme ſerviteurs de Dieu, deſiderants gaigner les ames, & introduir la ſaincte religion retournent au pays, & ilz ſont receuz comme les Anges, les Indiens ſervoyent à eux, & y demuroyent cincq mois : & pource que les Eſpaignols ne voulerent pas departir de la, & que le Vice-roy ne les ſcavoit contraynde par force, car ilz eſtoyent loing d'Eſpaigne neufve, & les avoit deſia proclamé d'eſtre traiſtres, & ne le deſiſterent pas faire des outrages : pource les Religieux craignants que les Indiens changeroyent leur bonnes intentions envers eux, & que les tueroyent quelque jour, conſulterent de departir de la, car il n'y avoit pas le moyen de preſcher la l'Evangile par la cruaute de ces gens farrouches, & ſans Dieu : en telle ſorte il departerent de la, & le pays demoura en l'aveuglement des Idoles, & ſans doctrine Chreſtienne, les ames perdues, & en perpetuelles miſeres : pour vray c'eſtoit une choſe deplorable laiſſer ainſi un pays entier ſans foy, lequel au commencement eſtoit fort adonné à la Religion, mais ilz ont privez aux plantes tendres les eaux doux & freſches, & cela advint par l'inſolence & l'avarice de les Eſpaignolles.

Et menaçerent de tuer les Religieux.

La grande Zele les Indiens, envers la Religion.

Les Religieux deliberent de departir de la.

Et laiſſent les Paiens ſans Religion.

I 3

La vraye Enarration

Le Chapitre Quinziesme.

De la Provence S. MARTHE.

L'arrivement de les Espaignolles en S. Marthe.

LA Provence S. Marthe, estoit un pays plein d'Or, car les Indiens avoyent beaucoup de richesses, & aussi les circonvoisins, mais les Espaignols scavoyent pas gaigner le pays. En fin ilz sont devenuz maistres la: & depuis l'an 1529. jusques au l'an 1542. ilz n'ont pas faict que innombrables Tyrannies, venants avec les bateaux ilz les ont surpriz, tuez, & raviz, pour recevoir de l'or, lequel ilz avoyent en abondance: Un peu de temps il'z se retiroyent, apres ilz retournerent, faisant grandes efforces, & meurtres excessives, principalement envers la costé du mer, & aulcunes lieux dedans le pays.

Les Capitaines Espaignols, maistres en la Tyrannie.

L'an. 1532. viennent en ces Contrees plusieurs Capitaines Tyrans, l'un plus cruel que l'autre: vrayement pour dire la verité ilz estoyent tretous fort apprinses en l'art de Tyrannie, & chascun scavoit diverses manieres de tourmenter, comme les povres Indiens ont experimentez maintesfois, & je l'ay veu d'un œil misericordieus, sans aide.

La venue d'un Tyran fort cruel.

L'an. 1536. est venu la un Grand Tyran, accompagne beaucoup des gens sans crainte de Dieu, & compassion du genre humain: il estoit si fort adonné aux Tyrannies qu'il surpassa tous les autres, qui avoyent esté devant luy, car il desrobba avec sa compaignie plusieurs thresors en l'espace de six ou sept ans, & cependant il vivoit comme un Compte: mais un

Autres Tyrans sont successeurs au Tyrannie.

peu apres est il chassé de les autres Tyrans hors la place, & il mourut sans confession, comme un Chien: Les successeurs de cest Atheiste, il commencerent comme l'autre avoit faict, en ravissement, occisions, meurtres & depopulations, en telle

sorte

forte qu'ilz confumerent le peuple, & gafterent beaucoup des Provences, maffacrants & mettants les gens en feruitude: quand ilz auoyent priz le Seigneurs de la Prouence, ilz les tourmenterent quafi jufques au mort, pour fçauoir les places d'or: daucunes moururent en leur mains, ne pouuants endurer les tourments: ainfi que depuis leur venue ilz ont defolez plus que quater cents lieux de terre, fi pleins du monde qu'on par tout trouua les hommes.

Pour dire la verité, fi j'eftoy contrainct de le dire tout en particulier, tant des mefchançetez, meurtres, deftructions, iniuftices, forçes, desfaicts, & pechez, lefquelles font perpetrees en cefte Prouence par les Efpaignols, contre Dieu, le Roy, & la nation povre & defoleé, il feroit befoing d'efcrire une hiftoire grande, mais je le feray quelque jour, fi Dieu moy permette la vie. *Il fauldra une hiftoire grande, pour efcrire toutes les outrages.*

Ie veux feulement mettre icy aulcunes parolles, efcrites en une lettre, efcrite au Roy, par l'Evefque de cefte Prouence: le 20. de moys du May: l'an 1536. Ie dy Sire, que le moyen de fauuer cette Prouence eft tel, que fa Maiefte la deliure de ces Paraftres, & donne aux inhabitans un Gouuerneur qui les Gouuerne paifiblement & amiablement, auec la raifon, comme ilz meritent, & je le vouldroye qu'on l'envoiaffe bien toft, car ie craing que ceux qui la gouuernent pour auiourdhuy la ruineront bien toft: Et un peu apres dit il. Sa Maiefte entendera facilement par mes lettres, que ceux qui font icy font dignes d'eftre tirez de la Prouence, à fin que les Republicques foyent dechargées, & fi on ne le faict pas, à mon advis, les maladies du peuple feront jamais gaties, & on fçaura qu'il n'y a point icy de Chriftiens, mais Diables, pas feruiteurs de Dieu, ny du Roy, mais traiftres du loy diuine, & du Roy. Car en verité, c'eft le plus grand inconuenient, pour attirer les Indiens, au paix, hors la guerre, en une paifible cognoiffance de Dieu, & la foy, dehors le cruel traictement *La copie d'une lettre envoyée au Roy d'Efpaigne.*

On doibt amiablement traitter les Indiens, car ilz font paifibles.

de

La vraye Enarration

de les Chrestiens, par lequel ils sont si extremement changez & enfiellez, qu'ilz ne haissent plus, en le monde que les Chrestiens: car ilz desia en sa langue les appellent Iares, cest a dire:

Les Indiens appellent les Chrestiens, Diables. Diables: & par ma foy ilz ont de raison, car leur ouvrages lesquels ilz font icy, non sont pas des Chrestiens, ny des hommes, mais des Diables.

Par ces raisons survient, que les Indiens voyants les meschants faicts, & en general la misericorde totalement abolie, tant en les testes, qu'en les membres, pensent que les Chretiens ont telle loy, & que leur Roy, & Dieu sont autheurs de ces perversitéz: je pense, s'il y a quelque un qui voudroit autrement persuader, que ne le croyroyent pas, & on donneroit la matiere à eux, de se mocquer de nous, & de Iesu Christ nostre Sauveur. Et principalement quand les Indiens sont à la guerre, & on veult traiter avec eux le paix, vrayement ilz ayment combatre jusques a la mort, que faire accord avec les Espaignols, & se mettre en leur grace: car ilz les mettent en servage. Tout ce que je dy, j'ay veu mesme, estant la present.

En la guerre, ilz combatent jusques a la mort.

La reste de la Copie, du lettre de l'Evesque. Un peu apres il dit encore. Sa Majesté a icy beaucoup des Serviteurs, & plus qu'il pense: car il n'y à pas icy un Soldat, qui en efforcant, massecrant, tuant, pillant, bruslant, n'en ose dire, quil faict cela au Vasales de sa Mayeste, pour recevoir d'eux l'or, au service de sa Mayeste: allegeant comme une chose certayne, que vostre Maiesté prend sa part: pourtant seroyt mon advis que sa Mayesté donna un chastiment rigoureux, a fin que puissent estre plus obedients au commandement du Roy, & plus soigneux a l'honneur de Dieu. Voila la vraye copie du lettre de l'Evesque de S. MARTHE, en laquelle sont à veoir les affaires de les Espaignolles, en les terres longinques, envers cest peuple innocent.

Conclusion.

Le Tyran appella communement les Indiens de guerre, ceux la qui s'ont retirez, aux montaignes, fuyants les carnificines de les Espaignolles: & de paix, ceux qui se ont miz en servage,

De la Tyrannie en S. Marthe 27

servage, sous la puissance de les Espaignols, en laquelle en fin ilz consument en faim, & labeurs : comme on void par la lettre de l'Evesque & encore il ne dit pas tous les tourments, & afflictions, usees par eux.

Les Indiens de ceste terre, chargez mayntefois de fardeaux, par le labeur continuel ont esté desfaictz en chemin : adonc les Espaignols les frapperent, & donnerent coups de bastons, & pieds, & avec le pomme de l'espee ilz ouviren à eux par force la bouche, a fin que se levassent, & allassent sans respirer. Estants ces povres gens en telle peine, dirent maimtefois. Allez vous en meschants, je ne puis pas aller, plus avant, tuez moy en ceste place : je veux demourer icy, & mourir : en disant ilz monstrerent grande tristesse, tristes gemissements, avec beaucoup de larmes & pleurs. Pleut à Dieu que je puisse exprimer la centiesme partie de les afflictions & miseres donneés au peuple innocent, ignorant comme les brebis, de les Espaignols cruels : pleut a Dieu que le Roy sceut tout, qui pouroit changer en mieux : ou que Dieu envoyasse un gent billiceux, pour vanger le sang innocent espandu tant annees.

Les gemissements du peuple tyrannisé.

Exclamation d'ū vray Chrestien.

Le Chapitre seiziesme.

De la Provence CARTAGHENA.

LA Provence CARTAGHENA, est plus bas cinquante lieux que S Marthe, vers le West, tout joncte de CENU, jusques au Mer de Uraba, à la costé du Mer cent lieux, & continent beaucoup de terres par dedans vers le Midy. Ceste Provence a esté abolie, & destruicte, les inhabitans massacrez & transporte en servage depuis l'an. 1498. & 1499. Le

La Situation de Carthagena.

K jour

La vraye Enarration

jour ne defaudra en racontant tous les enormitez, trahifons, carnificines, abominations commifes en la Provence fi noble en riche, par les Efpaignols, foubs la pretexte de y vouloir prefcher la vraye foy Catholicque, & affuietter les inhabitans au Roy d'Efpaigne: mais ilz ont faicts tout à contraire: à cefte heure je n'en diray plus, a fin que je puiffe achever la refte: car ilz ont faict beaucoup de maulx par tout.

Les affaires de les Efpaignols en cefte Provence.

Le Chapitre dixeptiefme.

De le Bord de Mer, appellé des Perles & de Pari, & l'Ifle de la TRINIDAD.

DE le bord de Mer de Paria, jufques au Mer de Venecuela, comptent deux cent lieux, ont veu les inhabitans beaucoup de deftructions, dignes d'eftre noées, avenues par les Efpaignols, car ilz prindrent, & vendirent pour efclaves en grand nombre il furvint maintesfois que les Efpaignols accorderent avec eux, en paix, & amitie, fans feinte comme ilz penferent, mais ilz ont bien toft rompez, & fauffez le ferment combien ilz eftoyent traictez d'eux comme Peres, & freres, & toutes les familles eftoyent a leur fervice. Il eft inpoffible de raconter particulierement, toutes les iniufticcs, outrages, injures, & miferes perpetrées en ces endroicts, pres la Mer: & ilz commencerent de l'an. 1510. jufques à prefent.

Les Efpaignols font traiftres.

Ie fuis d'advis de raconter deux ou trois enormes meffaicts, ou jugera facilement de la refte: mais ilz font telles qui font dignes du feu perpetuel. l'Ifle de la Trinitad & plus grand & fertil que le pays de Sivile, & eft fort pres du pays ferme

Le grandeur de l'Ifle de laTrinitad.

De la tyranie en la Trinitad.

ferme a la cofté de Paria : les inhabitans font les plus bons & jufte en fa qualité, en toutes les Indes. Un grand Efcumeur de la mer au l'an 1526. accompagné de 60. ou 70. pirates: & fit fcavoir à les Indiens, que y il venoit pour demourer, & traiter avec eux : Les inhabitans le reçevoyent comme leur Freres, le Seigneurs de la ville le fervirent de bonne affection, & joye, apporterent journellement les viandes neceffaires a luy, combien que luy ne reftoit beaucoup. Car c'eft la couftume de les Indiens, & la liberalité d'offrir en abondance tout ce qu'il fault à les eftrangers, & les Efpaignols. Ilz avoyent baftiz une maifon du bois, pour y demourer car ainfi voulerent les Efpaignols, pour faire leur trahifons, comme ilz ont faict : quand ilz couvrirent la maifon, & ilz eftoyent avancéz fort, que ceux par dedans ne voyoyent pas ceux par dehors, & foubs le pretext de vouloir hafter que la maifon fuft haftivement baftie, il fit affembler force de gens, & la mit en la dite maifon, & les Efpaignols fe partirent, d'aucunes fe cachoient hors de maifon avec les armes, à l'encontre d'eux qui vouldroyent fortir, & les aultres fe tenoyent la dedans : incontinent ilz mettent les mains à l'efpee, commencerent donner de menaçes a le povre peuple, qui fe remueroyent point, autrement il eut efté faict d'eux, & ilz commencerent de les lier : les fuyants ilz blefferent : d'aulcunes efchappez, avec les aultres qui n'eftoyent pas pres d'eux prindrent leur armes, l'arc & fleche, & fe retirent en quelle place apart, pour fe defendre : eftants en nombre quafi deux cent : incontinent les Efpaignols furviennent, en quand ilz defendirent la porte, les ennemis Chriftiens mettent le feu en la maifon, & bruflerent tretous tout vifs : ayant achevé le mefchant trahifon departirent de la, amenants les prifonniers liez, deux cent hommes, aux bateaux, & navigerent aux l'Ifle de S. Ian, & Efpaignola, ou ilz les vendirent au fervage.

La fineffe d'un Pirate.

Il fit maffacrer les Indiens.

Les reftants il fit brufler.

K 2   Ayants

Ie reprens le Capitain & il parla a moyen carroux.

Ayants achevez telle Tyrannie si enorme, je les ay reprins en l'Isle de S. Ian, principalement le Capitaine: il respondit a moy fort amerement: Allez vous en, je le say par commandement, & je tiens mes instructions, de ceux qui m'envoyerent a sçavoir: si je ne pouvoye occuper les terres par la guerre, que je les prendroye par paix & finesse: apres il me raconta la bonté du peuple, qu'il n'avoit pas trouve telle charité en ses mesmes parens, en sa propre maison, que parmy ces gens. Il ne sçavoit pas qu'il aggrava ses pechez, & punitions en disant cela. Ces sont les mesfaicts, & infidelitez commises en le pays fermes quasi innombrables, tirants le monde hors ses terres en servage, violants meschantement la foy promise, & donnée. Chascun jugera si ces faicts sont a priser, & si a bon droict ilz ont miz les innocents & benins Indiens au servitude perpetuelle.

Voicy une autre histoire. Il survint que les Cordeliers estants la, resoulderent a prescher au peuple estant en tenebres l'Evangile de Iesu Christ, pour gaigner leur ames: &

L'on envoye un Religieux pour prescher l'Evangile aux Indiens.

ilz envoyerent un Religieux, homme vertueux, & un grand Theologien: avec un compagnon de mesme l'ordre, a fin que il allasse parmy le pays, & traitasse avec le peuple benin & doulx, & cherchasse une place commode a faire un Cloistre. Les Indiens receurent cest Religieux honorablement & honestement, comme s'il fut un Ange, & l'ouyrent avec grande affection, joye, & l'attention, faisants semblant par signes, estre fort agreable à eux la parole mais en fin les Espaignols changerent bien tost la bonne condition, car si tost que la navire du Religieux estoit departie, l'arriver une autre, &

Les Espaignols troublent le bō estat du peuple.

incontinent les Espaignoles en usent leur meschants coustume de trahison: car par sa faulseté ilz ont tirez en son batteau le Prince du pays, sans sçavoir de les Religieux, le Prince estoit appellé DON ALOSON (je pense qu'il estoit ainsi nommé par les autres Religieux, ou par les Espaignolles,

De la tyrannin en la Trinitad.

les, car les Indiens se nomment fort voulontier à la Chrestienne, & ilz demandent incontinent un nom, & devant qu'ilz sçavent aulcune raison de la Religion, ilz veulent estre baptisez:) Les Espaignols demanderent incontinent la femme du Prince, & encore dixsept avec elle, les persuadants que feroyent bonne chere avec eux. Ilz penserent que pour l'amour de Religieux ne feroyent aulcun mal a eux, autrement ilz n'eussent pas creu à eux. Si tost qu'ilz estoyent dedans le bort du bateau, font ilz viole, & s'en vont au l'Isle Espaignola, ou les vendirent pour Esclaves: le peuple voyant que le Prince, avec sa femme estoyt enlevé, avec les autres Seigneurs du pays, vient aux Moïnes pour les tuer.

Les Espaignols s'en vont avec le Prince, & sa femme.

Les Religieux voyants la grande meschanceté, estoyent fort tristes & dolents, & ilz desiroyent plus mourir que vivre, pour la faulseté & injustice de les Espaignols; & principalement que les Indiens ne vouldroyent pas a ceste heure recevoir l'Evangile, n'y la predication de la parole de Dieu. En fin les Religieux les appaiserent, & font les promesses incontinent à la primiere venue d'une navire, qu'ilz manderoyent par lettres, au l'Isle d'Espaignola de les renvoyer, & qu'il y avoit d'esperance de les recevoir.

Les Religieux sont en dangier d'estre tuëz.

Un peu apres Dieu donna la grace, & voila un navire, les Religieux escrirent aux Religieux d'Espaignola les mesfaicts de les Espaignols, & trahisons: ceux la le font sçavoir au Gouverneur les affaires par dela ilz protestent, requirants maintefois l'audience en la Court, mais les Auditeurs ne vouloyent pas les ouyr. Les deux Religieux, ayants promiz que le Prince avec les Seigneurs retourneroyt en quatre mois, voyant de n'estre pas de retour en huict moys, se preparent à mourir pour donner sa vie à eux, à lesquel ilz avoyent promiz, & se presenterent aux Indiens. Ces gents pleins de courroux les prennent & mettent a mort. Combien que les Religieux innocents n'estoyent pas la cause de meschancetez,

Les Religieux font debvoir.

Et tuez par les Indiens.

K 3   toutes-

toutesfois les Indiens font le compte que les Religieux avoyent machinez le trahifon, pource que le Prince ne revenoyt pas à leur commandement, avec fa compaignie, en quatre moys comme ilz avoyent promiz. Et les Religieux mefmes ne fcauvoyent pas, qu'il y avoit de queſtion entre les Efpaignols & les Religieux eſtants en l'Iſle Efpaignola, pour les cruautez, meurtre, maſſacres continuelles faictes par eux.

Les Religieux font martirs.

Les bons Religieux endurerent la mort fans juſte raifon, & par confequent au refpect de noſtre Religion ilz font vrays martirs, & vivent à ceſte heure avec Dieu, en pleine joye au ciel, bien heureux, de fiecles en fiecles. Ilz eſtoyent allé la pour obeir à leur General, avec une bonne intention de prefcher l'Evangile, & propager la parole de Dieu, & gaigner les ames ignorants, & l'endurer toutes les peines, & en fin la mort, pour la Religion, & l'amour de Iefu Chriſt noſtre Sauveur.

L'autheur mefme à veu tuer les Religieux.

Il furvint en un autre temps, que par la Tyrannie, & meffaicts des Chreſtiens mefchants, les Indiens tuerent deux Religieux: l'un eſtoit un Cordelier, l'autre de L'ordre du S Franchois, je l'ay veu mefme: car j'eſtoy en le mefme dangier, mais par la grace de Dieu j'efchappa. On pourroyt raconter en ces affaires de merveilles pour faire craindre les hommes, mais prennant regard a la foibleſſe de l'homme, & grandeur du chofe, je me tairay à ceſte heure, pource que l'hiſtoire feroyt trop longue: le temps defcouvira tout, & en le dernier jour quand Dieu viendra juger les vivants & morts, on verra clairement les cruautez, & violences faictes aux Indes, par eux, qui fe difent eſtre Chriſtiens, & ilz ne font pas, & ilz n'ont jamais eſté.

Tyrannie faicte au Higoroto.

Il y avoit en quelque Province. Al Cabo de Lacordera, un Village, ou le Seigneur eſtoyt appellé HIGOROTO (c'eſtoit le propre nom de l'homme, ou ilz appellent ainfi

tous

De la tyrannie en la Trinitad.

nous les Seigneurs du pays) pour vray, c'estoit un homme adonné fort à la bonté, & ses subiects fort vertueux & les Espaignols qui vindrent la, trouverent la refection en abondance, ilz mangerent la, ilz dormirent asseurement, ilz receurent des consolations, & nourriture Le Seigneur delivra beaucoup de fugitifs Espaignols, fuyants hors aultres Provences, ou ilz avoyent tourmentez, massacrez, & ruines les Indiens: & maintefois ilz vindrent la quasi affamez, cest Seigneur les receut, & les envoya tout refaictz au l'Isle de Perles ou les Chrestiēs de mouroyēt: cest Seigneur s'il l'eusset voulu massacrer tous les fugitifs, il eust faict sans aulcune soupçon, mais il ne faisoit pas estant trop benin. Par cestes bonnes œuvres les Chrestiens appellerent la place le logis de Chrestiēs. En fin survint qu'un Pirate vient par de la escumer la Mer, estant arrive la, il fist appeller en son bateau force gens, hommes, femmes & enfans) estimant d'estre fort asseurees comme de coustume, auparavant, & ilz se fierent à luy quand trestous estoyent assemblez, pour faire bonne chere, voila le traistre commanda faire voile, navigeant vers l'Isle de S. Ian, ou il vendit incontinent la troupe.

La bonté du Seigneur sauva les fugitifs, affamés.

Le Pirate trompe le peuple, fiāt à luy.

I'estoye mesme en ceste contrée la, & le povre peuple me le vient raconter, le mesfaict envers eux perpetré: je l'ay veu mesme cest Tyran, & je sçavoye sa meschanceté, & trahison: & parla à luy touchant les affaires : incontinent il se corrouça fort, & en ceste cholere il va destruir tout le village: cela deplaisoit fort a les aultres Tyrans brigards en la mer, & redaiguerent ceste mauvaise acte, car ilz estoyent privez de leur logis fort accommodable, & plaisant : car ilz estoyent accoustumez d'y venir & vivre si librement & bellement comme en leur villes & habitations. Ie ne raconte pas les innombrables cruautez, & malveuillançes faictes en ceste sorte en ces terres.

Les autres Brigans re prisent pas le faict du Pirate.

Ie dy la verité, qu'ilz ont tirez de la costé de Mer, fort peu-
plée

Les Tyrans ont amenez en les l'Isles, plus que deux mille hommes.

plée plus que deux milions d'ames, lesquels ilz ont deportez en les Isles de Espaignola, & S. Ian: & se scay que tretous ont esté perduz icy, travaillant en les Mines, & autre travail, & plusieurs autres qui estoyent la auparavant: c'est vrayement un pitie de revir la ceste de le Mer, un pais fort fertil & abondant en fruicts, & aliments tout dissipé & privé des hommes: ilz m'ont raconté maintefois quand ilz amenent un bateau rempli des Indes, que communemēt la troiziesme partie se meurt en le mer, & qu'ilz sont contraincts de les jetter au l'Ocean & ilz ne comptent pas les tuez en la provence mesme par l'espee, ou par le feu. Ces mesavontures surviennent par ceste faulte, que pour parvenir à leur intention, il fault beaucoup

L'avarice est cause du mort de tāt des gens.

des hommes, pour reçevoir beaucoup d'argent, & quand ilz vont au chemin, font il petite provision, quasi sans l'eau, & viandes, a fin que ceux qui sont leur compagnons n'ayent pas grands despens: ainsi ilz ne font qu'une raisonnable provision pour les Principaulx de navire, mais ilz ne se soucient point de les povres Indiens, & pourtant ilz se meurent de faim, & soif; & quand ilz sont trepassez, on les va ensevelir en le grād Mer.

Vn fost horrible.

J'ay parlay a un homme qui me disoyt, qu'il avoyt veu arriver une navire, de les Isles de Lucayos (ou on avoit faict force massacres, & carnificines, & exstirpations du peuple) jusques au l'Isle Espaignola (quasi seprante lieux) sans compas du Mer, & table marinée, seulement sur les flottement

Nota.

des corps trespassez, & tuez, en les navires. O bon Dieu quels mesfaict? quand seras ce que tu vengerar ceste abominable cruaute, & le sang espandu.

Vn spectacle penible.

Il me faict tort de raconter la reste: a une homme ayant aulcune pitie le cœur creveroit, de voeir les Indiens sortir les navires quand ilz arrivent quelque part, tout nuds, & affamez ilz n'ont pas la force de marcher: apres comment les enfans, les Peres, meres, maris & femmes, on va partir: on les met a

dix

De la Tyrannie en la Trinitad. 41

dix ou douze, on faict le fort sur eux, a fin que les participants au compaignie, & les meschants Brigands fussent paiez quand le fort tombe au quelque troupe, en laquelle il y a des vieulx ou malades, incontinent dit le Tyran : donnez ce vieillard au Diable, pourquoy le donnez vous à moy, je pense pour l'enterrer? pourquoy donnez vouz à moy cest malade, je pense pour le guarir. En telle sorte on void, eu quelle reputation sont les Indiens & comment ilz ayment son prochain, à le commandement de Dieu, en lequel gist la loy & les Prophetes. Vrayement ilz pensent rien moins.

La Tyrannie usée de les Espaignols, envers les Indiens en la pescherie de Perles, est une chose digne d'abomination: il n'y a vie plus miserable & douleureuse qui icy, ou les gens deviennent totalement en desperation, & fureurs de la teste: combien les travaulx en les mines ne sont gueres moins, mais icy est une vie miserablement detestable. Ilz les mettent en la Mer quatre, cincq, six aulnes au fond des le Soleil levant, jusques au couchant: ilz sont soubs les eaux nageants tout au long du jour, sans tirer l'haleine, tirants les ouistres en lesquelles ilz trouvent les Perles: ilz se mettent hors la Mer, en un petit bateau, tenäts pres de soy un filé plein de ouistres, adonc ilz tirent leur haleine: Incontinent s'assit pres d'eux un borreau Espaignol, si se reposent un petit, il les prend par les cheveulx les jette en la Mer, a fin que puissent pescher encore: ilz mangent le poisson, ou les ouistres: & Pancaciba, & un peu de farine, le pain de cest pays, est fort peu de substance, faisant grand tort au ventre, & ilz sont jamais saoulx de ceste viande. Ilz mettent point au licts, du nuict en prison biē chainez sur la terre, afin que s'enfuissent point. Ilz se noyent maintefois en la Mer, quand ilz sont en sa besoigne, en ilz ne retournent pas, car les bestes les mangent, comme des Tiburanos, & Marraxos, fort cruels, diglouslants un homme

La cruaute en peschement de perles.

Tousiours ilz sont en sa besoigne.

Les bestes les mangent maintesfois.

L

me entier.

L'examinaiton Chrestienne.
Il est besoing d'examiner si les Espaignols, maistres de ceste pescherie de perles, prosuivēt le cōmandement de Dieu, touchant l'amour de son prochain : lequel ils mettent maintefois, & pour dire la verité, journellement, en le dangier de la mort presente des ames & des corps, car ilz portent pas de soing, ny de l'ames ny de corps, en telle sorte ilz meurent sans foy & Sacraments, pour accomplir leur avarice : & principalement qu'en telle affaire necessairement ilz gastent les hommes sans excuse, jusques à ce qu'ilz sont totalement ruinez, en peu de jours. Car il n'est pas possible qu'un hōme demeure long temps sans tirer l'haleine en les eaux, principalement par la froidure de la mer, sont ilz totalement refroidiz, pource il se meurent incontinent : rejettants le sang par la bouche, par les angoisses du poictrine. cela advient qu'ilz sont si long temps sans respirer, & aller à la selle : les cheveulx se changent, & devient comme le poil de les loups du mer : & le Salpetre coule hors la bouche : en ceste sorte ilz se changent comme de monstres entre les hommes. En ceste insupportable peine, ou l'exercice Diabolicque, ilz consument tous

Les Indiens en les Isles de Lucayos sont grands nageurs.
les Indiens en les Isles de Lucayos, quand les Espaignols commencerent faire ceste marchandise. Chascun Indien vaille 90. ou 100. Castellanos, car ilz sont grāds nageurs, & ilz les vendirent publiquement, combien la Iustice l'avoit defendu, toutefois ilz le faisoyent maugre le Gouverneur. On apporta icy beaucoup d'autres sans nombre, lequels ilz ont ruinez en ceste maniere.

DE

De la tyrannie en la Trinidad.

Le Chapitre dixhuictiesme.

De la Riviere PARIA.

AU long de la Provence PARI, dedans la terre est une Riviere appellée YVIA-PARI, & s'estend au deux cent lieux, un Tyran extremement cruel monta la Riviere ; jusques au moitie l'an 1529. accompagné de quater cent hommes: estant la il tyrannisa fort, tuant les inhabitans, les bruslant tout vif, & par l'espee, les gens qui penserent du rien, vivanrs comme de brebis en leur villages & maisons, sans aulcun soupçon : Le Tyran voyant leur simplicité & nudité lesfit brusler jusques au cendre, les autres s'enfuyrent en grand nombre : mais en fin estants en sa besoigne le Tyran trespassa en une mauvaise extremite, criant & pleurant de jour & nuict, sans cesse: & l'armee fust desfaicté par la main de Dieu, prosuivante les meschans. Les autres successeurs n'estoyent pas moindres Tyrans, en meschancetez, & outrages, & destruirent en fin toute la race du peuple, qni ne resterent que peu de gens, estants encore en cest pays, subject à les Espaignols, comme auparavant.

Vn Tyran occupa de la Riviere de Pari.

En fin il morut la, en sa mauvaise conscience.

La vraye Enarration

Le Chapitre dixneufiesme.

De le Royaume Venecuela.

Cest Royaume est donné aux Marchants Alemans.

L'An. 1526. Le Roy d'Espaigne ayant aperçeu, les dommages, & Tyrannies faictes aux Indes, envers les habitants, estoyt en peine de le remedier par quelque moyen que ce soit: en fin il trouva une bonne remede pour faire plus grand profit, & garder le pays en bonne condition.

Il donna aux Marchãrs d'Alemagne un Royaume plus grand que l'Espaigne mesme: & estoyt appellé Venecuela, & avec cela le Gouvernement total, & toute la jurisdiction, soubs bonnes & certaines conditions. En fin les Marchants y arrivent, accompagnez de trois cent hommes, trouverent les gens du pays fort debonnaires,& mansvets comme le brebis comme tretous la a l'entour devant que les Espaignols y vindrẽt.

Ils font comme les aultres.

Mais ces gens entrerent en cest pays en grande cruaute, comme les autres tyrans auparavant fort furieux, & Tigres & Liõs sans misericorde: Ilz avoyent grande convoitise, agitez d'un grand aveuglement a ravir l'or & l'argent, comme les predecesseurz, sans aulcune crainte de Dieu & de Roy, & l'honte du peuple: il me semble que l'avoyent obliez s'estre gens mortels, car ilz avoyent grande liberte, par toute la jurisdiction: mais ilz destruirent, ruinerent, & extirperent, plus que quater cent lieux de terre, fort fertil, & benit, en laquelle beaucoup de Provences: vallées longes quarante lieux,terres plaisants comme le Paradis, pleins des hommes & l'or.

Ils laissent pas un hõme.

Ilz ont tuez, & totalement deschirez grandes & diverses Nations, que la langue fust totalement abolie, excepte les gens estants fugitifs aux montagnes, ou dedans les troix ou fossees de terre, a fin que ne fussent tuez par les mains de gens

insen-

De la tyranie en le Royaume Venecuela.

infensées & furieux comme les bestes. Ie dy la verite depuis leur arrivement ilz ont miz a mort plus que cincq millions d'hommes; & aujourdhuy ceux qui vivent la font les mesmes tourments aux inhabitans, je veux raconter trois ou quatre exemples, à fin qu'on puisse scavoir la verité.

Quand ilz arriverent la, le Seigneur du pays fust mis en prison, sans aulcune raison, seulement ilz demanderent l'or, & le tourmenterent fort, il trouva moyen de se delier, & s'enfuya aux montaignes. Les ennemis trouverent un moyen d'y parvenir & le chercher, la ilz trouverent force gens, les tuants & deschirants en grande vilainie, les prisonniers sont venduz pour esclaves. En les Provences se tenoyent gens fort doulx, venants a l'encontre d'eux, en joye & chantants, avec les presents d'or & l'argent en grande quantité Fort cruellement sont ilz paiez avec l'espee, pour les caresses faictes à eux. *Ilz mettent le Gouverneur du pays en prison.*

Il survient qu'un Alleman arriva en quelle place, & les gens le receurent comme de coustume: estant en leur village, il fit bastir une maison de paille, en laquelle il assemblast force gens, lequels il commanda de tuer a l'instant, incontinent d'aulcunes de ceste povre troupe montent au planchier, pour eviter les espees du peuple furieus & insensé comme de bestes sauvages: cest Gouverneur Tyran Alleman sans misericorde fist mettre le feu en la paille, voila toute incontinent au feu, ainsi se perdirent tous la dedans. Apres toutes les inhabitans s'enfuyrent aux montagnes, pour saveur sa vie. *Vn Tyran d'alemagne fit brusler le povre peuple.*

Un peu apres ilz sont venuz en une autre Provence, tout joincte de ceste de S. MARTHE, trouvant les Indiens en ses maisons, & villes paisibles, travaillant en leur besognes: Ils vivoyent long temps avec eux, mangeants leur viande, & les Indiens les servient comme vrays serviteurs d'eux: il'z l'endurerent leur oppressions continuelles, & quotidiens importunitez insupportables. Un gourmand Aleman mangea plus en une sepmaine, qu'une famille entiere en un mois, *Les Alemãs mangent les biens du peuple.*

L 3   neanrneantmoins ilz donnerent a eux grandes fommes d'argent de bon cœur, & les traicterent fort courtoifement. En fin, quand les Tyrans voulerent departir, en cefte forte ilz paierent les depens, & le louage. l'Aleman Tyran un homme fans faulte Hereticq, car il n'alla point à la Meffe, & il ne commandoit a fes compaignons d'y aller, & ne pria jamais & on voyoit aultres indices de Lutheranifme en luy, c'eft homme dy je donna charge de prendre toutes les hommes, avec les femmes & les enfants lefquelles on pourroit attrapper, & mettre en une place bien affeurée avec les planches, facte pour cefte fin : les autres Soldats font le commandement du Tyran, & il fit favoir s'il y avoit quelqu'un qui vouloit eftre libre, que fe delivraft par rençon, autant qu'il manda à donner : & pour eftre affeuré de pajement, il ne voulut qu'on les donnaffe au manger : il avoit ordonné à chafcun fon rençon, pour les hommes une certaine fomme, pour les femmes aultant, pour les petits enfans aultant. Il y avoit beaucoup de prifonniers qui l'envoyerent en fa maifon, pour avoir une bonne fomme d'Or, a fin que fe delivrerent, ayant reçu le rençon, il les envoya en fes maifons franchement & librement, pour fe repaiftre avec leur famille, & ilz retournerent a leur befoignes. Un peu apres le Tyran a renvoye fes brigands & traiftres pour amener a la deuxiefme fois les Indiens, & les amenerēt en la mefme place ou ilz tourmenterent pour la deuxiefme fois pour rençon, fi long temps qu'ilz pajerent deux fois. Il y avoit d'aulcunes delivres troiz fois. Les autres n'ayants pas le rençon, car ilz donnerent a la primiere fois tout fon bien, mourerent la dedans le parc de faim & foif fans pitie, & l'aide.

Le Tyran Aleman fit prendre tous les citoyens.

Vne mefchante practique du Tyran.

Le Tyran va plus avant en cruautez.

Departant de la il defola, & laiffa fans peuple une Provence fort abondante en l'or & peuple, ayant une vallee de quarante lieux, & mit au feu la un village comptant mille maifons. Ceft Furieus Tyran penfa aller dedans le Pays,

pour

De la Tyrannie en le Royaume Venecuela.

pour defcouvrir la terre de Peru : prennant le chemin il conꞏ
trainct force Indes de porter les fardeaux pefants trois ou
quatre Arovas, (une Arova vaille 25. livres,) mais ilz eſtoyent
enchainez tretous, ſi par aventure un failla en chemin,
ilz ne baillerent point fecours au povre laboureur,
mais on coupa incontinent a luy fa teſte, tout joinct le lien *voicy le*
du chaine, pour ne tarder ſi long temps que les autres fuſſent *povre eſtat*
defchainez : ainſi la teſte tomba d'une coſté, & le corps à *du peuple*
lautre, & jettoit le fardeau entre les autres, fans refpect de les *en fervage.*
autre charges auparavant mifes. La Provence eſtoit bien
habitée tant es villes, que en villages, mais les maifons
faictes de paille : Ie dy la verite je ne puy pas raconter le
nombre de gens perdues en ceſt chemin, ny la cruaute exer-
cée envers les efclaves : il eſt horrible a lire, mais plus horrible a veoir en telle forte les hommes tourmentez.

Nous allames plus oultre, & trouvames au chemin aultres
Tyrans, venans de VENECUELA, & aultres de S. *Nous ren-*
Marthe ayants l'intention facrée à defcouvrir le pays fainct *contrent*
& doré de Peru, & trouverent le pays en telle forte bruflé, *autres Ty-*
defolé, depopulé, combien qui fuſſent auparavant terres fort *rans, pour*
populees, pleins du monde: en forte que nous nous emerveil- *ru.*
lons mefme de nombre du peuple, mais apres eſtoit ce
un chofe horrible de veoir les paſſages totalement brulez.

La reſte du peuple nous laiſſames aux Tyrans y demeu- *Dangiers*
rants, exerçants la nation miferable en la pefcherie des Perles *en la pe-*
fort cruellement, car il ne fuſſit pas qu'ilz travaillent tout au *fcherie de*
long du jour, mais les dangiers font trop grands en ceſte *Perles.*
place, ou il y abondance de CROCODILES lefquels
ilz appellent, Kaymans. Quand les povres pefcheurs font au
fond voicy un Crocodile qui les prend par le pied ou bras, &
les manget & s'en va avec une bonne piece au terre mais ilz
ont trouvez une belle practique, ſi toſt qu'il approche au
fond prez d'eux, & l'ouvre la bouche, ilz mettent en fa

bouche

La vraye Enarration

bouche tout droict un bastõ, ayant le haulteur d'une paulme de la main, en telle sorte il ne peut tirer l'halene, & il se meurt, & il fault qu'il monte avec le pescheur l'ayant conservé sa vie povre & miserable.

Le Conseil aux Indes sçait tout, mais ne prend pas garde aux Tyrans.

Toutes ces Tyrannies & affaires sont monstrez au l'Advocat Fiscal, du conseil aux Indes, & le principal gist prez d'eux du Conseil : toutesfois je ne sçay pas, & je n'ay ouy que le Conseil a puny, ou bruslé un Tyran, pour ces meschancetez & carnificines: cõbien qu'on n'a pas certifié la dixiesme partie. Car les Officiers de la justice, estants aux Indes, jusques a ceste heure, n'ont pas le soing du droict, ny par l'aveuglement du cœur, il ne voyent pas, ny sçachent les delicts & tyrannies faictes par les Brigants, & le grand Borreaux du genre humain. On n'en dict autre chose, que pource que celuy, ou cest, a tourmenté les Indiens, le Roy à perdu tant mille Castillanos de revenuz, mais ilz ne sçavent pas verifier, & cela suffit. En telle sorte toutes les choses procedent sans ordre, & ilz ne font pas leur office, ny leur debvoir devant Dieu, ny pour le Roy.

Tesmoingnage de l'autheur mesme.

Quant a moy je sçay asseurement, que les Tyrans Alemans desrobé au Roy plus que trois milions Castillanos d'Or, hors le pays de Venecuela, & les autres Provinces desoleés pas eux, au long de quatre cent lieux : c'est un pays riche & fort fleurissant en l'Or, & plein du monde : il n'est a dire le dommage faict au Roys d'Espaigne, car les rentes annuelles eussent esté comme la revenue de Roy Salomon, en seize ans, depuis que ces Tyrans, ennemiz de Dieu sont arrivez en ces terres, pour meurtrir, ravir, destruir le Paradis du monde : on pourra jamais garentir cest dommage, car il est trop grand, principalement en le massacre de tant ames du povre peuple.

Conclusion.

Voila les grands dommages du Roy d'Espaigne : vrayement il y a icy une bonne matiere a veoir les deshonneur,

blasblafphemies, faictes a Dieu, & fa loy : par ma foy je ne fcay pas comment on recompenfera le dommage de tant ames par la cruaute de les Efpaignoles, & Alemans jettez aux infers, car s'ilz euffent prefché la parole de Dieu, fans le tuer, fans faulte euffent ilz convertiz une monde des hommes au foy Catholicque, & ilz euffent devenu Chreftiens. A cefte heure je feray fin de la Tyrannie, & Violence faicte par eux en feize ans : non feulemēt en les maffacres mais auffi en les emportements hors le pays : car ilz ont chargez beaucoup de navires, pour les vendre en fervage, en les Ifles de S. Marthe, Efpaignola, Iamayca, S. Iean, plus qu'un milion hors ceft Royaume : & aujourdhuy ilz font le mefme, combien le Court du Roy le void, & fçait, mais je penfe qu'il favorife auffi : comment feroyt il poffible qu'il ne fcache point, car on raconte maintesfois à ceux du Confeil, que defia quater cēt lieux au pays ferme font defia defolez, ou auparvant le Royaume de Venecuela eftoyt, en leur propre jurifdiction, mais ilz prendent point garde aux affaires & proufit du Roy. La caufe de cefte horrible ruine & perditon, a feulement efté que les Efpaignoles voulurent amener les Indiens pour efclaves, par une perverfe & diabolique volonte, & a satisfaire fes cupiditez infatiables d'argent : je dy la verite, j'ay veu beaucoup de Millions enchainez avec le fer du Roy, lequels ilz emporterent au fervage, vers les Ifles, par le Mer.

Les Efpaignols emportent encore les Indiens.

Ilz font [...] tous maulx.

M.

La vraye Enarration

Le Chapitre vingtiefme.

De la Provence Floride.

L'arrivement de les Espaignols en Floride.
EN peu de temps les Tyrans fi avancerent plus avant, car ilz font venuz en la Provence de Floride, l'an 1510. & 1511. pour faire le mefme meftier comme auparavant ilz avoyent faictes aux Indes, pour parvenir aux eftats point convenables à telles meutriers, & Tyrans car ilz n'avoyent pas meritez, par l'esfufion du fang de ces povres Indiens. Les Tyrans eftoyent a trois, quand ils firent fa entrée en la provence Floride, maiz ilz font jamais departi de la, depuis qu'ilz font trefpaffez la fort miferablement & cruellement, & font totalement ruinez les perfonnez mefmes, & les maifons bafties par eux, de fang des hommes: je dy la verite j'ay les ay

La terre engloustit les Tyrans trois.
cognu tretous, & j'ay veu que leur memoire eft oftée de la terre, comme s'ilz jamais fuffent efté fur la terre: car l'infern les engloutit tout vifs: ils laiffez icy un grand defhonneur, infamie, & abomination de leur noms, par les cruautez ufées par eux, non pas icy mais aux Indes: car icy ilz n'avoyent pas faicts tant de mefchancetez, mais Dieu les avoyt efpargne jufques à icy pour les punir feverement en fon ire.

Le Tyran dernier gafta tout.
Le Tyran dernier eftoyt la, l'an 1538. bien accompaigne de foldats: mais on ne fcait pas à cefte heure ou il eft, & defia trois ans font paffées, qu' nous ne fçavons rien de luy, nous penfons qu'il eft efvanouy comme les autres, toutesfois il a bien faict fon debvoir en la Tyrannie, en trois ans, deftruant quafi un monde, maffecrant tous les inhabitans. Pour dire la verite, il eftoit le Prince de Tyrans car il furpaffa tretous en les deftructions de places belles & Provençes: mais en fin il paffa comme les aultres devant luy.

Apres

De la Tyrannie en le Reviere de Plata. 46

Apres trois ou quater ans, retournerent de le Pays de Floride la reste de Tyrans, qui avoyent esté avec le plus grand Maistre du tout, de lequel nous sçavions les meschançetez, englouti de l'infern: mais apres son deces, ces gens fort rigoureux & cruel avoyent faict non moins leur debvoir en sa tyrannie entre un peuple innocent, & sans armes : mais tousiours j'ay trouvé, que ma opinion a esté veritable, que si s'avanceroyent, plus & plus ilz augmenteroyent aussi en tyrannie & mesfaicts, ruinants les peuples & gens en les Provences sans pitie, irritans le bon Dieu, & perdants ses prochains sans raison. Vrajement je devien en horreur racontent toutes les abominables actions & procedures iniques, comme de bestes sauvages, & Tigres entre les brebis, pource je suis d'adviz de ne raconter plus : touchant cestes affaires maufdites. *Le arrivement de les Tyrans en floride.*

En allant parmy les Provences, ilz trouvirent aulcunes peuples fort dispos à la sagesse & gubernation politique, & bien enseignez, toutesfois ilz ne prindrent pas garde a cela, & perpetrerent la un grand massacre, (comme la coustume) pour estonner les gens. Il les chargerent avec les fardeaux, comme on charge de bestes & quand ilz se reposerent, ou respirerent donnerent les coups de bastons: mais si peraventure quelqu' un devenoit malade, incontinent donnerent un coup d'espee, ou de l'arquebuse, & le corps defunct ilz jetterent aux bestes sauvages, ou pour les poissons du mer, j'ay veu maintefois qu'ilz tuerent dix ou douze en un moment sans compassion, & que le loups le lendemain les avoyent totalement mangez. *Vn petit recit de la destruction de terres.*

Les Espaignols tuent les foibles ou malades en chemin.

Il survint que nous arrivames en une ville belle, & bien peuplee : voila incontinent s'assemblent six cent Indiens, & receurent toute la compaignie en joye & liesse, & presenterent à nous manger & boire a la foule avec une courage point feincte : quand nous partismes de la, ilz prindrent *Les Indiés font les caresses à nous.*

M 2 noz

noz fardeaux comme Mulets, pour les porter, & portèrent beaucoup de lieux comme font les chevaulx en Alemaigne, & nous les remercions fort, pour l'amitié faicte à toute la compagnie.

Vn autre Tyran ruina le peuple benin.

Un peu apres quand nous estions departi de la, voila un Tyran qui passa par la, estant du sang de le plus grand Tyran. est le peuple pensa du rien: tout au l'arrivement le grand Tyran tua avec sa lance le Roy de ceste place, & fit encore aultres cruautez: mais un petit plus avant, ou les gens totalement estoyent estonnez, par la tyrannie commise, ilz tuerent a coups d'espee, & lance, les petits & grands, les enfans, les Peres & Meres, les subjects, & les Seigneurs, ilz pardonnerent a personne.

Le Tyran fist couper le nez, la barbe, & levres.

Ie dy la verité, & ceux qui l'ont veu, m'ont raconté, que le Tyran fit assembler en une place deux cent povres hommes, estants assemblez, il fit couper a eux les nez, & les levres, jusques a la barbe: en telle sorte pleins de douleurs & tristesse il les envoya sortir a ses amis, pour monstrer à eux les belles œuvres de ces bons Chrestiens. En lisant ces meschancetez & cruautez, on iugera facilement quel amour les Indiens en telle sorte traictez porteront aux Chrestiens: comment croiront que le Dieu de Chrestiens (comme ilz disent) est bon & juste, & que la loy & religion de laquelle ilz font si belle profession, & se vantent fort, est pure, & sans tache.

Le Capitaine mourut sans confession.

La malignité perpetrée par ces hommes incredules, & fils perduz, est extremement grande, & estrange, & en tel estat trepassa le Capitaine sans confession de ses pechez devant Dieu: Quant à moy, je croy qu'il n'ayt pas receu de les Anges de Dieu, mais que le Diable les avoyt gaigné le chemin, & qu'il est emporté au l'infern, si ie cõsidereray ses mesfaicts: peut estre qu'en sa fin il a eu bonne repentance, & que Dieu luy a presenté sa misericorde, mais j'en doute fort.

De la Tyrannie en le Reviere de la Plata.

Le Chapitre vingt-uniesme.

De la Riviere de la PLATA.

Depuis l'an 1522. & 1523. deux ou trois Capitaines sont allez jusques a la Reviere de la Plata, ou grandes & riches Provences sont, l'air bien sain, & les inhabitans bien disposez, & fort raisonnables. Ie sçay asseurement qu'ilz ont traictez fort amerement les nations incognues auparavant, & le peuple sans malice: en particulier je n'en sçay rien, car nous ne traitons pas a ceste heure de les Indes, toutesfois combien nous ne sçavions rien du particulier, toutesfois leurs meschacetez & carnificines sont parvenuz jusques à nos oreilles: & je n'en doubte nullement, qu'ilz ont faicts autrement, qu'auparavant aux Indes, car sont, les mesme gens, de les mesme humeur, Espaignols, cruels, inhumains, meurtres, pleins d'envie, & haine, sans crainte de Dieu, sans pieté: haissants tout le monde, pource ilz sont haiz de toute le monde: Ilz s'en vont par tous les places de l'Amerique pour estre grands Seigneurs, & devenir riches & puissants, & cela ce ne peut faire sans desolations, ravissements, meurtres, & diminutions de les Indiens, suivants l'ordre accoustumée, & mauvaix chemins. Un peu apres j'ay entendu, qu'ilz ont ruinez beaucoup de Provinces & Royaumes, exerçants massacres cruelles, & cruautez enormes, entre un peuple innocent, & ilz avoyent grande licence à dominer la, car ilz estoyent plus loing d'Espaigne, pource ilz ont vestus avec moindre ordre, & regle, combien qu'il n'y avoit personne aux INDES qui faisoit ses affaires par ordre. On a trouvé entre les autres actes, & mesfaicts de les ESPAIGNOLS, ceste belle tyrannie.

Quand les Espaignols arriverent en la Reviere de la Plata.

Les Espaignols haissent toutes les hommes.

Ils ont dissipez toutes les Royaumes.

M 3　　　　　　　　　Un

La Vraye Enarration

Vn horrible faict d'un Tyran.

  Un certain Tyran, homme sans pitie, estant Gouverneur, commanda à aulcunes de son peuple, qu'ilz se transporterent en quelque Village, & si les gens de Village ne donnerent pas a eux à manger, qui les tueroyent tretous: Ayāts tel commandement ils s'en vont, incontinent les Indiens agitez de peur s'enfuirent, en pas qu'ilz ne voulerent donner à manger, & les Espaignols les attaquerent, mettants à mort plus que cincq mille.

un autre exemple de cruaute.

  Il y avoit un peuple du paix, lequel ilz appellerent, tout a l'heure il vient, & se presentent a leur service, mais pource que ne approcherent pas si tost, que les Espagnols le demanderent: ou qu'ilz les voulerent mettre en crainte, le Gouverneur commanda qu'on les donnasse tretous en les mains des Indiens ennemiz, les aultres Indiens crierent à haulte voix, & prierent que les tuassent mesmes, & l'on ne donneret pas aux ennemiz: cependant les condamnez ne voulerent pas sortir hors la maison en laquelle ilz estoyent assemblez, les Espaignols y vont à l'espee desquisée, & le tuerent tretous: mais les povres Indiens crierent en la fin de sa vie.

Esclamatió derniere.

Nous venons prez de vous en forme de la paix, & vous tues nous? nostre sang demeure en ceste murailles pour tesmoin de nostre innocence, & vostre cruaute, Tyrannie, & bestise. Voila un notable faict, fort à noter, & plus à depleurer.

Le

De la tyrannie en Peru 43

Le Chapitre vingtdeuxiesme.

De les Royaumes, & Provences en
PERU.

L'An. 1531. Un grand Tyran, fort renommé en cruauté & malice, arriva avec son peuple aux Royaumes de Peru, avec le tiltre, & l'intention, & commencements, de les autres precedents: car il est estoyt celuy, qui se l'avoit exercé beaucoup des armées en la terre ferme en cestes actions cruelles, depuis l'an 1510. jusques au ceste heure: & journellement il s'augmenta en meurtres, ravissements, carnificines, vivant sans foy, & verite. A l'instant il commença ruiner, destruir les Villages, diminuant & massecrant le monde, estant la principale cause, de tant iniquitez & outrages faictes en ces pays: Ie suis asseuré qu'il n'y a personne, qui pourra sçavoir, ou escrire tout, & on ne le sçaura point, devant que le dernier jour vient, en lequel on verra les meschants faicts d'eux. Il y a d'aulcunes, lesquels je voudroye reciter, mais les circonstances, qualitez & commancements sont ci horribles, que j'en doubte de les mettre en escrit. *L'arrivement de les Tyrans en Peru.*

A sa entrée point heureuse, il tua, & dissipa un peuple, & pilla un grande quantité de l'Or en une Isle tout pres les Provences, fort peuplee, & plaisante les inhabitans receurent le Tyrans avec sa compagnie comme s'ilz estoyent Anges du ciel, mais estants la six mois avoyent mangez tout leur bien, & le povres Indiens ouvrirent leur griniers ou ilz garderent leur frument pour un temps infertil, & en pleurs & tristesse ilz deporterent aux Chrestiens. La recompense estoit telle, il commanda de tuer un tas de gens par l'espee, *La primiere entree en les Provinces.*

d'auld'aulcunes il fiſt paſſer par les lançes, une maniere à faire mourir les hommes en miſerable ſorte lés reſtãs ſont envoyees au ſervage: en telle condition ilz manierent le peuple benin & trainquil, ſans armes, departants de la ilz laiſſerent l'iſle quaſi ſans hommes.

Apres ceſte deſtruction les Tyrans vont plus avant.
Apres ilz s'en vont au Provence de Tombala, en la terre ferme, ilz tuerent a l'entree tous les citoyens, ſoubs pretexte que tous fuyants leur cruautez, eſtoyent rebelles, & qu'ilz s'eleverent contre eux, & principalement contre ſa Majeſte Royale d'Eſpaigne. Ceſt predict Tyran uſa ceſte practique:

La fineſſe d'un Tyran cruel.
il fiſt appeller a ſoy les inhabitans, eſt demanda l'Or & argent, & toutes les choſes neceſſaires à ſa compaignie, les citoyens apporterent une bonne partie, apres il demande encore aultant les Indiens apportent tout ce qu'ilz ont: apres il demande encore, les inhabitants reſpondirent, qu'il reſtoit rien à eux, voyant le Tyran, qu'il avoit tout le bien du peuple: Incontinent il fit ſonner la trompette par la Ville, & les fit aſſembler devant ſon logis, eſtants la, il embraſſe tretous, & qu'il les reçeut pour ſubjects de Roy d'Eſpaigne: & donna entendre à eux que d'oreſnavant on ne donneroit outrage à eux. Ceſt Tyran penſa d'avoir bien faict l'ayant desrobbé par telle fineſſe tout le bien du peuple: & les citoyens eſtoyent bien contents, car ilz craignerent la Tyrannie, & la mort, & jugerent d'eſtre bien heureux, ſous la protection du Roy, ſans eſtre meurtriz, oppreſſez, tuez, deſtruicts, & diſſipez, combien qu'ilz n'avoyent rien du monde.

Le Roy Atabaliba vient avec une grande armee contre les Eſpaignols.
Un peu apres vient le Souverain Roy, & l'Empereur de les Royaumes, nommé *Atabaliba*, accompagné de gens nuds, & bien armées à ſa mode, mais il ne ſçavoyent pas les armes de les Eſpaignols, ny la force de lançes, ne le roideur de chevalx, ny les perſonnes meſmes, ny leur cruauté, car ilz ſont ſi furieux, qui l'oſeroyent aſſaillir les Diables s'ilz avoyent d'Or ou l'argent. Mais ceſt Roy viẽt, diſant: Ou ſont ces Eſpaignols, je vien

De la Tyrannie en Peru. 49

Roy Attabaliba le grand Roy de Royaumes,
A qui servoit tousiours l'infinité des ames,
Ayant pour guerroyer, un peuple sans nombrer,
Et un tresor fort grand, lequel n'est à compter:
Devint soubs l'Espagnols, & pour sauver sa vie
Il donnoit grand tresor, mais la meschante envie
L'Estrangloit tout à faict, ô fureur fort cruelle,
Tu l'aurras deshonneur aux hommes immortelle.

La vraye Enarration

je vien icy pour les chercher, je ne departiray point devant que j'aurray puni la violence faicte à mes subjects, & ilz auront renduz le thresors desrobbez, & l'or & l'argent, & tout les biens de mon Royaume. Les Espaignols si tost qui l'avoyent veu, tombent sur luy, & tuerent un grand nombre de gents: Apres ilz prennent le Roy mesme, estant assis en une lictire, & traicterent avec luy touchant le rençon, il promet quatre milions Castellanos, & il donne quinze, ilz promettent de le delivrer, mais en fin ilz ne le font pas (a la mode accoustumee de faire envers les Indiens aux Indes) apres ilz commanderent a luy, de faire ensembler ses gents, a fin qu'ilz puissent les massacrer d'un coup. Il dit à eux: que en son pays, il avoit plein commandement, & que ses subjects estoyent fort obeissants a luy, mais qu'il ne vouloit pas qu'ilz fussent tuez, par tel moyen: qu'il aimeroit plus tost mourir, que tromper ses subjects. Voila une cruelle sentence contre luy: Le Tyran le manda de brusler tout vif: toutesfois les aultres prierent le Tyran, de changer l'horrible sentence: & l'estranglier, tout à faict il fust estranglé, & apres bruslé.

Le Roy Indien ATABALIBA oyant une sentence si cruelle, dit. Pourquoy veux tu me brusler? dy a moy mes faultes, n'as tu pas promis la delivrance, apres que tu as receu mon rençon, en Or & argent: n'ay je pas donné plus que vostre demande. Si tu as droict, envoyez moy vers ton Roy, en Espaigne. Estant en tel povre estat, il usa beaucoup autres paroles, au deshonneur de les Espaignols, & detestations de les plus grandes injustices, mais en fin, ilz acheverent leur sentence: Et ilz contraindrent les Indiens mesmes comme les Borreaux, faire ceste acte a leur Roy. Voila un meschant faict jamais ouy. Un homme Chrestien considere à ceste heure le droict de ceste justice, la raison de ceste guerre inique la captivité de cest Roy Atabaliba, la sentence, & l'execution de cest jugement; & principalement avec quelle conscience

Le Roy Atabaliba captif.

Il veult mourir plus tost que tromper ses subjects.

La Protestation du Roy Atabaliba.

science ces Tyrans possedēt les richesses si grandes: pillants les Royaumes, & Seigneuries, & leur biens, apres ostāts leur vie.

Exemple de cruauté ez en Peru

Pource que ces Chrestiens Espaignols ont perpetrez beaucoup horribles meschants, & detestables œuvres, pour extirper ceste nation, je raconteray d'aulcunes, à fin que tout le monde voye, la Tyrannie d'eux : laquelle je n'ay pas veu la, mais un Frere Mineur, qui est tesmoing, & il a soubscrit par sa propre main, envoyant par tout ses copies, en Castile, & tous les endroicts en le Royaume, à ceste heure j'en ay une prez de moy : en laquelle il parle en telle sorte.

La Copie de la lettre du frere Mineur.

Le Frere Marc de Nica, commissaire de tous les freres Mineurs, en la Provence de Peru : j'ay esté entre les premiers Religieux, arrivez avec les premier Chrestiens, en la predicte Provence : j'ay dy, & je donne encore tesmoignage d'aucunes choses, lesquelles j'ay veu, principalement touchant le maniement du guerre, faicte aux Indiens.

Les Indiens en Peru, sōt gens bonnes.

Premierement, je suis tesmoing, & je sçay asseurement par experience, que ceux des Indes en Peru, sont les gents benins & de bonne nature, amiz & totalement adonnez au Chrestiens: j'ay veu maintefois qu'ilz apporterent aux Espaignols beaucoup d'or, d'argent, pierres precieuses, & tout ce qu'estoit en leur puissance, & apres ilz faisoyent grandes services a eux de jour & de nuict : ilz n'ont jamais commencez la guerre contre eux estants tousiours en bonne paix, si long temps que les Espaignols commencerent les outrages & faire tort a ses subiects, & voisins, je les ay veu recevoir en leur villes avec l'honneur & joye, donnants manger a toutes les compagnies & les esclaves ne faillirent pas à eux, en grand nombre.

Atabaliba avoyt paié deux milions d'or.

Ie suis tesmoing, car je l'ay veu, que sans aulcune raisō si tost que les Espaignols arriverent en les pays, apres que le grand Cacique Atabaliba l'avoit donné plus que deux milliōs d'Or, & qu'ilz avoyent en sa puissance toute la terre, sans aulcune resistance, qu'ilz incontinent estranglerent le Roy Atabaliba

& apres

& apres luy restoyt le Lieutenant Cochilmica lequel accompagné des autres Seigneurs, & Princes du pays, vient au Gouverneur en forme de paix, toutesfois il les tua tretous sans pitie. Un peu apres ont ilz executez un grand Seigneur & Prince, nommé Chamba, sans aulcune raison. Tout le mesme ilz firent au Chapera, fort injustement, c'estoyt Seigneur en Guacaban. Apres ilz rostirent les pieds d'un Alvis estant Seigneur en Quito, & le tormenterent fort, a fin que diroyt,

Le Roy Atabaliba à caché les tresors & ceux qui scavent diront jamais.

ou Atabaliba avoit ensevely son tresor, mais il ne sçavoit du rien. Ilz brusterent d'un grand feu en la ville de QUITO, COCOPANGA, ayant esté Gouverneur en Quito lequel par certaines admonitions de Sebastian de Benalcazar Capitaine du Tyran, venoit comme amis, qu'il ne donnoit pas autant d'argent comme il demanda, est fust bruslé avec aultres Caciques, & personnages d'importance: Apres j'entendoy que ilz estoyent d'intention de tuer tous les Princes du pays.

Une aultre notable acte.

J'ay veu que les Espaignols fierent assembler un grand nombre de gents, & les enfermerent en quatre maisons, & un apres ilz mettoyent le feu la dedans: vrayement ces povres Indiens n'avoyent rien commises contre eux. Ilz survient qu'un Religieus nomme Otanna, tira un garçon hors le feu, voicy un autre Espaignol qui le tira hors la main de l'autre, & le rejetta au feu, ou il brusla comme les aultres, jusques aux cendres: mais Dieu l'a puny bien tost: car allant le mesme jour au champ, il tomba mort hastivement, & j'estoye d'adviz qu'on ne debvoit ensevilir, car il n'avoit pas confessé, & il estoit mort comme une beste.

Les Espaignols coupent à leur plaisir les nez, & les aureilles du peuple.

Je dy en verité, ce que j'ay veu maintesfois, que les Espaignols couperent les mains, les nez, & aureilles a les Indiens sans aulcune raison, si non que a plaisir: & non seulement icy mais en plusieurs places, & endroicts, que me deplaisoit fort, de faire un tel deshonneur a l'homme, l'image de Dieu: aucune

fois

De la tyrannie en Peru.

fois j'ay veu que les Espaignols allerent a la chasse, chassant les hommes, apres les chiens les deschirerent, en grand nombre. J'ay veu brusler tant le villes & villages que n'est possible de dire le nombre.

Une chose plus horrible me souvient: l'horreur me prend en racontant, j'ay veu qu'ilz ont tirez les petits enfans de les mammelles par les bras, & les jetterent en hault: & plusieurs autres calamitez & miseres: vrayemēt un peur me print d'estre avec eux, exerçants telles cruautez, & bestialitez, point dignes d'estre racontez.

Une horrible cruauté.

J'ay veu journellement qu'ilz appellerent aulcunes Caciques, & principaulx Indiens, pour venir asseurement pres d'eux promettants l'asseurance, mais estants venu, incontinent ilz les bruslerent, & en ma presence deux: l'un en Andon, & l'autre en Tumbala, & je ne le pouroye empescher, combien que je presa à eux, la grande Tyrannie, & l'ire de Dieu, toutesfois ilz ne cesserent pas. Et pour dire la verite, devant Dieu, & ma conscience, je n'ay pas veu ou ouy aultre occasion que les Indiens ont prinz les armes contre les Espaignols, que leur mauvais traictement, envers eux: Et a bon droict ont ilz commencez ceste guerre: car ilz n'ont jamais usez de verité envers eux, ny quelque seurete, mais tout contre la raison & justice Tyrannicquement destruict, que les povres subjects aimeroyent plus tost mourir que vivre.

Les Espaignols bruslent les principaulx en Andon, & Tumbala.

J'ay entendu, que les Indiens ont cachez un grand thresor, lequel ilz n'ont pas voulu reveler, pour la Tyrannie & cruaute perpetrée entre eux: & encore aujourdhuy ceux de la race de ATABALIBA, lequels ilz appellent Ingas, ilz ayment plus tost mourir que le dire: & maintesfois ilz meurent en les tourments. Par ces actes horribles ont ilz corroucéz fort la divine Maiesté, & la Royale Catholicque fort interessé destruunt un pays suffisant de nourrir toute l'Espaigne par argent: mais a ceste heure il ny a pas de moyen

Par la tuerie du peuple l'or est caché, ou ensevely.

La Vraye Enarration

moyen de recevoir c'eſt argent.

La Copie eſt veritable.

Voila tous les mots de ceſt Religieux & ſont ſignez avec la ſignature de l'Eveſque de Mexico, donnant teſmoignage à la lettre de ceſt Frere Marc. Il eſt digne à conſiderer que le bon frere dit, qu'il à veu toutes ces affaires en l'eſpace de 100. lieux, en neuf ou douze ans; & qu'il y eſtoit du commencement, car il y avoit fort peu : mais apres que le bruiċt s'eſpandoit de l'Or, voila, incontinent quater ou cincq mille Eſpaignols, & l'occuperent toutes les Provinces, a l'entour, comptans plus que cincq ou ſix cent lieux, leſquelles ilz ont totalement extirpez, faiſant outrages ſans fin. A dire la verite, je penſe que ceſt bon Frere n'a pas veu toutes les meſchancetez, & maſſacres faictes par eux : car ilz ont cachez leur pechez devant les Religieux a fin que ne fuſſent reprins d'eux :

Les Eſpaignols ſans foy, ſans Dieu, ſans Roy.

nullement craignants Dieu, ny le Roy, n'ayant point de foy, deſtruirent tout ſans pitie une grāde partie du genre humain. Sans faulte il s'en fault beaucoup : car ilz ont perdu en les predicts Royaumes, juſques a ceſte heure, (& ilz perdent encore,) plus que quatre millions d'hommes.

Ilz tuent la Royne du pays.

Il n'y a nagueres que avec leur petites lances tuerent une grande Royne, femme d'Elingue eſtant Roy en ces Terres, & pour l'amour de ceſte Tyrannie il ſe mit en armes & ſa race fait encore la guerre, contre les Chreſtiens; & qui plus eſt, elle eſtoit enceinte : j'ay entendu par apres qu'ilz la tuerent pour faire outrage a l'homme. I'eſtoye d'adviz raconter des autres Tyrannies perpetrées en les terres de Peru, & ilz ſont le meſme journellement, mais ilz ſeroyent (ſans faulte) fort abominables, & cōſiderez en ſa qualite, plus effroiables que les aultres : il fault donc que je face la fin, car ilz ſont innombrables.

De la tyrannie en Granade.

Le Chapitre vingt-troiziesme.

De le Royaume Nouvel
GRANADE.

L'An. 1539. sont y arrivez beaucoup des Tyrans, sortants de Venecuela, S. Marthe, & Cartaghena, cherchants Peru, & ceux qui venoyent de Peru, passerent par dela, & trouverent derriere S. Marthe, en Cartaghena trois cent lieux dedans le pays Provences plus heureux, & fertils pleins du monde, fort paisibles & benins comme tretous de ces terres : mais le principal estoit l'abondance de l'Or, & de Perles, principalement les Esmaraudes : & nõmerent ceste Provence le Granade nouvel, pource que le Tyran premierement arrivé en ceste Provence estoyt natif de Granade en Espaigne. Et depuis que ces cruels hommes qui arriverent la de tous les costez, estoyent excellents borreaux, & nobles saigneurs du sang humain, fort experimentez, en l'art de ces affaires perpetrées à tous les costez des Indes, & pourtant leur œuvres & traictements en ces Provinces, sont plus que Diaboliques, & je pense qu'ilz ont le Diable leur Maistre en ces affaires.

Quand les Espaignols arriverent en Granade

Les tyrannies faictes en Granade, sont Diaboliques.

Ie suis d'advis de raconter aulcunes meschancetez commises en ces Terres, depuis trois ans : & encore aujourdhuy ilz font le mesme mestier, mais je feray court en l'histoire.

Il survint qu'un Gouverneur arriva la, & ceux qui estoyent la depuis long temps, estoyent accoustumez de ravir & meurtrir les Inhabitans, mais luy ne permetta pas, telles destructions, incontinent il prend informations contre eux, & les contraindroit departir de la : les informations sont reçuz en le Conseil grand d'Inde, & y sont encore.

Vn Gouverneur faict retirer les meschants.

Le

La vraye Enarration

La Copie du tesmoignage.

Le tesmoignage est tel. Le pays estant en paix en tous les endroicts, les Inhabitans servirent a les Espaignols, & les donnerent à manger à ses despens, travaillans pour eux au champ & en ses besoignes, & apporterent à eux beaucoup de l'or, en pierreries, Esmaraldes, & tout ce qu'estoit à eux. Les Espaignols partirent entre eux les Villages, les Seigueurs, & le peuple vulgair (ces sont leur practiques pour parvenir a leur entreprinse d'avoir moyē au dernier but, c'est l'or) ilz les metterent en servage accoustumée. Le Tyran, ou le principal Capitaine, qui commanda la par tout, print le Roy de la Provence, & le detenoit en le prison six ou sept mois, demandant l'Or, & Esmeraldes, sans aultre raison : Cest predict Roy se nomma BOGOT par le peur du mort, prometta à donner une maison de l'Or, esperant estre delivré de ceste sorte, il envoya sept Indiens à querir l'Or, lequel ilz par fois apporterent en grande quantité, aussi de pierreries, toutesfois pource qu'il ne donna pas la maison d'Or, ilz estoyent d'advis de le faire mourir, qu'il ne s'acquita de sa promesse. Et le Roy s'excusa fort.

Le Roy Bogot donne un grād rençon.

La justice totalement corrompue

Cest Tyran disoit, qu'il plaideroit contre luy (luy mesme estoit juge) les autres l'accusent le Roy, le Tyran le condemna a la torture, s'il ne donna pas la maison d'or : incontinent ilz donnent stroppa la corda: ilz respandirent la graisse bruslante sur sa ventre, ilz lierent ses jambes au pal, & deux borreaux prindrent les mains, & mettent le feu au pieds: a la fois le Tyran commanda de le faire mourir peu a peu par les torments, s'il ne donna la maison d'Or: en telle sorte ilz acheverent la justice, ou l'execution, qu'il mourut : Cependant Dieu monstra son ire, & mit le feu au village, que tous les maisons estoyent bruslez en un moment.

Voila la main de Dieu.

Tel Maistre, tel valet.

Les autres Espaignols pour suivre le bon exemple de son Capitaine, & qu'ilz ne sçavoyent pas aultre moyen, d'extorquer l'or & l'Argent, font le mesme, ilz deschirent les hommes,

De la tyrannie en Granade.

SI tu vouldras sçavoir la cruauté commise,
En Granade par tout, tu verras sans feintise
Devant tes jeux, comment les gens sont attachez
Aux arbres & bastons cruellement tuez:
Le ciel tremble du faict, la terre l'abomine,
Les hommes naturels ne tiennent leur mine,
Voila le Commandeur qui tout icy dispose,
Ne voulant que Borreau en son besoing repose.
O

La vraye Enarration

mes, & tourmenterēt per diverses horribles manieres: chascun faisoit son debvoir pour tourmenter un Cacique, ou Seigneur de quelque place; combien que les inhabitans estoyent leur serviteurs & esclaves, & donnerent l'or, Esmeraldes autant qu'ilz avoyent, & toutesfois les tourmenterent: pour recevoir plus en plus en fin, en telle maniere ilz traicterent tous les Seigneurs du pays.

Les Inhabitans fuyent aux montagnes

Un Seigneur Dyatama, fuya avec un grand nombre de ses gens aux montaignes, ayant peur de si grandes cruautez lesquelles un Tyran venant la exerça parmy le peuple, car ilz n'ont pas la quelque autre remede, & les Espaignols appellent la fuyte, rebeller ou s'opposer. Cest Tyran ayant aperceu que les inhabitans estoyent s'enfuis, envoya son Lieutenant les chercher, & suyvre: Il ne suffit pas, qu'on se retire au fond de l'abysme de terre, ilz trouverent beaucoup des gens, & deschirerent plus que cincq cent hommes. On dit que cest Seigneur Dyatama devant qu'on le tua, qu'il avoit esté pres le Tyran, presentant a luy, plus que quater ou cincq mille Castillanos, toutesfois il est mis à mort comme les autres.

Terrible meurtre faicte par le commendemēt d'un Tyran.

Il survint apres qu'un grand nombre de gens, vient servir aux Espaignols, en simplicité accoustumée, & diligence. voila le Capitaine de nuict envola en la ville, ou les Indiens vivoyent, & les fit massacrer tretous, il y avoit desia d'aulcunes en sommeil & se reposerent du travail du jour: la cause de ceste tuerie estoit, qu'en telle maniere il se feroit craindre par tout le pays. Apres le Capitaine demanda par serment combien des Esclaves, ou Caciques chascun tenoit en sa service, & que chascun les produiroit au Marché, estants la à son commandement, il fit incontinent couper la teste à tretous. Les tesmoings disent la raison, qu'en telle maniere il vouloit appaiser le pays.

La reste du tesmoignage donnée.

Les Tesmoings disent d'un certain Tyran, qu'il traita fort cruellement les Indiens, massecrans & coupans les nez, & mains,

mains, de les hommes & femmes, en telle forte il gaſtiret beaucoup de gens. Il ſurvint que ceſt Tyran envoya quelque homme cruel par les villages, pour chercher les Indiens eſtants en le travail au champ, ou il va, & amene tous les travaillans au champ, incontinent il fit couper la teſte à tretous.

Le Chapitre vingt-quatrieſme.

De la Provence BOGOTTA.

L'An 1540. Arriva en la Provence de Bogotta un Tyran extremement cruel: tout a l'heure qu'il entra, il envoya par le pays un ſon Lieutenant accompagne de Soldats fort cruel, pour ſçavoir le Seigneur du pays, car il avoit mis à mort l'autre par la torture: il marcherent un bon chemin, prennant force Indiens, & pource que ne voulerent pas monſtrer, leur Prince, il coupa à l'un les mains, les autres il jetta aux Chiēs, leſquels deſchirerent en pieces les hommes & femmes : en ceſte ſorte il tua beaucoup du monde. Il tomba au l'aube du Iour, ſur aulcunes Caciques ou Indiens, eſtants bellement tretous en paix, ſans aulcune ſoupçon du mal, car il avoit donné ſa foy à eux pour eſtre aſſurez, qu'il ne feroit à eux aulcun mal, & confierent a luy: & eſtoyent revenuz de les montaignes, ou ſe cacherēt par la fuyte, il prend une grande quantite des hommes & femmes, & les fiſt eſtendre les mains, & les coupa, d'un couſteau grand: toutesfois il excuſa ceſt faict, diſant, que il donnoit ceſt chaſtiment pource qu'il y avoit d'aulcunes qui ne vouloyent pas monſtrer leur Prince. Puis apres il prend queſtion a l'encontre d'eux, pource que nyoiēt donner a luy une coffre pleine de l'or, laquelle le Tyran deſira

L'arrivement de les Eſpaignols en Bogotta.

Le Tyran deſira une coffre pleine d'Or.

O 2

La Vraye Enarration

sira fort: il envoya par devers eux force Soldats, pour les attraper par guerre, & tuerent beaucoup des gens, coupants les mains aux hommes & femmes: vrayement c'estoyent Tyrannies indignes d'estre racontees: les aultres ilz jetterent devant les chiens lesquels les mangerent en abondance.

Les Indiens puniz pour sa fuyte.
Peu à peu le Tyran gaigna d'aulcunes Provences de cest pays: Les Indiens apercevants que les Espaignols avoyent bruslé trois ou quatre principaulx Seigneurs, se retirent tretous, en une haute Roche, pour se defendre à l'encontre de ces Tyrans, qui ne font aulcune compte de les hommes, comme les tesmoings disent, & y estoyent quater ou cincq mille. Le Capitaine envoya vers la, son Lieutenant fort cruel, qui surpassa les aultres en tyrannie & cruautez, (car il y avoit desja long temps qu'il y avoit apprins en ces terres) accompagné de Soldats, à chastier les rebelles comme ilz disent, fuyant une si horrible carnificine, & deschirement, comme s'ilz avoyent perpetrez grands mesfaicts, lesquels ilz voulerent punir, avec les tourments, & cruautez, sans misericorde, de laquelle ilz sont fort esloignez, & ne l'estiment pas entre ces povres gens. En fin les Espaignols gaignerent la Roche,

Finesse des Espaignols.
car les Indiens sont nuds, & n'ont pas des armes: & les Espaignols les tromperent, criants à haulte voix: Paix, Paix, & que ne se mettroyent aux armes, & que ne donneroyent aulcun mal à eux, en ceste sorte le povre monde est trompé.

Cest Lieutenant commanda incontinent d'estouper tous les passages, & prendre la fortalesse, ayant occupé ainsi la place, il commanda de les tuer tretous.

Ils achevēt leur cruauté.
Ces Tigres & Lions vont au milieu de les Brebis, ilz les deschirent: & massacrerent autant que ilz se lasserent fort, & reposerent de son travail: quand ilz avoyent reposé,

Iettants d'ē haut en bas 700. Indiens.
le Capitain manda tuer la reste, & jetter de hault en bas les vivants, & ilz le font. Les tesmoings affirment d'avoir veu d'un coup tomber 700. Indiens, totalement en pieces:

De la Tyrannie en Bogotta

L'Espagnol avançant en faict de Tyrannie,
Han: oit fort meschants faicts, & pleins de vilainie,
Coupant les mains aux gens, les nez, tendants leur bras,
Fendirent tous par tout de leur fier coutelas.
Ainsi le grand Tyran sa l'heureuse victoire
Louoit, pensant d'avoir un' immortelle gloire:
Mais il a deshonneur, & l'eternel tourment,
Pour ces meurtres cruels commises hardiment.

La vraye Enarration.

pieces : & pour achever leur cruaute, ilz s'en vont rechercer les occultez, & manda de les tuer tretous, & ilz le font sans cesse. Apres il n'estoit pas encore content, & augmenta le comble de ses peschez, mandant qu'on tous les Indiens, l'hommes & femmes (car en le fureur chascun prend hommes, femmes, garçons pour estre servy d'eux) fussent miz en maisonnettes de paille (pardonnant seulement à eux, qui semblerent assez puissants à servir) & les faire allumer, & telle sorte ilz bruslent quarante ou cinquante tout vifs.

En Cota il fit deschirer 20. Seigneurs.

La reste il jetta devant les chiens, deschirants, & mangeants une bonne partie. Il survint que cest Tyran arriva en une ville nomme Cota, & print beaucoup des Indiens, mais les principaulx Seigneurs, fist il deschirer par ses Chiens, a la reste il coupa les mains aux hommes & femmes & les a pendu par la corde, tirant la langue hors de sa bouche, afin que monstreroit ses faicts. On trouva a la rue septante paires de mains : & il fit trancher aux femmes & enfans les nez. La plume ne pourroit pas escrire toutes les meschancetez & cruautez perpetrées par la main de cest Tyran, l'ennemy de Dieu : j'en parle point de faicts commises en Guatimala, & autres contrees : car ilz sont innombrables, & jamais ouys de telles sortes, si long temps : mais vrayement il destrua bien le monde.

Tesmoignage, de tesmoins.

Les tesmoings tesmoinget encore : que les cruatez & meschācetez faictes en Granade novelle, aujourdhuy les sont encore, les Tyrans, & les Capitaines, ennemiz mortels du genre humain, & tous ceux qui sont avec eux, sont si grandes, qu'ilz ostent la race des hommes, & si le Roy d'Espaigne ne prend pas regard a ces affaires mausdictes (car ilz font les meurtres seulement pour avoir l'OR, & les miserables gents, ont donné tout ce qu'ilz ont) se perira toute le monde estant encore la : il ny a personne la pour cultiver la terre,

& en

De la tyrannie en Bogotta. 36

& en fin la terre sera sans hommes, & totalement desolée.

On doibt noter l'extreme & Diabolique Tyrannie de ces cruels, & inhumains Tyrans, combien elle a esté cruelle, inhumaine & meschante, qu'entre deux ou trois ans, qu'ilz ont descouverts le pays, ont ilz tout tuez, & desolez sans misericorde, & crainte de Dieu, & de Roy: les tesmoings disent, qui n'ont jamais veu un monde si plein de gens comme icy: & par cest moyen disent ilz restera pas un homme en peu de temps. *Les Tyrans ont tuez tous les gens en trois ans.*

Ie pense, & je ne doubte pas qu'il adviendra ainsi, car j'ay mesmement veu, qu'en peu de temps, ilz ont destruict les pays plus grand, que cest icy, & totalement desolé, sans peuple, sans exerçice, sans culture. *Tesmoignage de l'autheur mesme.*

Il y a des autres Provençes grandes, tout joincts au Bogotta: comme Popoyan, & Cali: & encore trois ou quatre, elles comptent plus que cincq cent lieux, lesquelles ilz ont totalement ruinez, a la coustume, ravissants, muertrants, en diverses sortes, les peuples sans nombre: le pays estoit fort fertil, & ceux qui viennent de la, disent fort hardiment, qu'il est un pitie de voeir tant de villages & villes, populées auparavant avec deux mille citoyens, & à ceste heure on y trouve pas cinquante, les places sont consumez par feu: & qui plus est, on n'y trouve pas la en trois cent lieux un homme, car ceux qu'il venoyent de Peru, & passerent par la costé de Quito, ont destruit ces Provences: ainsi les Tyrans venants de Carthagegena & Uraba, Iamaica, Cuba, quand ilz prindrent le chemin par la Riviere de S. Ian, & Rio de Peru, a la costé du Mer del Zur, pour aller en Peru, ont ilz destruicts plus que six cent lieux jettants au l'infern tant des povres ames, & aujourdhuy ilz font le mesme parmy les pays restants, pour verifier ce que j'ay dit auparavant, que la cruaute de les Espaignols s'augmente tous le jours envers le brebis povres. *De Papayà, & Cali.* *Les Royaumes sans peuple.*

Apres

La Vraye Enarration.

Les procedures avec les Indiens vivants.

Apres cestés massacres & tueries en la guerre, la reste du peuple ilz mettent en servage abominable, & quand ilz font sa entree en quelque pays, incontinent chascun Diable prend pour sa part, deux cents de ces inhabitans, l'autre trois cent l'autre quater cent. Le Tyran si tost qu'il parlera, il void venir les Indiens pour obeïr a luy en grand nombre, comme le brebis, estants venuz fist decoller incontinent trente ou quarante a son plaisir: apres il parle à les aultres si vous ne faictez bien vostre office, ou si vous voulez s'enfuyr, je feray le mesme à vous.

Exclamation.

O Mon Dieu: Est il possible qu'un homme Chrestien lise ceste histoire sans pitié, qu'il ne considére point les affaires de les Espaignols, vrayement la tyrannie est insupportable: vrayement ilz sont dignes d'estre appellez Diables: & si on donna les Indiens au Diable, ou à les Chrestiens il seroyt quasi le mesme.

Histoire horrible.

Il me souvient une aultre histoire, mais je ne scay pas si on peut avoir une plus cruelle, car elle surpasse toutes les autres en cruaute.

I'ay raconté auparavant que les Espaignols aux Indes ont chiens fort farouches, & cruels enseignez à tuer & deschirer les Indiens. Chascun Chrestien, ou Atheiste, ou Turc dye à ceste heure, s'il a ouy oncques en cest monde, que les hommes ont oncques enseignez leur chiens de la chasse, pour prendre les hommes: vrayement je dy ma sentence, ceux qui font cela, seront tretous la venaison de Diables, qui emporteront leur ames en sa chasse spirituelle. Ie veu maintefois ceste acte cruelle, pour nourrir ses chiens, ont ilz tirez les hommes enchainez par le chemin, comme s'ilz estoyent de porcx, & qu'ilz ont en leur places boucheries du chair humain, comme nous icy du chair de bestes. Et communement usent ilz entre eux ces paroles. Signoor: Prestez moy un quartier de ces Meschants pour nourrir mes chiens, passez deux jour, je tueray moy mesme un. Adonc ilz font ceste

Les Espaignols chasseurs de les hommes, seront la venaison de Diables.

cruaute

De la tyranie en Popaian & Cali.

cruaute comme s'ilz avoyent à faire avec de bestes sauvages.

Il y a des aultres qui fortent a l'aube du jour a la chasse, & en retournant a la maison, on demande à eux, si l'ont eu bonne chasse, ilz respondirent: Ouy: Nous avons tuez quasi dixhuict ou vingt Meschants, je les guarderay pour mes chiens.

Voila une impieté extreme.

Cestés enormes, Diabolicques meschancetez à ceste heure viennent en la lumiere, & ces sont vrayement verifiez en les processes faictes par les Tyrans l'un contre l'autre, je ne trouve pas choses plus execrables & detestables & detestables, que celles.

Comment on sçait tout.

Icy je feray le fin, si long temps qui l'arrivent aultres qui feront plus grãdes meschancetez, ou, quand je voy la, la deuxiesme fois, pour revoir ceste cruaute, comme j'ay le veu moy beaucoup des ans, sans cesser. Ie Proteste devant Dieu, & ma conscience, que au respect de tant de dommages, perditions, destructions, dissipations, outrages, massacres, & fort grand abominables cruautez de toutes sortes de ravissements, pilleries, faictes en ces Pays, & lesquelles ilz font encore en toutes les endroicts de Inde, je ne rien augmenté en qualité ou quantité, mais que j'ay teu la centiesme partie. Et a fin que chascun homme Chrestien, aye compassion avec ceste nation innocente, ayant perdue son salut, & se contriste pour l'amour d'eux, & plus deteste, abomine l'ambition & cruaute de les Espaignols, j'affirme que toutes ces choses sont veritables, & que plus est depuis, que les Indes sont decouverts, ilz n'ont jamais offensez les Espagnols, si non quand ilz fussent offensez, meurtriz & pillez: au commencement ilz estoyent estimez les Anges de Dieu, venants de Ciel, mais un peu apres leur œuvres monstrerent d'estre la vraye semence du Diable, ennemy du genre humain, un meurtrier du commencement du monde.

Conclusion.

P   II

La vraye Enarration

Les Espaignols ont rarement, ou jamais parlé de la Religion Catholique.

Il fault adjoindre icy, que depuis le commencement de leur venüe, jusques aujourd'huy les Espaignols n'ont oncques porté soing à prescher Evangile à les Indiens, comme si fuissent bestes sauvages, & sans entendement. Et qui plus est ilz ont maintesfois defendu aux Religieux de dire mot à ces gens, en menaçants encore à moy & les aultres, & ces meschants penserent que la predication estoit comme un empeschement de recevoir l'argent, & la richesse, car ilz estoyent fort adonnez a ceste matiere: & aujourdhuy les povres Indiens

En Espaigne nouvelle les Indiens ont cognoissance de Dieu.

sont encore en mesme estat, & n'ont pas aulcune cognoissance de Dieu, ny de leur salut: ilz ne sçavent pas si le Dieu soit ou de bois, ou en ciel, ou en la terre, côme auparavant: mais en Espaigne nouvelle il y a la aulcunes Religieux qui l'ont bien faict leur debvoir. En telle sorte ilz sont perduë, & perdent encore les Indiens sans foy, & Sacraments.

Poursuite de l'histoire, estant hors les Indes.

Moy *Bartholome de las Casas*, Frere Mineur, je suis arrivé par la grace de Dieu en la court d'Espaigne, pour solliciter par lettres & prieres le Roy, qu'il face retirer l'infern hors les Indes, a fin que tant des ames par le prétieus sang du *Iesu Christ* delivrez ne perissēt point, mais qui cognoissent leur Createur & puissēt parvenir au salut: autremēt je crains que Dieu ven-

Il craint la vengeance, & il void, & parle comme un Prophete.

gera quelque jour les injures faictes a luy, sur ma doulce patrie Castile, car pour cert Dieu n'endurera pas qu'on a respandu tant de sang sans vengeance: il punira le Roy qui n'empesche point, les Tyrans qui y sont: & le sang crie & demande vengeance devant Dieu, & il vangera.

En l'Espaigne gens pieux.

Il y icy en Castile, & en la court du Roy, gens zelants, desirants affectuesement l'honneur de Dieu, ayants pitié de cestes afflictions & miseres du peuple innocent, & m'ont incitez de mettre en escrit tout que j'ay veu & ouy, combien que je l'avoye commencé de le faire desia, mais je n'avoye pas achevé par mes continuelles affaires.

En la Ville de Valence j'ay achevé a description de les oppressions,

De les Ordonnances du Roy d'Espaigne.

pressions, outrages, tyrannies, meurtres, ravissements, destructions, miseres, tristesses, angoisses, calamitez, en tous les costez d'Inde, ou les Chrestiens ont esté oncques : combien que toutes les tribulations n'ont pas esté par tout pareillement grandes. En Mexico, & en les places circonvoisines les cruautez n'ont pas esté si grandes comme en les aultres, car la & aultre part il y a le Conseil de justice: toutefois les gens sont la fort pressez par taille infernale. *Ou le Religieux à escrit.*

I'Espere que l'Empereur, & Roy d'Espaigne nostre Seigneur *Don Carole* le cincquiesme de cest nom, entendera la malignité, & trahison faictes contre le Dieu, & son gré car jusques a ceste heure on a rien sçeu, & on a couvert les faicts d'un peuple Diabolique, mais a ceste heure Sa Majesté extirpera si grand mal, & il garira le monde nouvel, lequel luy a donné de Dieu, si il est un amateur, & conservateur de la Iustice : Ie prie Dieu que luy plaise donner nostre Royaume glorieuse, & bien-heureuse vie, en son estat Imperial, au conservation de son Eglise, & finalement à la conservation de son propre ame. *L'esperance de l'Autheur.*

Apres que j'ay escrit cest mon œuvre, j'ay entendu que le Roy fist publier à *Madril* l'an 1543. aulcunes Ordonnances lesquelles il avoit faict estat à Barcelona l'an 1542 en Novembre: en lesquelles il commande, à faire cesser tant de maulx & peschez, perpetrez contre Dieu, & les prochains, a l'extermination du genre humain. SA MAIESTE a faict ses Ordonnances apres longes communications faictes avec Personnes d'importance & authorité, doctrine, & science, ayants regard au Villadolid à ces affaires : & en fin on les a accordé & escript d'un commun accord : suivant l'ordre de Iesu Christ, qu'on doibt aymer son prochain, comme soy mesme. Ces conseillers du Roy estoyent vrays Chrestiens, & libres de toutes les corruptions, & l'ordures de ces biens raviz, aux Indes, lesquels tachent non seulement les mains, mais aussi les *Le Roy d'Espaigne fit une Ordonnance.*

P 2

La Vraye Enarration.

si les ames: principalement de ceux qui regnent aux Indes, & gastent les terres sans respect, ou honte.

Les Tyrans demandent les copies de les ordonnances du Roy aux Indes.
Quand les ordonnances ont esté publiées les Facteurs de ces Tyrans, estans envers ce temps en la Court du Roy, prindrent les copies, car ilz estoyent aggravez en sa conscience, aussi penserent, qu'ilz perderoyent leur avancements en les ravissements & pilleries aux Indes, & l'envoyerent les Copies aux Indes. Ceux la qui l'avoyent commandement de ravir, & destruir les terres tout a l'entour, s'en soucient du rien, car ilz n'ont pas receuz les ordonnances, & ilz font encore les œuvres de Lucifer fort abominables. Mais en fin ceux qui l'avoyent le commandement d'executer la volonté Du Roy viennent la.

Les Tyrans aux Indes font pas de compte de Roy.
Voila les Tyrans ayants eu la domination diabolique si long temps font grand esmotions, & ne sayoyent pas compte de ces ordonnances, cõme gẽs sans pieté, & crainte de Dieu, & leur Roy: & ne voulerent pas estre nommez traistres, combien qui fussent cruels, & horribles Tyrans, & principalement en Peru : ou à ceste heure ilz persistent en telles cruautez, cest an. 1546. comme auparavant & non seulement contre les Indiens, mais aussi contre eux mesme, car il y a long temps que ilz ont massacrez, & tuez le peuple, & il n'y a plus a ruiner. Vrayement c'est la main de Dieu, laquelle les met en armes, pour donner justice a ceux qui ont este sans justice, & ne veulent pas estre justifiez, ainsi l'un meschant sera le Borreau d'un autre. Et pource que les Espaignolles en Peru, n'ont pas voulu recevoir cestes ordonnances, car ilz ont quelque chose à repliçer, les aultres aussi n'ont pas voulu recevoir les Ordonnances donnees par le Roy, en telle sorte ilz demeurent en la mesme puissance & Tyrannie, & les povres Indiens en la mesme subiection.

Les Indiés sont tousiours en servage.
Il est vray, quand les ordonnances du Roy, & les executions viendrent la, on cessa un peu de temps de la Tyrannie, mais si tost qui l'ont veu, que les Commissaires du Roy n'acheverent

Des les Ordonnances du Roy d'Espaigne.

chèverent point sa commission par sa rebellion, voila ilz retournent a la mesme ouvrage : en tuant & massacrant les povres Indiens, & mettant en servage perpetuelle. Et encore aujourdhuy le Roy n'empeschera point les Tyrannies en ces places la : on va tout droict vers la, les petits & grands, jeunes & vielles, à brigander, ravir, desrobber, l'un le faict publiquement, l'autre par finesse, tout soubs la pretexte d'estre Serviteurs du Roy, & cependant font ilz deshonneur à Dieu, & mangent le bien & richesses du Roy.

En faisant fin js prie le bon Dieu, que luy plaise donner au Roy le cœur de penser a ces affaires aux Indes, & delivrer ceste povre & miserable nation, estant en les plus grandes miseres du monde : Ou que luy plaise faire d'une petite masse, un grand & vaillant peuple soit par terre, & la Mer, lequel sçaura par l'espreuve comme les Indiens, les cruautez de les Espaignols, & en fin delivrez de leur Tyrannies, pour se vanger de l'Espaigne, l'amene icy avec une grande & puissante armee par le Mer, a fin que delivrasse les miserables Indiens hors la servitude : & apres le Roy d'Espaigne se repentasse, avec le S. Paul, disant :

Seigneur que veux tu que je face.

Priere du Frere Mineur, Bartholome: & voicy un vray Prophete.

Les Repliques de l'Evesque.

L'EVESQUE
BARTHOLOME
De las CASAS,

A mis en lumiere aultres accusations contre un Sepul-
neda: voicy le subject de la Preface.

<small>Les Espaignols cachent la tyrannie, par mensonges.</small>

Pour tromper le monde, & l'excuser la grande Tyrannie, les Espaignols ont controuvez une belle mensonge, qu'en Espaigne nouvelle toutes les annees, on faict une sacrifice de deux mille hommes, accoustumée de ceux d'Inde, a l'honneur de ses Dieux: mais on ne le faict pas, car je n'ay jamais veu, n'y ovy: car s'il eust esté ainsi, nous n'eussion point trouvez si grand nombre de gens: par cest moyen les Espaignols veullent cacher leur cruauté, & supprimer les Indes, & ceux qui restent encore, sujetter au servage perpetuelle, & les tyranniser jusques au bout de leur vie. J'aymeroye plustost affirmer, que les Espaignols depuis qu'ilz ont esté aux Indes, ont sacrifiez plus a sa Deesse la Convoitise, que les Indiens ont sacrifiez a leurs Dieux en cent ans.

<small>La terre estoit pleine des hommes.</small>

Tesmoignent du contraire les cieux, la terre, les Elements, & les pierres mesmes parlent, & les Tyrans ne le nieront point. Car chascun sçait, l'abondance du peuple, quand nous vismes la, mais quand nous departismes il n'y avoit point tant, car ilz estoyent totalement dissipez. Vrayement c'est une honte apres que nous avons chassez la crainte de Dieu, nous voulons cacher nous faultes, & impietez, d'avoir troublez & ruinez un pays, plus grand que l'Europe, & une bonne partie d'Asie, pour recevoir l'Or & l'argent, par la grande tyrannie, outrages & mesfaicts, en l'espace de quarante

huict

huict ans, que à ceste heure est sans peuple & richesse, auparavant totalement plein du monde, plein de beautez & abondances.

Quant a moy, je dy la verité, que les Espaignols ont massacrez par sa tyrannie plus que dix milions des ames, en ce temps la que j'estoye avec eux.

La primiere Replique.

LEs Espaignols s'en vont pas aux Indes, par un zele au l'honneur de Dieu, ou la foy, ou pour prescher l'Evangile a ses prochains a fin que puissent avoir leur salut, plus moins au service du Roy, de lequel il en parlent tousiours, & font grand cas: mais pour tyranniser, exercer leur cupidité, & l'ambice, ilz vont un grād chemin, pour gouverner les Indes, demandants d'eux une perpetuelle taille, les tourmentants comme les bestes: je diray rondement ilz vont la pour piller les biens & profits de Roys d'Espaigne, & les chasser totalement hors les Indes, a son profit mesme, faisants grand tort a la Maieste royale, & le superieur Magistrat de nostre patrie.

Pourquoy les Espaignols vont aux Indes.

La deusiesme Replique.

ENtre les remedes lesquels l'Evesque proposa par le commandement de l'Empereur, & le Roy d'Espaigne Charles cincquiesme, en la presence de les Grands d'Espaigne, & conseillers du Roy, hōmes doctes & scavants a l'essemblée en Valledolid l'an. 1542. pour reformer l'estat d'Inde, huictiesme remede estoit tel, de ne commander aux Espaignols les revenues du Roy, ny le gouvernement des Royaumes, si le Roy veult delivrer les povres Indes, hors la bouche de ces Dragons volants, cruels, & horribles, a fin qu'ils ne gastassent tretous,

On doibt oster les revenues aux Espaignols.

& les-

Les Repliques de l'Evesque
& le monde divienne vuide, sans hommes, sans culture, sans habitations.

La trosiesme Replique.

LEs Espaignoles pour satisfaire a leur avarice & cupidité, ne permettent pas, quand les Religieux arrivent en quelque place avec eux, qu'ilz prennent quelque siege pour eux, a fin que puissent prescher la parole de Dieu : car ilz disent qu'ilz ont dommage double par les predications d'Evangile, car quand ilz sont assemblez pour ouyr la presche, ilz ne travaillent point en leur affaires, ou besoignes accoustumees au profit de les Espaignoles, pour assembler l'or, ou quelque autre richesse que ce soit. Il est survenu que les Indes tretous d'un village estoyent assemblecz en la preche, pour recevoir la parole de Dieu, estants en pleine devotion, voicy un Espaignol qui vient au milieu d'eux, & tire, hors toute ceste assemblee cent hommes, pour porter leur fardeaux au chemin, & ne voulants sortir a ses affaires, il les bastoit bien cruellement de bastons, & poussa de pieds, a leur coustume, faisant grand desordre au peuple cōmencent estre Chrestien, contristant les Religieux honteuses de ceste cruaute & malseance de l'homme, donnant empeschement au salut de ces ignorants Payens, l'autre dommage est comme ilz disent, si tost que les Payens ont laissez la Paganisme, ont ilz grand caquets, & pensent scavoir plus que les Chrestiens mesmes, & qu'ilz ont faulte de leur service, scachants la liberté Chrestienne.

Ilz empeschent la presche.

Les Espagnolles ne desirent autre chose que commander & estre adorez des Indes, comme Seigneurs du corps & l'ame : car ilz empeschent directement l'Evangile, & la predication de la parolle de Dieu, & ne permettent pas que les Indiens rejettent la Paganisme, & deviennent Chrestiens.

Ausi veulent ilz qui demeurent en la Paganisme.

Quand

Les Repliques de l'Evesque
& le monde divienne vuide, sans hommes, sans culture, sans habitations.

La trosiesme Replique.

LEs Espaignoles pour satisfaire a leur avarice & cupidité, ne permettent pas, quand les Religieux arrivent en quelque place avec eux, qu'ilz prennent quelque siege pour eux, a fin que puissent prescher la parole de Dieu: car ilz disent qu'ilz ont dommage double par les predications d'Evangile, car quand ilz sont assemblez pour ouyr la presche, ilz ne travaillent point en leur affaires, ou besoignes accoustumees au profit de les Espaignoles, pour assembler l'or, ou quelque autre richesse que ce soit. Il est survenu que les Indes tretous d'un village estoyent assembleez en la preche, pour recevoir la parole de Dieu, estants en pleine devotion, voicy un Espaignol qui vient au milieu d'eux, & tire, hors toute ceste assemblee cent hommes, pour porter leur fardeaux au chemin, & ne voulants sortir a ses affaires, il les bastoit bien cruellement de bastons, & poussa de pieds, a leur coustume, faisant grand desordre au peuple cōmencent estre Chrestien, contristant les Religieux honteuses de ceste cruaute & malseance de l'homme, donnant empeschement au salut de ces ignorants Payens, l'autre dommage est comme ilz disent, si tost que les Payens ont laissez la Paganisme, ont ilz grand caquets, & pensent scavoir plus que les Chrestiens mesmes, & qu'ilz ont faulte de leur service, scachants la liberté Chrestienne.

Ilz empeschent la presche.

Les Espagnolles ne desirent autre chose que commander & estre adorez des Indes, comme Seigneurs du corps & l'ame: car ilz empeschent directement l'Evangile, & la predication de la parolle de Dieu, & ne permettent pas que les Indiens rejettent la Paganisme, & deviennent Chrestiens.

Aussi veulent ilz qui demeurent en la Paganisme.

Quand

Quand on prend quelque Ville, ou village, on donne la place au trois ou quater Espagnols, l'un prend toutes les femmes, l'autre les hommes, le troisiesme les enfans, comme on divise les bestes, & chascun se fait maistre d'eux, & de la ville prinse, ou village, il gouverne tout a son appetit, car l'on a donné luy à l'heure du partage, pourtant ilz sont tretous a sa service: d'aulcunes il charge de fardeaux pour marcher aux Mines, comme on met sur le dos des bestes: les aultres il baille a louage, aucunefois trente, quarante, cinquante, cent, deux cent lieux, à porter les fardeaux, & les povres gens marchent iournellement, comme nous l'avons veu. Et depuis qu'ilz sont tous le jours en ceste travail, ont ilz jamais loisir d'ouyr la predication, ou d'estre instruits en la parole de Dieu pour recevoir quelque coignossance de leur salut. Les gens libres ilz mettent en servage penible: ilz divisent les villes, villages, les hommes demeurants en icelles, les maisons sont brulez, les familes sont segregez, le Pere ne scait pas ses enfans ny femme son mary.

l'Espagnol se fait maistre par tout.

Les Indiés sont tousiours en labeur

Les Espagnols ne font pas de compte de ces gens pour les convertir, & reduire au salut eternel, comme si leur ames perissent, avec leurs corps quand il vient a mourir qu'ilz n'ont plus de gloire, ny douleurs, que les bestes sans raison.

La quatriesme Replique.

ON donne la charge aux Gouverneurs du pays, d'enseigner les Indiens la Religion Catholique: mais ilz ne pensent pas a son debvoir. Il y avoit un Commandeur en S. Marthe, ayant a soy un grand village, & il debvoit avoir soing des ames: on a parlé à luy touchant ses affaires en la Religion Catholique, luy mesme ne scavoit rien de sa foy, ou de la cognoissance de Dieu: apres nous demandions comment il en-

Le Commandeur Iean Colmenero, parle comme un Atheiste.

li enseignoit les Indiens, il respondit qu'il les donna au Diable, & qu'il estoit assez, quand ilz disoyent. Par la saincte croix.

Les Espaignolles scachent rien de la Religion.
O bon Dieu ilz sont bonnes gens de prendre soing aux ames, & je scay asseurement, qu'il y a plusieurs de ces gens d'Estat, & la Noblesse, qui vont aux Indes, qu'ilz ne scachent point le CREDO, ny les dix commandements de Dieu, ny aulcune chose apartenante a la foy Catholicque: allans vers icy pour accomplir sa convoitise, gens fort luxurieux, apprinses en toute meschanceté, totalement corrumpuz en vie, & meurs: mais les Indiens vivent chastiment, & honestement, la luxure est totalement ostée entre eux: ilz ont en mariage une femme, comme la nature, & necessité les enseigne, mais les Chrestiens ne sont pas contents d'une, cherchants d'autres, tout contraire au loy divine, & humaine.

La vie honeste des Indiens, en ses mariages.
Les Indiens ne ravissent point le bien d'autruy, ne font pas iniures à un autre, ny vexations, ou quelque querelle, ilz ne tuent personne, & toutesfois le Chrestiens le font maintefois, ilz sont accoustumez de pecher, faire l'iniustice, toutes les meschancetez, fort contraires la foy & justice: en fin ilz se mocquent d'eux qui parlent de Dieu, il y a d'aucunes qui ne croyent pas qu'il y a un Dieu: a mon jugement il me semble qu'ils ont un jugement pervers de la bonté de Dieu, pensants d'estre le plus cruel & inhumain.

Les jugement des Indiens de Roy d'Espaigne.
Les Indiens voyants ces affaires des serviteurs du Roy, jugent que sa Majesté est comme eux, & qu'il est le plus cruel & iniuste des Roys du monde, pource qu'ilz sont envoyez par vous, & qu'ilz icy sont par vostre commandement, & disent publiquement que le Roy s'enrichit de leurs biens, & vie. Nous scavons que vostre Majesté n'a jamais ouye telles parolles, mais nous l'avons ouy tant de fois aux Indes: & pourrions dire choses plus memorables & despiteuses, mais les oreilles de sa Majesté ne voudroyēt pas ouyr, & la feroyent esbahir,

esbahir, & estonner que Dieu permette si long temps une impieté si extreme, digne d'estre punie avec la gehenne.

On donne les Indiens aux Espagnols arrivants aux Indes, pour les reduire en une eternelle servitude soubs les Chrestiens.

Les Religieux travaillent fort à publier l'Evangile, mais si tost qui l'ont faict quelque profit, voicy un Espagnol cruel & luxurieux incontinent le gaste tout, avec sa vie inhoneste, & destruit plus que les cent Religieux edifieront en un an.

La Replique cinquesme.

LE Gouverneurs Espaignols aux Indes Occidentales, ont la un absolut gouvernement, & grãd profit de ceste administration, mais a fin qu'ilz puissent augmenter leurs gaignages & emoluments, ilz les affligent, oppressent, pillent leur biens, terres, femmes & l'enfans, & en toutes aultres sortes ils les tourmentent, mais ces povres gens ilz n'ont pas de reparation de leur interest, de la part de vostre Majesté, car ilz n'ont pas le moyen de vous le faire scavoir, & pourtant ilz mettent à mort ces gens, a fin que parlassent rien, comme nous avons veu maintesfois: & par ce moyen il n'y a pas de repos de servir a Dieu. *Les iniures perpetuees aux Indes, par les Espaignols.*

Il est besoing Sire que je le raconte, les Espagnols ont donnez mille occasions de turbations, corroux, haine aspre & amere de sa Majesté, & l'abominatiõ de la loy de Dieu, pource que la trouverent si dure & pesante: & la charge de Gouverneurs insupportable, tyrannique, & digne d'estre rejettée, ilz mauldisent Dieu, & desperent, comme l'autheur de toutes ces maulx, que soubs titre & pretexte de sa loy, & parole survint toute ceste calamite sur eux, qu'il endure & les ne chastie point, & n'empesche point les iniquitez de ses serviteurs & *Les Indiés font Dieu la cause de ces maulx.*

Q 2 qui

Les Repliques de l'Evesque

qui les tourmentent tant. Iournellement ilz pleurent encore leurs Dieux, meilleurs que le Dieu des Chrestiens, car ilz n'ont pas donnez tant de peines & angoisses, mais paix & richesses, une vie sans calamitez, & oppressions, & a cest heure qu'ilz endurent beaucoup des angoisses & extremitez abominables, & en fin perdent la vie miserablement par les Chrestiens.

La Replique sixiesme.

<small>Les Espaignols ont meurtri beaucoup Vassales du Roy.</small>

NOus ferons compte à vostre Maiesté, que les Espaignols en l'espace de trente huict, ou quarante ans iniustement cruellement ont tuez plus que douze millions des Vassales, sans multiplication empeschée par leurs carnificines continuelles, en un pays ou les Bestes, & hommes se multiplient fort, par la temperateure bonne, & l'air est favoralbe au generations: cest grand nombre est tué d'eux, à fin que puissent commander a la reste, & les envoyer aux mines (hors mis ceux qui estoyēt tuez cruellement a la guerre) & cōtraindre au travail des montagnes en or & argent, apres les joignāts comme des mulets pour porter les fardeaux, aussi les louants aux aultres, a fin que gaignassent d'argent pour eux, imposants toutes sortes du travail: ilz se soucient point si vivent

<small>Les Espagnols ne cherchent que leur proufit.</small>

ou mourent quand ilz sont proufit. Ie dy la verite, & je laisse beaucoup à dire: la verité se descouvrira mesme, & le monde scaura, avec le temps, & celuy, qui diray le contraire a toy Sire il commettra un grand crime, & sera traistre, & qu'il aura quelque portion du butin, ou qu'il espere d'avoir.

Ma foy, je ne scay pas s'il y a quelque peste plus venimeuse, ou mortifere au l'air, laquelle pourroit destruir, & mettre en cendres plus que deux mill, cincq cent lieues de terre si tost, plein des hommes, sans permettre que restoit un, qui scauroit leur mesfaicts, & tueries.

La

La Replique septiesme.

LEs Espaignols arrivants en ces terres ont meschantement diffamez les Indiens pour leur proufit, car ilz les ont accusez de la plus inhoneste vice du monde, & le plus grand peche, envers Dieu, a fin que puissent ravir leur biens, & possessions, mais ilz estoyent incoulpables de ceste œure contre la nature: car en les grandes Isles d'Espannola, Sainct Ieã, Cuba, Iamayca, & en les 60 Isles de los Lucayos, ou se tenoit une monde des gents, on ne faisoit mention de cest peché mortel, ny memoire, cõme nous scavons du commencement, & l'avons eu information. En Peru nous n'avons rien ouy dire de ceste mechanceté, & en Royaume de Iucatan il n'y avoit personne accusé de cest faict, il n'y avoit pas un Indien qui scavoit cest mal, & pourtant on ne doibt condamner tout le mõde. Pareillement nous disons qu'on les a accusé qu'ilz avoyẽt mangé la chair humain, nous scavons qu'il n'ayt pas avenu la, combiẽ le font en les autres quartiers. Ilz les ont accusez aussi d'Idolatrie, & combien qu'ilz fussent Idololatres, la punition d'icelle apartient a Dieu, car ilz ont peschez envers Dieu seul, il les avoit separé du monde, & autres terres, & subiects au personne si non a leur magistrat, & ilz estoyent comme noz ancestres, & tout le monde devant la venue de Iesu Christ. Les Espaignols les ont estimez comme de Bestes, pource qu'ilz estoyent bonnes, & subjects, & disoyent que les Indiens n'estoyent pas capables de prendre la foy Catholique, combien que l'ouissent fort volontiers de Dieu, & scavoient comprendre les mysteres de la saincte foy.

Il est certain qu'ilz ont empesché par diverses manieres, qu'on les apprenderoit rien, ny la parole de Dieu, ny les autres vertuz, chassants & prosuyvants les Religieux, a fin que ne sceussent leur Tyrannie, & la descovrissent. Et que plus

Par la Calumnie tôt perdu les Indiens.

Vne aultre calomnie des Espagnols.

l'Empeschement de l'Evangile donné par les Espagnols.

Les Repliques de l'Evesque

est ilz ont infecté & gaste les Indiens avec beaucoup des vices, lesquelles ilz ne sçavoyent pas, comme jurer, blasphemer le nom de Iesu Christ, usurer, mentir, avec plusieurs aultres meschancetez, fort loings de leur bonté, & benignité.

De vouloir les Indiens laisser au grace de les Espaignols, est donner au grace & mercy de ceux, qui les destruiront, & perderont tant le corps, que l'ame.

Le Roy transporte les gens, & les met à neant. Le Roy Ferdinand consentit qu'on transporteroit les Indiens de les Isles des Lucayos, au l'isle Espagnola, tout contre le droict & justice naturelle, & divine, les inhabitants tirants hors de sa patrie, destruants & perdants plus que cincq cent mil ames, laissans en les cinquäte Isles (si grädes que la Canarie mesme, & pleines des hommes, comme une ruche a miel) seulemēt onze hommes comme nous avons veu mesme. De raconter Sire a vostre Majesté la bonté & droicture de ces gēs, & la cruauté, meurtres, & miseres commises par les bōs Chrestiens, seroit un pitié d'ouir, tout le mōde parle a ceste heure,

l'Espagnol est cause de la ruine. de guerres faictes à eux, qu'ilz ont tuez leur fēmes, enfans, amis, parentages, les ont privez de tout leur biens : le pays sans monde parle clairement, & le monde le crie à haulte voix, & les Anges deplorent, mais Dieu monstre son ire, par la vengeance tousiours.

La Replique huictiesme.

LEs Espagnols tirent hors les corps des Indiens toute la substance, ilz tirent toute leur mesnage, par le travail ilz rejettent *Ilz gastent toutes les Indiens.* maintefois le sang, les mettants en tous les dangiers, les contraingants travailler oultre la mesure, joignants beaucoup de coups des bastons, & fouets, & vexations maudites, par ce moyen ilz les mettent au perdition, & ruine eternelle.

Vouloir bailler les Indiens aux mains de les Espaignols est presenter la gorge de les petits Enfans aux mains de gens insensees fées, qui l'ont prests le rasoir pour couper depuis long temps, car ilz sont ennemiz mortels de ceste race & du monde.

Cests pays sont comme une belle fille, si on la donne au un jeune homme qui la ayme, fort passioné d'amour, il la gastera totalement, en peu de temps, on fera comme si on la mettoit aux Cornes de bœufs sauvages, ou si on la jettoit devant les loups, lions, & tigres affammez: & combiē le Roy menaceroit & manderoit que ne tueroyent pas les Indiens, nous sommes asseurez qui ne profiteroit rien envers les Espagnolz, principalement quand ilz ont le gouvernement sur ces povres gēs, & que plus est, combiē qu'on mettast un Gibet devant la porte de chascun Espagnol, & on mandast qu'on perderoit le primier Espagnol, qui tueroit un Indien, je suis asseure qu'ilz ne laisseroyent pas tuer les povres Indiens sans misericorde & ilz le feront si long temps qu'ilz auront l'authorité aux Indes.

La Replique neufiesme.

Il est vray ce qu'on dict, que outre tous les maulx lesquels ilz endurent en servants aux Espagnolz, en chascun village, ou ville, se tient un Borreau cruel, & inhumain, appellé d'eux Estanciero, pource qu'il les fait travailler, en gouverne soubs sa main, mandant tout ce qu'il veut, ce qu'il est à eux le p'us grand torment du monde, car il les faict batre, fouetter, donner de coups de baston, les baptize avec le lard bruslant, les afflige par un labeur continuel, faict violence aux filles, & femmes, les abusant, mangeant leur poulets, que sont leur richesse, pas pour māger, mais à payer la cense aux Seigneurs, & le Superieur Tyrā: Cestuyci les vexe, a fin que ne parlassent du rien au superieur Magistrat de sa tyrannie, car ilz le craignent fort comme le Diable mesme. *Vn Borreau est tousiours pres d'eux.*

Sommairemēt chascun Espagnol tient en sa service plus que 20 personnes, & cest Estanciero plus que cēt hormis les petits garsons, & les lacquais, car ilz doibvent tretous estre à leur service.

Les Repliques de l'Evesque

La Replique dixiesme.

Vne Prophetie.

IL est fort a craindre que Dieu mettra quelque jour en desarroy le pays d'Espaigne, pour les pechez commises par les Espagnolz aux Indes, car nous voyons desia l'ire de Dieu elevee sur nous, & tout le monde le juge, le populaire le cognoit, & void, que Dieu est courroucé contre le royaume d'Espagne, car icy est arrivé le plus grand tresor du monde (lequel le Roy Salomon ny aucun Roy du terre, a jamais veu ou ouy) & à ceste heure il n'y a riē, ou fort peu de çes richesses de l'or & l'argēt. Aussi en le royaume mesme on estoit accoustumé de tirer force argent, mais à ceste heure, Dieu a tout retiré, & n'en donne plus: pourtant toutes les choses, & principalement les provisions sont encheriz, & les povres s'augmentent en povreté, & la Majesté ne peut faire choses d'importance.

La Replique onsiesme.

QUand le Gouverneur Larez commendoit aux Indes en espaçe de neufs ans, on portoit nul soing, touschant l'instruction, & conversion de les Indiens, on n'y pensoyt d'eux ny l'on prennoit garde d'eux, comme si fussent de Chiens, ou bestes sauvages: il destruoit villes grandes, & bourgades, il donnoit à un Espagnol cent, a un autre cinquante, a les autres plus & moins selon son appetit. Il partoit les enfans les parents, femmes enceintes, & sorties de la couche: aussi les gens Nobles, & le populaire, il donnoit à ses compagnons Tyrans, les envoyant avec la forme de telle epistre. On donne à vous N. N. aultant Indiens a fin que vous soyez servi d'eux en les mines, aussi la trafique avec la personne du Cacique: en ceste sorte que tous les gens, jeunes & agees, petits & grands, quand ilz se pouvoyent soubstenir sur les pieds, travaillerent

Bartholome de las Casas.

Voicy du genre humain la source au l'ouvrage
Du terre est employé, les femmes sans courage
Dy je, sont laboureurs, pour cultiver par tout,
Mais le travail cruel, les met tretous debout:
Les Enfans sans manger, & sans leur nourriture,
Vont a neant comme la chose que rien dure:
Ainsi se perdit tout, & si quelqu'un fuioit,
Reprins, bien chaud le dos l'huyle le brusloit.

vaillerent jusques au la derniere haleine.

Nouvelle cruauté.

Il permettoit qu'ilz amenerent les hommes mariez vingt, trente, quarante, quater vingt lieux de leur maisons, & les femmes demeurerent en les maisons & granges, travaillants par force, assemblants la matiere pour faire le pain, primierement font ilz fossees en la terre, du profondeur de quatre paulmes, & douze pieds en quarré, c'est un travail pour les Geants, fossoyer la terre point avec les besches, ou hoyaux, mais avec batons. D'aulcunes filent le Cotton & font aultres services, en diverses sortes, le plus profitables pour gaigner de l'argent, en sorte que les hommes & femmes n'assemblent pas en dix ou douze mois, ny voyoyent l'un l'autre, & quand ilz revenoyent au bout de l'annee estoyent si foibles & las qu'ilz n'avoyent pas la puissance de s'assembler, & en ceste sorte la generatiõ se cessa, les petits enfans desia nees se perdoyent pource que le meres estoyent en un continuel labeur, n'ayant pas le laict pour allaicter les petits, pourtant en l'Isle de Cuba se moururent en l'espace de trois mois (je dy la verite, car un de nostre confrerie estoit la) plus que sept, mil Enfans du faim, on trouvoit la les Meres estranglants les propres enfants par desperation.

Femmes desperants.

Il y avoyt aussi de femmes lesquelles apercevants d'estre enceintes, prindent les herbes pour rejetter le conceu; par les hommes mourrants en le travail de Mines, les femmes en le labourage de terre, se cessa incontinent la generation, & la terre est devenue vuyde. Le Gouverneur donna les à les aultres a fin que travaillassent continuellement, sans repos, toutefois ilz estoyent fouettez d'une extreme rigeur, severité, cruauté, car ilz estoyent donnez au plus cruels Borreaux du monde: celuy qui se tient aux mines est appellé Minero, au villages Estranciero, hommes sans pitie, & misericorde, les batants de batons & fouettes, donnants les sofflets, & aguillons: ilz les appellent Chiens journellement, on ny voyoit a eux jamais

un

Bartholome de las Casas.

un enseigne de joye, mais tousiours une extreme cruaute, & severite; combien qu'ilz fussent Mores, vrays ennemis du genre humain, on ne les pourroyt traicter pire, & ceux estoyent humbles & doux, tousiours au travail.

Il y avoit d'aulcunes evitans le labeur trop grand, qui s'en fuyrent, schachants qu'ilz debveroyent mourir pour la fuyte, & s'en allerent aux montagnes, incontinent ilz ordonnent un aultre Officier, nommé Alguazil del Campo, cestuy icy prosuivoit les fuyants par les montaignes & villages, les plus bons estoyent appellez visitateurs, tirans une bonne gage, hormis leur salaire ordinaire, ilz avoyent cent Indiens a leur service, les plus grands Borreaux de pays, on amena tous les fuyants devant eux, le maistre faisoit sa plaincte, disant, que les Indiens estoyent Chiens, qu'il ne vouloyent pas servir à luy, qu'ilz s'enfuyrent journellement aux montaignes, pour eviter le labeur, qu'il voudroyet, qu'ilz fussent chastiez. Le visitateur les lia au pal, luy mesme prend une corde laquelle on appelle aux Galeres l'anguilla, & elle est comme une verge de fer, & les bastoit si long temps que le sang couloit hors beaucoup de plaçes du corps, jusques au mort. Dieu est mon tesmoing, que la cruaute laquelle on exerce a l'encontre çes povres Brebis, est si grande, si on la voudroit raconter a sa Majesté on ne pourroit faire la milliesme partie d'icelle, car elle est insupportable.

D'aulcuñe s'enfuyent

Ils sont travaillans tousiours aux Mines, ceux qui feront telle ouvrage, seront hommes du fer, pas tendres comme çes gens: ilz renversent les montaignes, le plus bas on jette en hault, plus que mil fois, on tourne tout, ilz rompent les rochers par force, apres ilz fault aller aux Rivieres, pour laver cest or, ou ilz perpetuellement sont aux eaues, & quand ilz trouvent aux Mines l'eau, il est besoin de les tirer par la main, En fin pour sçavoir le travail donné aux povres hommes, estoit tel, les Tyrans Payans, quand ilz vouloyent les Martirs

Vn recit les miseres

R 2   mettre

mettre à mort, les ordonnerent d'aller au labeur des montaignes; Aucunefois ilz les detenoyent en les mines un an, en'ier, mais apres ilz trouverent que se mouriurent fort, ilz n'ont laissez qu'un demy an pour tirer l'or, & qu'en quarante jours on le fonderoit cependant ilz se reposeroyent, le repos estoyt tel, amasser la terre, comme nous avons dict auparavant, vrayement c'est un labeur comme on faict les fosses de vignes. Ilz ne sçavoyent jamais la feste tousiurs estoyent en les labeurs. Estants en ces labeurs ilz ne mangeroient Cazavi a leur saoul, le pain du pays, faict de racines, ayant peu de substance, quand on adjoinct point le poisson, ou la chair, mais ilz mangerent avec le poivre du pays, & Ays, racines comme de naveaux rottiz, & bouliz: il sembloit aux Espagnols qu'ilz estoyēt fort liberals, & donnerent biē à manger: ilz tuerēt un porceau en la semaine, pour cinquante Indiens, mais le Borreau grand, le Minero mangea le demy, & plus, & la reste il partoit par le morceaux, comme on donne les pieces petites en l'eglise du pain benit. Il y avoit d'aulcunes qui donnoyent rien a ses serviteurs, par avarice, les laissants au champs, aucillants les fruicts des arbres, avec lesquels ilz soubstenoyent leur vie, & le jour troisiesme il donnerent à manger, sans rien plus. Sa Majesté considerera pour l'amour de Dieu, quelle nourriture ou force aura un corps si delicat, & par les par les precedents tourments si enervé, attenué, & affoibli, & comment le pourroit vivre long temps ainsi traité, par ces labeurs, & famine continuelle.

Vn aultre exemple fort cruel.

Voilr l'avarice d'Espagnol.

Le Gouverneur bailla à eux a manger pour la service faicte aux Espagnols, & deux blancx, en deux jours, c'est un demy Castellan (tenant 225. Maravedis) par an il pensoit que c'estoit assez, pour acheter choses de Castile, lequel les Indiens appellent Cacona: c'est à dire, recompense: pour ces Maravediz ilz achetoyent un peigne, un miroir, & un douzayne des jettons, & desia il y a long temps qu'on a rien donné à eux, & les angoisses goiffes & famine s'augmente journellement, mais les Espagnols ne sont pas de compte si meurent ou vivent, & les inhabitans aiment pluftoft mourir que vivre, en une vie si miserable, totalement privez de sa liberté, car les Espagnols les mettoyent en l'extreme servitude, & prisons horribles, lesquels jamais oncques a veu, estants toufiours en continuelle peyne. les Bestes ont quelque repos quand ilz sont chassez aux champs, pour se refreschir, mais ces Chrestiens donnerent jamais aulcun repos au povres Indiens. Apres le Gouverneur les mena en la plus penible, & dangereuse service, car ilz estoyent toufiours subjects l'appetit de cest Tyran, il les envoya ou il vouloit, non pas comme prisonniers, mais comme des bestes, liez main a main.

Aucunefois il les permetta retourner en ses logiz pour se reposer, mais ilz trouverent ny femmes, ny enfans, ny rien à manger, si on ne l'avoit permiz d'estre la si long temps qu'ilz preparoyent quelque chose à manger, tout a l'instant ilz eussent este morts : ilz devenoyent malades par le travail continuel, car ilz estoyent fort delicats du corps du complexion, c'estoit un grand changement, devenir si tost en un travail intolerable, & pas accoustumé, d'estre pousez de pieds, & fouettez, agitez de batons, & l'on ne disoit aultres raisons que qu'ilz estoyent gens meschants, & vaut neants; estants malades, on les renvoia à ses maisons, eloignez de la trente, quarante, huitante lieux, & donnerent à eux une demye douzaine de Naveaux, & un peu de Cazavy, mais ilz ne marchoyent pas grand chemin, & moururēt en desperation extreme: il est maintefoiz avenu que nous chemynants trouvions gisants en extreme necessité aulcunes miserablemēt defuncts, aulcunes tyrants sa haleyne, criants seulement le faim, le faim. *Nouvelle cruauté.*

Le Gouverneur ayant entendu que la moytie de ces inhabitans estoit abolie, envoya pour supplir la place d'aultres, selon sa coustume tous les ans.

R 3   Pedra-

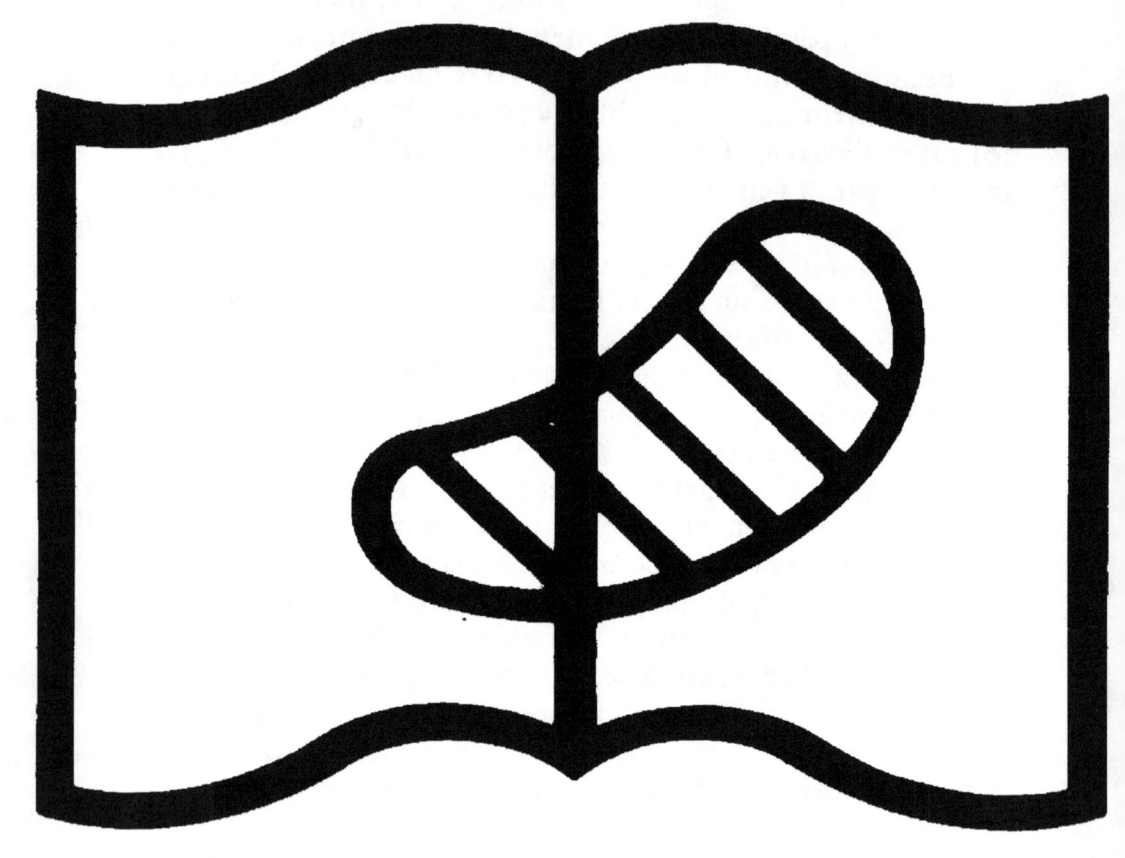

Original illisible

NF Z 43-120-10

Les Repliques de l'Evesque

Les affaires de Pedrarias. Pedrarias en sa entree se monstra comme un Loup affamé, entre les brebis innocents, il estoyt comme le fureur de Dieu, avec force grande, faisant choses insupportables avec sa compagnie cruelle des Espagnols, lesquelles jamais sont ouies ny escrites en les histoires, il desrobba a sa Majesté, plus que siz Millions d'or, il devasta plus que quater cent lieux de terre, a scavoir de Darien, jusques a la Provence de Nicaragua, un pais bien heureux, & fertil en toutes choses.

Les primier qui iuventa le tribut. Cest homme Tyran a donné le commencement de faire payer le tribuyt les Indiens, & cest mal est devenu en toutes les places, ou les Espagnols gouvernent, mais ilz perdent les terres & par luy, & les autres Gouverneurs apres luy, est devenue la vraye perdition & ruyne du pays, en peu de temps.

Quand nous disons qu'ilz ont ruines sept Royaumes plus grands que l'Hispanie mesme, faut il entendre, que nous les avons trouve pleins de gens, comme les ruches a miel, mais a ceste heure ilz sont totalement vuydes, car les Espagnols ont tuez tous les inhabitants, & les villes & villages & bourgades se tiennent avec leur murailles, & chemins, sans hommes.

Le Roy n'a point de rentes en aux Indes. Sa Majesté n'a point aux Indes un Maravedis asseuré de rente, car les revenuz unefois, paiez, sont totalement abolies, cōme quand on assemble les feuilles, unefois prises ne recroissent pas, ainsi la taille unefois donnée, est totalement ostée, pource que les Indiens se meurent de faim, par ce moyen s'en va tout en fumee.

La Replique douziesme.

La vraye prophetie. LE Royaume d'Espagne est en danger d'estre totalement ruiné, par autres nations belliceux, la raison est que Dieu qui est juste, veritable, vengeur, est courocé sur nous par le peschez, & meurtres commises aux Indes, affligants, ravissāts tuants, tant de gens sans raison, en si peu de temps, destruants

ants tant de tetres, pleynes des ames resonables, faites à l'image de Dieu, & la trinité lesquels le fils de Dieu a delivré par son sang pretieux, qui tiendra bonne compte de toutes les affaires, ayant eleu Espaigne pour un instrument a prescher sa saincte Evangile a eux, & apporter la pleyne cognoissance, & pour cest office il donna comme en recompense une abondace de l'or & argent, revelant a eux les pays bienheureuses, playsants, pleins de richesses, des Mines, d'or & d'argent, & perles, avec plusieurs aultres dons, mais ilz ont este ingrats, donnants beaucoup de maulx à les inhabitants: mais Dieu tiendra son ordre, & chastiera d'une severe justice le pechez de ces peche meschants, d'un autre sorte qu'ilz ont pechez.

La destruction, outrages, forces, injustes, cruautez, meurtres commises, & perpetuées envers les Indiens, sont si grandes si abominables, si cognuz, que l'on void les pleurs du monde & le sang de tant hommes innocents crie vengeance au ci devant Dieu, & ne cessera point devant que sera exaucé, aprés Dieu punira le mal par le sang de noz gens, & patrie Espaigne, & la reste du monde se esbahira de mesfaits & meschancetez faitez par les Espagnols, serviteurs de Roys Catholiques de Castile.

A la fin de dudicts Repliques, on trouve ceste protestation du l'Evesque Bartholome de la Casas.

LEs Dommages, & la perte laquelle a la coüronne de Castile & Leon est avenue, aviendra aussi a la Espaigne par tout, car la tyrannie commise par les destructions, meurtres, carnificines, est si grande, que les aveugles la verront, les sourds ouyront, les muets raconteront les sages jugeront & mespriseront apres nostre vie fort petite. Ie appelle toutes les Hierarchies, & chœurs des Anges, toutes les saincts, de la court celeste,

celeste, toutes les hommes du monde, & principalement ceux qui vivront apres moy, pour tesmoings, que je delivre ma conscience du tout qu'il est avenu, & que jay signifié tout a sa Majesté, de tous ces maulx, & si il laisse aux Espagnols la tyrannie & gouvernement des Indes, qu'en peu d'années tous les Indiens seront perduz, & sans inhabitants, comme à ceste heure nous voyons en Espagnola, & les aultres Isles, & terres firmes, plus que trois mil lieux, sans les dependants. Voila les raisons pourquoy Dieu punira l'Espaigne, & tous les inhabitans d'un rigeur nievitible. Ainsi soit il.

FIN.

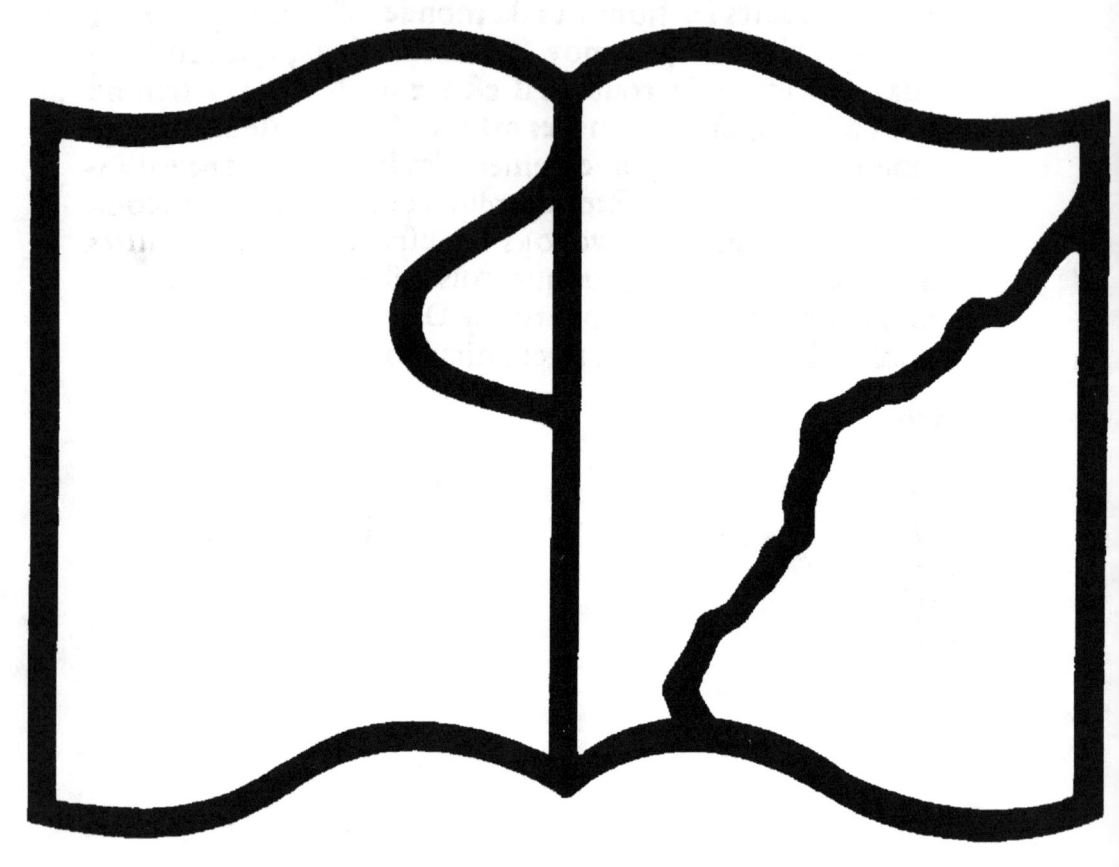

Texte détérioré — reliure défectueuse

NF Z 43-120-11

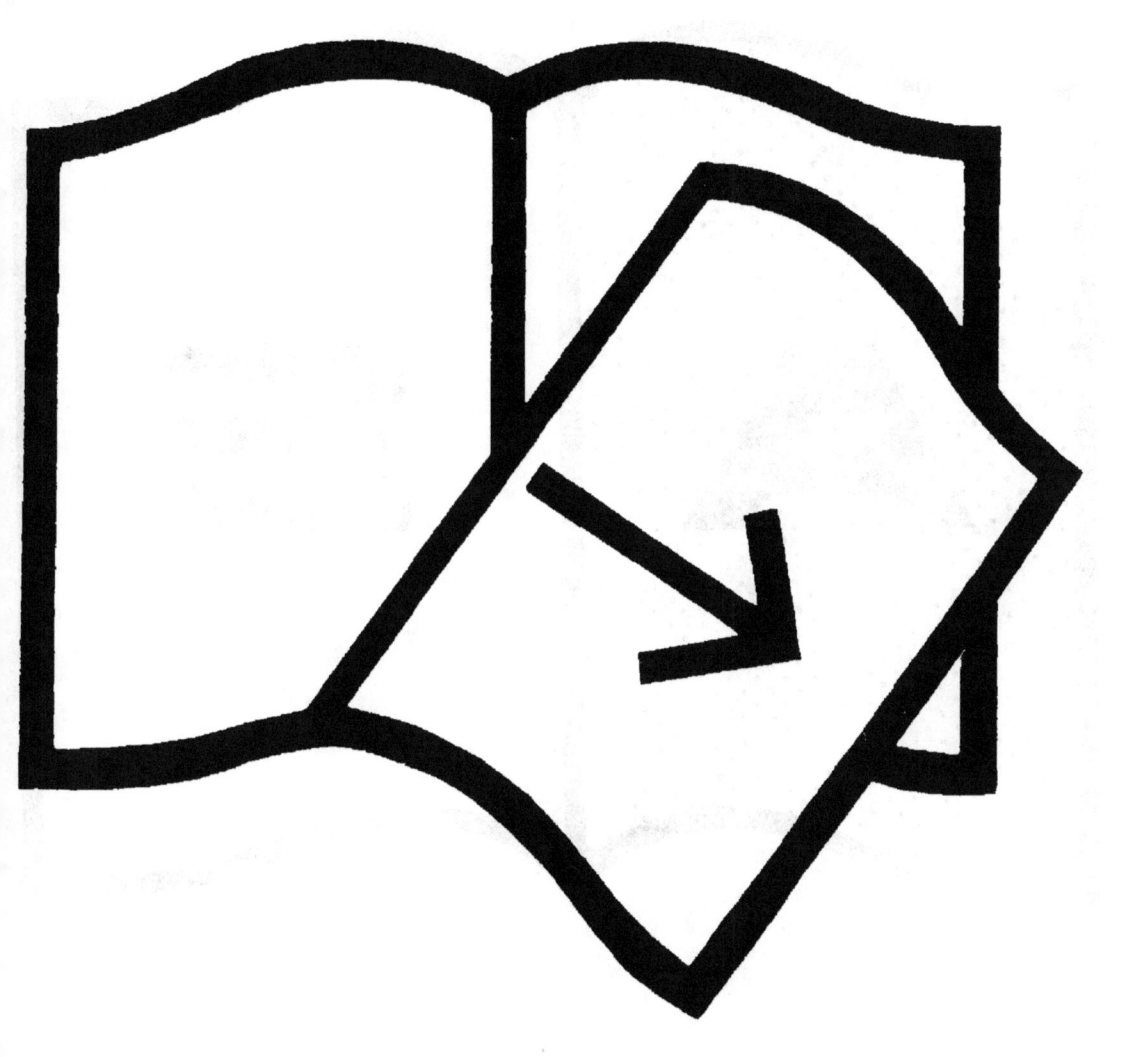

Documents manquants (pages, cahiers...)

NF Z 43-120-13

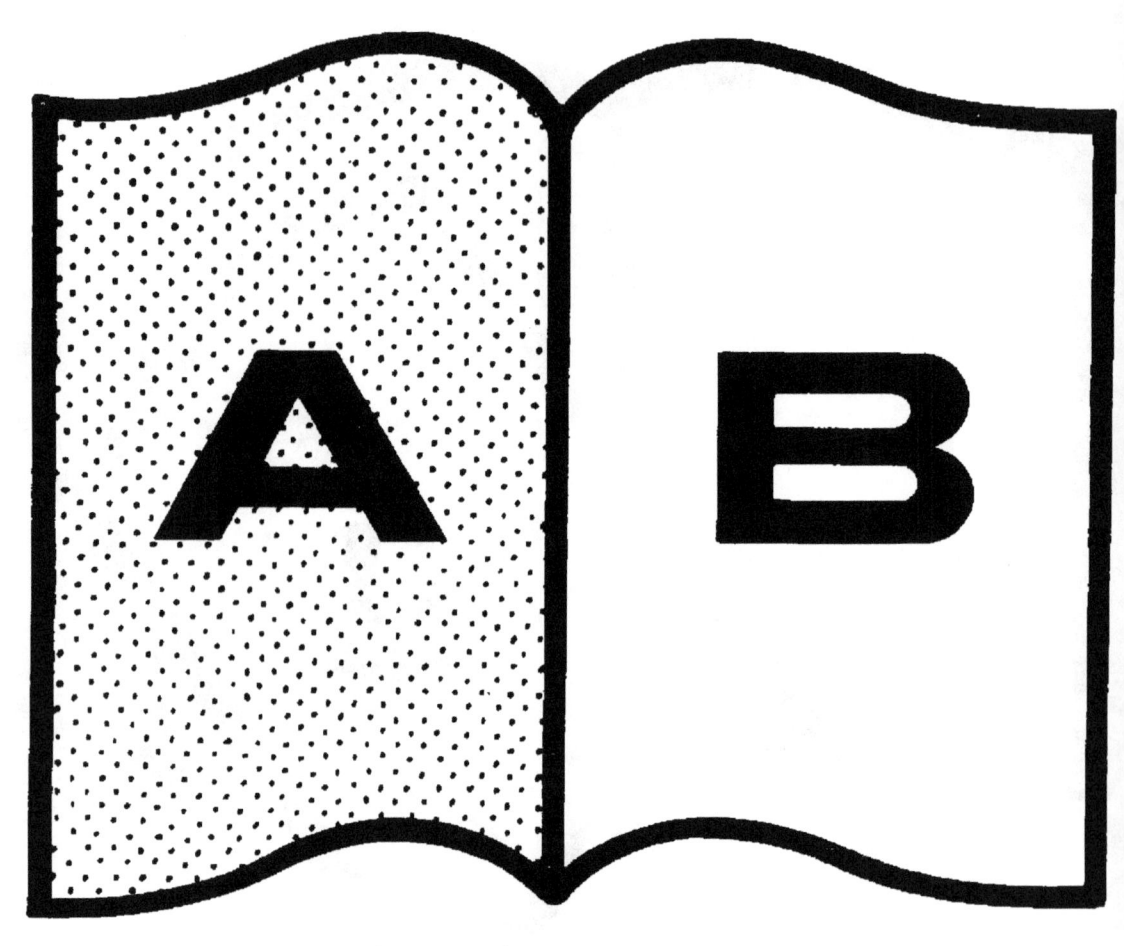

Contraste insuffisant

NF Z 43-120-14

www.ingramcontent.com/pod-product-compliance
Lightning Source LLC
Chambersburg PA
CBHW060410170426
43199CB00013B/2074